U0470460

FORTY YEARS OF
CANADIAN
STUDIES IN CHINA

中国加拿大研究四十年

主　编／杜发春　李鹏飞　唐小松
副主编／王　栋　梁　晓

上海社会科学院出版社
SHANGHAI ACADEMY OF SOCIAL SCIENCES PRESS

前　言

在加拿大各个主要大学里都开设有"加拿大研究"这门课程,其主要内容包括加拿大文化研究、加拿大口语研究、加拿大文学研究以及加拿大国家历史、魁北克问题、农业问题、加拿大政府及其政策等方面的研究。加拿大的多数大学都为从事不同专业学习的学生推荐这门课程。对于那些未来在加拿大国家驻外使领馆工作的本科生、研究生来说,还要专修两门学科,即政治课程和国际关系课程。在加拿大,从事这一领域研究的著名学者有费尔南德·奥莱(Fernand Ouellet)、琳达·哈奇昂(Linda Hutcheon)、乔治·兰姆西·库克(George Ramsay Cook)、威廉姆·T. R. 福克斯(William T. R. Fox)等。为加拿大国际研究所设的总督国际奖是1995年设立的由国际加拿大研究理事会(The International Council for Canadian Studies,ICCS)颁发的卓著成就奖。[①] 就世界各国对加拿大国家及其文化的研究而论,国际加拿大研究理事会乃是一个永久性的总部设在加拿大首都渥太华的非营利性机构,其常务理事以及由常务理事会选出的四个委员组成的常设秘书处从事日常管理事务。

加拿大虽然也有早期的印第安人居住,但就现代意义的国家而论,应当说和美国一样,是一个以英法和爱尔兰移民为主而建立的联邦制国家。从加拿大早期修建贯通东西大陆的大铁路开始,就有众多的华裔,尤其是从广东、福建沿海移居到加拿大的劳工,为这个新国家服务。就我们中国人对加拿大的研究而论,其历史也足够漫长,因为加拿大的历史,实际上与美国建国的历史有着千丝万缕的联系。

---

① Dirk Hoerder, *From the Study of Canada to Canadian Studies: to Know Our Many Selves Changing Across Time and Space*, Augsburg: Winner, 2005.

《中国加拿大研究四十年》是一部加拿大研究的学术性著作,是国内加拿大研究领域的参考教材,旨在汇集中国改革开放四十多年来中国广大学者研究加拿大方方面面的成果。本书详细介绍了20世纪80年代中国加拿大研究会的成立和发展过程、中国学者对加拿大研究的经历体验、历届学术年会情况、全国四十余家加拿大研究中心情况、加拿大研究的主要成果等。本书共有七个部分,分别是"前言""中国加拿大研究会的发展历程""中国加拿大研究的四十年回眸""中国加拿大研究瀚文拾贝""中国加拿大研究成果展列""附录""后记"。

　　本书以习近平新时代中国特色社会主义思想为指导,结合大量一手文献,历时四年撰写而成。本书重点在于全面介绍自20世纪80年代以来中国加拿大研究会的建立、发展以及当前中国加拿大研究的最新进展,帮助读者认识和理解中国加拿大研究的历史、现状和未来发展趋势。此外,本书还是一本兼具开放性和灵活性的参考教材,为读者提供中国加拿大研究的背景知识与发展脉络,帮助读者更加直观地了解中国加拿大研究的成就。本书的读者对象包括从事加拿大研究的学者、学生,中国加拿大研究会会员,全国四十余家加拿大研究中心等研究机构和国际关系领域专家学者,以及对加拿大感兴趣的广大读者等。本书汇集百余年来,尤其是近四十年来我国广大学者群体研究加拿大各方面的成果,搜集并回顾了从20世纪80年代开始,到2020年走入常规的加拿大研究会主导下的论文、专著、留学加拿大的经历体验,以及由青年一代学者掀起的加拿大研究热而发展起来的百家争鸣、百花齐放的成果和作品,可以作为国内加拿大研究领域的参考教材。由于我国学界关于加拿大研究的成果五彩缤纷,自然难以避免挂一漏万,有不到之处,敬请同仁贵友不吝指正。

编　者
2021年3月

目　录

前言 ·· 001

第一章　中国加拿大研究会的发展历程 ···················· 001
　一、国际加拿大研究理事会概况 ···························· 001
　二、中国加拿大研究会建会缘起 ···························· 007
　三、中国加拿大研究会早期回顾 ···························· 011
　四、蓝君奉献 ·· 013

第二章　中国加拿大研究的四十年回眸 ···················· 015
　一、中国加拿大研究的早期重要研究成果 ················· 015
　二、中国加拿大研究会的管理变更 ························· 018
　三、中国加拿大研究会历届会长及年会概况 ·············· 019
　四、中国加拿大研究会各成员中心简介 ···················· 048

第三章　中国加拿大研究瀚文拾贝 ·························· 089
　改革开放以来的中国加拿大史研究 ························· 089
　加拿大与中国的多元文化：理论与实践、历史与现状 ··· 108
　加拿大英语文学在中国三十年 ······························ 114
　多元文化主义和土著人自治 ································· 120
　对加拿大因纽特人社会前途的思考 ························ 125
　理论与实践：中加建交五十周年 ··························· 130

001

第四章　中国加拿大研究成果展列 ················· 152
　　一、论文集锦 ································· 152
　　二、著作荟萃 ································· 194

附录 ·· 201
　　中国加拿大研究会简介 ························· 201
　　中国加拿大研究会章程 ························· 201

后记 ·· 205

第一章
中国加拿大研究会的发展历程

我国的加拿大研究会被接纳为国际加拿大研究理事会正式成员,是该国际理事会于1985年在加拿大蒙特利尔市召开的全体理事会议上决定下来的。从此,我国的加拿大研究加入了国际行列,与国外同行之间的交流来往,至今已空前密切。下文从国际和国家两个层面对中国加拿大研究会的发展历程进行梳理总结。

一、国际加拿大研究理事会概况

国际加拿大研究理事会(The International Council for Canadian Studies, ICCS)是一个由来自39个国家的23个会员单位和5个准会员机构组成的非营利性学术研究组织,致力于推动和支持加拿大研究各个领域的科研、教育和出版。国际加拿大研究理事会由董事会和选举产生的四人执行委员会管理,董事会每年至少召开一次集体会议,负责规划和确定国际加拿大研究会的常务工作和政策制定。国际加拿大研究理事会成员由会员单位及准会员机构各派出一名代表及研究会执委会组成。截至目前,国际加拿大研究理事会汇集了来自世界70余个国家的7000多名学者和研究人员。这些加拿大研究者们就各种有关加拿大的内容题材发表了成百上千篇加拿大研究文章,每年都组织研讨会和大型会议并有专著和论文集出版。他们各自还通过自己的教学和研究活动向10万余名学生传授有关加拿大的知识信息。

国际加拿大研究理事会还承担着由加拿大外交部和国际贸易部委托的几个研究项目。经过多年来的苦心经营,国际加拿大研究理事会已经发展壮大成一个专门支持加拿大研究活动和项目的专业团体。此外,研究会拥有自己主办的学术期刊。由国际加拿大研究理事会主办的《加拿大研究国际期刊》是一本双语、多学科和同行评议的学术期刊,主要发表来自世界各地的加拿大研究最新成果。《加拿大研究国际期刊》是唯一在加拿大研究专业领域汇集了加拿大人和国外研究学者的学术研究期刊。[①]

国际加拿大研究理事会始建于1981年。那一年的6月1日,在加拿大东部城市哈里法克斯(Halifax),加拿大研究首届年度大会举行,有9个国家和地区的研究代表出席,他们经过共同协商,表决通过建立国际加拿大研究理事会。其奠基成员国为加拿大、美国、英国、法国、意大利、日本、澳大利亚、新西兰、爱尔兰、丹麦、挪威、瑞典、中国、荷兰、以色列、印度、西班牙、苏联、韩国、巴西、委内瑞拉、墨西哥、阿根廷、波兰等。集体成员还包括布鲁塞尔大学图书馆、美洲魁北克研究会、哈瓦那大学、智利国家科学院、巴拉圭的加拿大政治经济研究中心等。

加拿大是一个后起而年轻的发达资本主义国家,虽然历史很短,但发展很快。从1867年独立时算起,才走过百把个年头,就已跻身西方七强之列。就国情而言,加拿大虽然是西方强国,却在不少方面与我国有相似之处。因此,无论从发展速度或发展历史的某些方面而言,加拿大研究对我国都有可资借鉴之处。当前,加拿大研究活动,除了加拿大本国之外,已遍及世界70多个国家,包括美国、英国、法国、德国、日本、爱尔兰、意大利、荷兰、新西兰、澳大利亚、比利时、芬兰、丹麦、挪威、瑞典、印度、泰国、瑞士、奥地利、以色列、中国、俄罗斯、匈牙利等。其中,全国性的加拿大研究会有十几个。

这十几个全国性的加拿大研究会,现今都是于1981年6月成立的民间学术团体协同组织的国际加拿大研究会会员单位与理事。它们是加拿大研究会(加拿大)、澳大利亚与新西兰加拿大研究会、中国加拿大研究会、德语国家加拿大研究会(包括德国、奥地利、瑞士和丹麦的加拿大研究学者)、爱尔兰加拿大研究会、荷兰加拿大研究会、美国加拿大研究会、法国加拿大研究会、英国加拿大研究会、印度加拿大研究会、以色列加拿大研究会、意大利加拿大研究会、日本加拿大研究会和北欧国家加拿大研究会(包括丹麦、挪威和瑞典的加拿大研究学者)。

---

① 期刊详细信息参见官方网址:www.utpjournals.com/ijcs。

（一）国际加拿大研究理事会的主要工作

国际加拿大研究理事会的职责主要包括组织理事会成员和准会员机构（Member Associations and Associate Members），授权和执行理事会的战略计划（Mandate and Strategic Plan），制定和修改会章和附属法令（Constitution and By-Laws），以及在国际加拿大研究双年会大会（ICCS Biennial Conference）中负责组织委员会大会（Conferences by Member Associations）、年度总结会（Annual General Meetings）、执行委员会会议（Executive Committee Meetings）等。

此外，国际加拿大研究理事会还设置了国际加拿大研究理事会学术奖及学术资助项目和出版物。理事会设置的奖项如：研究生奖学金（Graduate Student Scholarship）、加拿大研究博士论文奖（Best Doctoral Thesis in Canadian Studies）、加拿大研究博士后资助项目（Canadian Students Postdoctoral Fellowships）、加拿大研究出版基金（Publishing Fund）、皮埃尔基金奖（Pierre Savard Awards）和加拿大研究总督奖学金（Governor General's International Award in Canadian Studies）等。出版物有《加拿大研究国际期刊》（International Journal of Canadian Studies，IJCS）、加拿大研究会议论文集（Conference Proceedings）、国际加拿大研究简报（Newsletters）、国际加拿大研究理事会报告文集（ICCS Reports）等。

（二）国际加拿大研究理事会授权机构

加拿大总督通过公开正式发放奖励基金为所授权研究的组织预定完成的目标项目提供总督或与总督有关的支持和资助。此外，总督也通过授予赞助者荣誉称号来鼓励他们为国际加拿大研究理事会提供经费支持。目前，国际加拿大研究理事会的赞助人名誉代表由加拿大总督玛丽·西蒙（Mary Simon）担任。值得指出的是，经总督授权，维克多·拉比诺维奇（Victor Rabinovitch）、约翰·迈塞尔［John Meisel，女王大学政治学系爱德华·皮考克爵士教授（Sir Edward Peacock Professor of Political Science, Queen's University）］、罗杰·雷加

玛丽·西蒙

[Roger Légaré,加拿大人力资源发展部官员（Commissioner Employers, Human Resources Development Canada）]和罗西·朗特[Roseann Runte,卡尔顿大学校长（President of Carleton University）]四位杰出的加拿大人因为国际加拿大研究理事会的筹款和宣传工作提供了大力支持而受到表彰。

（三）国际加拿大研究理事会执委会及其理事

国际加拿大研究理事会执行委员会及其理事会负责制定国际加拿大研究会的研究方向和政策，每年举行一次会议。执委会由会长、候任会长和财务主管三名成员组成，负责年度大会和理事会会议的清算管理工作。会长在理事会年度会议上选举产生，任期两年。候任会长在提任会长前，需在执委会任职一年。财务主管每两年选举一次，由理事会选举任命进入执委会任职。理事会在年会召开四个月前设立提名委员会，由理事会选举新任会长及财务主管。提名委员会委员需向执委会发出申请，并在举行选举的理事会会议之前拟定会长和财务主管职位的候选人名单。提名委员会委员需确保候选人名单中至少包括两名会长候选人和财务主管候选人。

1. 现任执委会成员

会长克斯汀·克诺夫（Prof. Dr. Kerstin Knopf,德国籍,2021年6月至2023年6月任职），博士，德国不来梅大学教授，从事北美和后殖民时期的文学和文化研究。

研究会财务主管兼秘书长约翰·马赫（John Maher,爱尔兰籍,2021年6月至2023年6月任职），爱尔兰沃特福德理工学院会计与经济学系教师，纽芬兰与拉布拉多研究中心主任，爱尔兰加拿大研究会会长。

克斯汀·克诺夫

约翰·马赫

2. 现任理事会成员

国际加拿大研究理事会每年至少召开一次集体会议，负责规划和确定研究会的发展方向和政策。与会成员包括会员单位和准会员机构的理事代表,以及执委会成员等人。根据2020年5月执委会和年度理事大会选举,各会员单位及理事代表成员组成如下:

(1) 克里斯多夫·柯基:美国加拿大研究会

Christopher KIRKEY:Association for Canadian Studies in the United States(ACSUS)

(2) 詹姆斯·肯尼迪:英国加拿大研究会

James KENNEDY:British Association for Canadian Studies(BACS)

(3) 弗朗索瓦·勒热纳:法国加拿大研究会

Françoise LE JEUNE:French Association for Canadian Studies(AFEC)

(4) 奥丽埃纳·帕露西:意大利加拿大研究会

Oriana PALUSCI:Italian Association for Canadian Studies(AISC)

(5) 矢津典:日本加拿大研究会

Norie YAZU:Japanese Association for Canadian Studies(JACS)

(6) 路德·巴斯滕:德语国家加拿大研究会

Ludger BASTEN:Association for Canadian Studies in German-speaking Countries(德语缩写 GKS)

(7) 本杰明·奥瑟斯:澳-新加拿大研究会

Benjamin AUTHERS:Association for Canadian Studies in Australia and New Zealand(ACSANZ)

(8) 约翰·马赫:爱尔兰加拿大研究会

John MAHER:Association for Canadian Studies in Ireland(ACSI)

(9) 珍妮·科尔卡:北欧加拿大研究会

Janne KORKKA:Nordic Association for Canadian Studies(NACS)

(10) 钱皓:中国加拿大研究会

Hao QIAN:Association for Canadian Studies in China(ACSC)

(11) 艾琳·萨尔维达:荷兰加拿大研究会

Irene SALVERDA:Association for Canadian Studies in the Netherlands(ACSN)

(12) 贾格迪什·S.乔希:印度加拿大研究会

Jagdish S. JOSHI:Indian Association for Canadian Studies(InACS)

(13) 丹尼·本-纳坦：以色列加拿大研究会

Danny BEN-NATAN：Israel Association for Canadian Studies(IsACS)

(14) 塔蒂亚娜·R. 库兹米娜：俄罗斯加拿大研究会

Tatyana R. KUZMINA：Russian Association for Canadian Studies(RACS)

(15) 比安卡·斯克莱尔：巴西加拿大研究会

Bianca SCLIAR：Brazilian Association for Canadian Studies(ABECAN)

(16) 玛丽亚·克里斯蒂娜·帕拉·桑多瓦尔：委内瑞拉加拿大研究会

Maria Cristina PARRA SANDOVAL：Venezuelan Association for Canadian Studies(西班牙语缩写 AVEC)

(17) 李承烈：韩国加拿大研究会

Seung-Ryul LEE：Korean Association for Canadian Studies(KACS)

(18) 萨尔瓦多·塞万提斯：墨西哥加拿大研究会

Salvador CERVANTES：Mexican Association for Canadian Studies(西班牙语缩写 AMEC)

(19) 奥尔加·科尔纳：阿根廷加拿大研究会

Olga CORNA：Association for Canadian Studies in Argentina(西班牙语缩写 ASAEC)

(20) 卡塔林·库尔托西：中欧诸国加拿大研究会

Katalin KURTOSI：Central European Association for Canadian Studies(CEACS)

(21) 安娜·布拉纳·卡纳斯：波兰加拿大研究会

Anna BRANACH-KALLAS：Polish Association for Canadian Studies(PACS)

(22) 雷尼·胡兰：加拿大研究网络

Renée HULAN：Canadian Studies Network(CSN)

3. 准会员机构(非选举)

(1) 查尔斯·巴特森：美国魁北克研究会

Charles BATSON：American Council for Québec Studies(ACQS)

(2) 比阿特丽斯·迪亚兹：哈瓦那大学加拿大研究会

Beatriz DIAZ：Universidad de La Habana. Catedra de Estudios sobre

Canada

（3）塞尔吉奥·斯坦格：智利加拿大研究会
Sergio STANGE：Chilean Association for Canadian Studies
（4）斯塔尔·鲁菲内利·德奥尔蒂斯：巴拉圭加拿大研究会
Stael RUFFINELLI DE ORTIZ：Canadian Studies Centre in Paraguay

二、中国加拿大研究会建会缘起

几十年来，中国的加拿大研究发展可大致划分为以下三个时期：

第一个时期是20世纪50年代。那时，已经有不少有关加拿大问题的文章见诸报刊。这一时期中国的加拿大研究，有如下几个特点：第一，成果大多是文章，专著极少。当时出版的著作，只有1958年出版的《加拿大地理》这本中国学者写的小册子。第二，介绍性的译著多，编著少，很多有关加拿大问题的文章，是译自俄文的，还有一些则译自英文。比如《国际问题译丛》上的文章、苏联学者索钦科写的《战后加拿大经济与英美矛盾》专著等。第三，尚未出现与研究加拿大问题有关的研究机构，翻译和撰写加拿大问题文章的作者，还不是从事加拿大问题研究的专职人员。第四，还没有开设加拿大研究的课程，加拿大研究也没有进入大学课程教材。例如，"外国经济史"课就只包括英、美、德、法、日、俄、印度和拉美等国家与地区，而没有加拿大。第五，还没有开展与加拿大的学术交流。

第二个时期是20世纪60年代至70年代。这个时期是中国加拿大研究的一个转折点，其主要标志是1964年初在中国设立了专门的研究机构——武汉大学北美经济研究室和华东师范大学北美经济地理研究室，二者都配备了专职和兼职科研人员，开展加拿大经济和经济地理的研究工作。促成这个转折的因素是多方面的，但主要是适应60年代初中国发展的需要。当时，世界上与中国建立了外交关系的国家和地区已大为增多，要求中国对世界各国有更广泛、深刻的了解。可是，那时中国对外界的了解却十分不够。为此，在中国政府的关注下，加强了对外研究机构的建设，包括在部分条件较好的重点大学建立和发展外国问题研究机构。武汉大学北美经济研究室和华东师范大学北美经济地理研究室就是在这种背景下诞生的，二者是中国第一批从事加拿大研究的专门科研机构。后来，武汉大学北美经济研究室发展成美国和加拿大经济研究所。随后,又分别形成两个中心:美国经济研究中心与加拿大研究中心。

图书资料建设与科研机构建设同步展开,由于专门研究加拿大问题的科研机构的设立,加拿大一些重要书籍、文献与报刊也在这一时期开始较多地进入中国。比如,研究加拿大经济的一些不可缺少的重要学术与统计报刊,如《环球邮报》《加拿大金融邮报》《加拿大统计评论》《加拿大银行评论》,以及一些专著,都是从这个时期起开始系统搜集的。关于研究成果,开始有了固定的内部刊物,如武汉大学北美经济研究室编辑印行的《北美经济资料》。与此同时,20世纪60年代,中国通过翻译介绍加拿大情况的论文与专著继续发表与出版。弗·伍·派克的著作《加拿大垄断资本》和另一作者的《他们是怎样把我们的加拿大出卖给美国的》,就是在这个时期组织翻译出版的。70年代初,为了广泛了解外国,中国组织了一批力量翻译出版各国历史。加拿大多伦多大学历史系教授格莱兹布鲁克的《加拿大简史》和著名历史学家唐纳德·克赖顿的《加拿大近百年史1867—1967年》,就是在1972年由我国史学力量较强的山东大学的学者翻译出版的。这两部书是中国最早的有关加拿大历史的译著。

第三个时期是20世纪80年代。对中国的加拿大研究发展过程来说,这是第二个大的转折点。可以说,这是中国的加拿大研究进入蓬勃发展的时期,主要促成因素是中国开始实行开放政策。这一重大政策转变对加拿大研究在中国的发展起了最主要的推动作用。这个时期,中国的加拿大研究蓬勃发展的特点表现在以下几个方面:

第一,从事加拿大研究的人数倍增。自从70年代末以来,在开放政策的影响下,中、加两国教育、文化与科技交流日益扩大,中国派出大量留学生和访问学者赴加学习、进修与访问,这些学生与学者学成返回后,怀着对加拿大人民的深厚友谊,献身于加拿大研究,因而使从事加拿大研究的队伍日益壮大。据统计,彼时中国加拿大研究会正式登记的会员已有数百人,他们分布在全国各大学、研究机构及其他单位。

第二,研究机构增多。专门从事加拿大研究的科研机构由1964年的2所增加到1987年的6所。除了上文提及的早在60年代建立的老研究机构之外,随后几年又陆续成立了四川外语学院加拿大研究所(1983年)、山东大学加拿大历史研究室(1984年)以及上海社会科学院北美经济研究室等新机构。

此外,还有多处正在酝酿建立新的加拿大研究机构。

第三,研究领域拓宽。在前一时期,由于机构稀、人员少,研究的学科较为狭窄,研究领域限于经济或地理等单科研究方面。随着中国加拿大研究不断发展以及机构和人员的增多,研究领域也开始由单科向多学科方向扩展。现在,在全国各地,加拿大语言、文学、历史、政治、法律、文化、教育、民族、魁北克问题及劳动问题的研究正在迅速兴起,加拿大研究正朝着建立完整的"加拿大学"方向迈进。

第四,研究活动由单纯的科研向教学扩展。武汉大学早自20世纪70年代末起,就已向本科生和研究生开设加拿大经济课程,目前在继续扩大加拿大经济方面的教学。山东大学历史系从1982年以来,向本科生开设加拿大史课程,1985年起也向研究生提供此类课程。四川大学加拿大研究所和南京大学外文系也向学生开设了加拿大文学课程。随着教学活动的开展,今天,越来越多的中国青年对加拿大的认识、了解和兴趣与日俱增。

第五,在中国的大学教材中,有关加拿大的内容与篇章从无到有,由少至多。1980年人民出版社出版的大学教材《世界经济》,第一次在中国大学的世界经济学科教材中单列专章,探讨加拿大经济问题。此后,南京大学黄仲文教授主编的《加拿大文学作品选读》得以出版,该教材被中国高等学校英文系广泛选用。

第六,各个学科的科研成果显著增多。在经济方面,武汉大学吴纪先、赵德缤和高玉芳教授合著的《加拿大经济》于1980年问世。武汉大学加拿大研究中心每年都为中国社会科学院世界经济与政治研究所主编的《世界经济年鉴》撰写加拿大部分的篇章。该所研究人员还在加拿大农业、矿业、财政、金融、石油、科技、外资、外贸、美加关系、中加经济关系等问题上发表了大量论文。值得指出的是,这些发表的论文许多都是从我国现代化经济建设的实际需要出发,选定课题开展研究,供我国有关部门借鉴参考。在文学领域,20世纪80年代以前,加拿大文学在中国基本上还是"默默无闻"的。但自1979年以来,在中国首次出现的介绍外国优秀文学作品的热潮中,加拿大文学第一次被引人注目地介绍到了中国。最早的一期加拿大文学专号出现在《外国文学》杂志1981年第10期上,其中的两篇专文分别介绍了加拿大的英语文学和法语文学,还刊载了诺思普·弗顿、莫利·卡拉汉、辛克莱·罗斯、罗伯特·克罗耶茨奇和玛格丽特·劳伦斯等作家的许多作品。与此同时,成本的加拿大文学作品也先后在全国出版发行。最引人注目的是短短几年之间就出版了三部《加拿大短篇小说选》（蓝仁哲、施咸荣、屠珍等编译）。此外，斯蒂芬·里柯克的代表作《小镇艳阳录》也已由黄仲文等翻译出版，《里柯克幽默随笔选》由蓝仁哲翻译出版。在史学领域，山东大学的学者在研究和介绍加拿大历史方面做出了主要贡献。加拿大历史研究开始成为山东大学历史系世界史科研的重点之一。1984 年，山东大学历史系正式建立了加拿大史研究室，从事加拿大通史、加拿大政治制度和若干专门课题的研究。他们在学术期刊上发表了《加拿大自治领的建立》《加拿大路易·里埃尔起义》《十八—十九世纪英国对加拿大的殖民政策》等论文，并开始对加拿大史上的重大问题进行专题探讨。此外，山东大学历史系还开始出版《世界史译丛》，这是有计划地编译加拿大历史的重要文献。

第七，20 世纪 80 年代以来，最鼓舞人心的发展也许应推中国加拿大研究会的创建。1984 年冬，在四川外语学院加拿大研究所、武汉大学美国加拿大经济研究所、中国社会科学院外国文学研究所、北京大学西语系和广州外国语学院的联合发起下，经过许多同志的共同努力，筹备和成立了中国加拿大研究会。中国加拿大研究会的创建，标志着中国的加拿大研究进入了一个新阶段。目前，该研究会拥有 41 个集体会员，在全国各地从事加拿大研究教学工作。其中许多成员都是中国从事加拿大研究的著名学者。在研究会的协调与组织下，他们编写出版了一套加拿大研究丛书，把加拿大研究向广度和深度推进，为加拿大研究事业做出更大的贡献。

1984 年，中国加拿大研究会在四川外语学院宣告成立，这标志着中国的加拿大研究揭开了新的篇章。人们不禁要问，为什么在诸多西方大国中，中国学者对加拿大研究会表现出那么大的热情，自愿投入那么多宝贵的精力和时间在加拿大这个国家的研究上呢？其中自有很深的根源和现实原因。哲学书上说，"事物要相辅相成"。加拿大是北美比邻美国的北方大国，是一个历史只有 150 余年的新兴国家，而我们中国雄踞东亚，是一个具有悠久历史的东方文明古国。加拿大近 1 000 万平方公里的土地上只居住着 3 800 多万人口，中国领土比加拿大稍许小一些，在 960 万平方公里的土地上则居住着 14 亿多人口。近代加拿大由于受到英、美两国工业革命的影响，一直以现今的工业文明和欧美现代文化影响世界，并以其工业高度发达、农业现代化和教育高度普及、发达而走在世界前列。而中国则正是在加拿大立国和成为世界强国的 150 多年期间,由于西方列强侵略,成为半封建半殖民地国家,历经八国联军蹂躏、清廷腐败、军阀混战、三次国内战争等,直至 1949 年中华人民共和国成立以后才逐渐走向经济恢复和现代化之路。

由上可知中国和加拿大两国的巨大反差。由此也可以看出,中国人有很多方面可以向建国不到 160 年,但国家大局稳定、经济高度发达、人民安居乐业的加拿大学习。而加拿大作为一个历史短暂、地广人稀的北方大国,也有很多地方可以向四大文明古国之一,历史上多经磨难但一直作为一个统一大国而存在的中国学习。正是这几千年的丰富历史给我们留下的华夏文明,才开启了今天的全面复兴伟大事业。与我们中国不同的是,走遍加拿大东西漫长的适于人居的地带,让人羡慕其领土之广,但也使人情不自禁地感觉到中国人和其他亚裔在加拿大国家和人口分布中的分量。而且,从加拿大不到两百年的历史可以窥见,华人作为劳工,曾参与修建贯通加拿大东西的世界上较长的大铁路之一——太平洋铁路。今日的多伦多、温哥华和蒙特利尔,这三个较大的加拿大城市,华侨和华裔加拿大人的数量和人口比例也令人印象极深。正出于上述种种原因,中国人民和中国广大的学者群体才越来越多地把他们的目光和兴趣转向了加拿大研究。

三、中国加拿大研究会早期回顾

说起中国加拿大研究会的来龙去脉,当从 1984 年说起。在此之前,中华人民共和国成立后的 20 世纪 50 年代,据统计,见诸报刊的有关加拿大研究的文章仅有 15 篇,60 年代共有 17 篇。随着 60 年代我国外交政策开始改变"一边倒"的局面,中国陆续和世界上更多的国家和地区建立了外交关系,这就要求我国对世界各国有更多更深入的了解。尤其是 1970 年 10 月,继英国和法国之后,加拿大成为西方国家中第三个与我国重新建交的国家,这就大大地促进了中国对加拿大了解的迫切需要。70 年代,报刊上发表的有关加拿大的文章猛增到 111 篇,翻译介绍美加关系,加拿大地理、历史和经济的著述也先后出版。在我国政府的组织和规划下,《加拿大简史》和《加拿大近百年史 1867—1967 年》就是这时由山东大学学者翻译出版的。也是在 70 年代,出于外交形势发展的需要,国内少数重点大学开始建立一些相关的研究机构,最早出现的是武汉大学北美经济研究室和华东师范大学北美经济地理研究室。

赵德缜、高玉芳等先生于1982—1984年间作为访问学者在加拿大的约克大学经济系进修，1989年秋再次赴加拿大在卡尔顿大学访问研究。在加拿大经济研究中，他们的兴趣广泛，涉及经济史、宏观经济政策、经济周期与危机、对外经济关系、资源与环境问题等。自80年代后期起，二人同时参与世界经济系教学活动，主要开设"国际投资理论与实务""世界市场行情"等本科生课程，并参与某些为研究生开设的专题讲座。吴纪先、赵德缜、高玉芳三人于1991年3月合著出版了《战后美国与加拿大经济周期与危机》，吴纪先等发表了论文《论八十年代的加拿大经济》，吴纪先、赵德缜、高玉芳合著出版了《加拿大经济》，赵德缜、高玉芳又共同主编出版了《加拿大经济论丛》。此外，高玉芳撰写出版了《区域经济发展与我国社会主义市场经济》一书，发表了论文《加拿大对工资、物价进行宏观控制的几个问题》《加拿大同发展中国家的经济关系》等。他们的这些研究成果就是我国20世纪最早的一批研究加拿大的主要著作和论文，也奠定了建立中国加拿大研究会的最初理论基础。

在首都北京，由我国加拿大研究会第二届会长阮西湖先生撰写的《加拿大民族志》，由中国社会科学出版社于1986年出版。这本书的出版是阮西湖先生为中国加拿大研究学者们研究加拿大铺下的一块坚实可靠的奠基石。作为我国较早研究加拿大的学者之一，阮先生曾多次应邀出国进行学术活动，从20世纪70年代开始，先后七次访问加拿大。阮西湖先生从1958年开始就在当时新成立的中国科学院民族研究所工作，从此开始了他研究世界民族问题的学术生涯。最初，他的研究对象是苏联、东欧、非洲的民族问题，随着工作的不断深入，又把研究范围扩大到北美国家，即加拿大和美国，以及澳大利亚。在实地考察和与当地学者广泛交流的基础上，他于1986年编写和出版了《加拿大民族志》，又于2004年出版了《澳大利亚民族志》。这两本书成为我国研究这两个国家最为扎实可靠、值得信赖的第一手资料来源。阮西湖教授虽早已于70年代离休，但他一直笔耕不辍。正如他自己所说的那样，离休的年代是他学术生涯中极其重要的阶段。他同自己周围的青年朋友们一起主编了《加拿大与加拿大人》(第一、二、三辑)，并出版《世界民族研究文集》等多种民族学、人类学及都市人类学等方面的学术专著，这使他在都市人类学、民族学及加拿大研究方面成为我国较有声望的领先学者之一。

此外，中国加拿大研究会是在1984年由四川外语学院加拿大研究所发出倡议，筹备发起人是四川外语学院院长蓝仁哲先生。他设法联络国内留加归国学者聚会重庆,在 1984 年 12 月的筹建会上提出以五个单位共同的名义发起,果断地宣告中国加拿大研究会成立。次年 6 月,在原四川省教育委员会的支持下,中国加拿大研究会应邀出席了在加拿大蒙特利尔召开的国际加拿大研究理事会,顺利地成为该理事会的第十名成员,也为中国加拿大研究会在国内开展研究活动铺平了道路。中国加拿大研究会的建立,不仅标志着中国的加拿大研究进入了一个新时期,而且在性质上也发生了根本的改变,即由"研究加拿大"转变成了"加拿大研究"。先前研究加拿大是适应我国外交政策改变和外交形势发展的客观需要,是由政府组织规划、自上而下、目的明确的研究活动。中国加拿大研究会建立后的加拿大研究则是一门新兴学科,进而形成一个国别的多学科的研究领域。在中国,加入这一研究行列的绝大多数是 1978 年改革开放后赴加拿大留学归来的学者,出于对这门新兴学科的学术兴趣,而自发投入时间、精力进行研究。因此,中国加拿大研究会这个民间学术团体是改革开放带来的学术繁荣的产物。

四、蓝君奉献

已故四川外语学院院长蓝仁哲教授,是公认的中国加拿大研究会的创始人。1984 年,蓝教授任该学院院长时,在国内率先倡导开展加拿大研究,组织筹建并正式建立了中国加拿大研究会。以后的三年多时间里,中国加拿大研究会在全国的影响力逐步提升,规模空前壮大,与国外的联系日益增多并越来越密切。也就从那时起,国内不少学校也都开始建立了专门的加拿大研究机构。

蓝仁哲教授于 1963 年毕业于四川外语学院英语系,毕业后留校任教。1978—1980 年作为访问学者,就读于加拿大多伦多大学。回国后,继续在四川外语学院从事教学和研究工作。1981 年起担任四川外语学院英语专业硕士生导师,1986 年晋升为英语教授,2004 年被聘为上海外国语大学博士生导师,2009 年被评定为二级教授。从蓝仁哲教授这个简短的经历介绍可以看出,他在刚 40 来岁还是一位副教授的时候,就敢于迎接挑战,勇担大任,于 1984 年出面组织筹建起中国加拿大研究会。

在国际上,蓝仁哲教授积极参与国际加拿大研究活动,曾任国际加拿大研究理事会理事,先后多次应邀赴加拿大、日本、印度、以色列、美国等国家出席学术会议,进行学术考察、讲学等文化交流活动。他还担任《四川外语学院学报》主编(1988—2006年)、重庆市人文社科基地外国语文研究中心主任(2001—2006年),在校外曾兼任教育部高等院校外语专业教材编审委员会委员、教育部高等院校外语专业教学指导委员会委员、全国自学考试委员会英语专业委员、四川省高等教育研究会副会长、四川省学位委员会首届学科评议专家、四川省外国文学学会副会长、重庆市外文学会会长等重要职务。

蓝仁哲教授担任中国加拿大研究会的会长近10年之久,辞去会长职务之后,又担任中国加拿大研究会顾问多年,直至2012年去世为止。蓝仁哲教授确实是一位令人肃然起敬的著名学者和加拿大研究专家。

第二章
中国加拿大研究的四十年回眸

中国加拿大研究会一经成立,就成了联络、团结和协调国内高等院校和科研单位中从事加拿大研究学者的纽带,研究会秘书处编印的《加拿大研究通讯》成了加拿人研究信息的重要交流渠道。随着越来越多的留加访加学者陆续归来,加拿大研究队伍日益扩大,新的研究学科也逐渐增加,研究领域开始向多学科、跨学科的方向发展,涉及加拿大的语言、文学、历史、政治、经济、民族、文化、教育、法律、传媒等诸多学科。两年一次的中国加拿大研究会学术年会,成了全国各地研究中心的代表和研究者聚在一起展示和交流成果的盛大节日,是推动中国加拿大研究不断向前、保持学术活力的重要机制。

一、中国加拿大研究的早期重要研究成果

概括起来,中国加拿大研究在过去四十年所取得的重要成果可以归纳为以下十余个方面:第一,在经济研究方面,主要关于环太平洋文化圈的经济交互作用、中加工商贸易和经济发展与促进的经验探讨。第二,在政治研究方面,主要围绕加拿大历史以及和平外交政策的研究。第三,在文化教育研究方面,主要涉及语言混合,英法双语、东欧民族语言、俄语语言教育,以及中、加两国少数民族语言和相关社会问题研究。第四是中国、加拿大两国主体文化及多元文化主义问题研究。第五是加拿大著名旅游景点及旅游文化的介绍。第六是欧洲文化对加拿大文化的影响,以及近年来亚洲文化(如中国、日本、印度及南亚其他国家文化)对加拿大文化的影响。第七是加拿大以英、法两种主要语言出版的文学艺术作品语言和艺术风格的相关研究,以及对原住民文学艺术、文学作品的内容和语言的研究。第八是关于加拿大诗歌、绘画

以及中小学、大学教育的研究。第九是在各种文化教育(特别是移民文化教育)方面的研究。第十是加拿大军事力量的发展以及加拿大在第二次世界大战及近年来在军事上与其邻国美国在对待两伊战争和阿富汗战争态度上的比较研究。第十一是对加拿大戏剧文化、体育文化和城市民风民俗的研究。第十二,在对地广人稀、资源丰富的加拿大进行研究时,华裔移民在加拿大的生活状况和政治权利、人权状况也开始受到关注,包括对加拿大早期历史发展中中国劳工的贡献和苦难历史进行研究,以期不忘过去、珍惜当今和展望未来。第十三,对加拿大的环境保护方面的研究,如发展资源的保护和劳伦斯河以及五大湖区环境的保护经验和教训。第十四是对加拿大的主要经济政策(如纳税政策、各个省份上缴税收和分担联邦债务),以及对贫民、失业者的关爱方面的人道主义措施等的研究。

中国加拿大研究会自首届建立大会起,始终抓住学术研究这个核心纲领。1984年,首届大会在制定研究会章程同时,有28篇论文宣读和交流。1986年,在长春白求恩医科大学召开的第二届学术年会,尽管条件十分艰苦,还是吸引了加拿大华裔学者谢培智教授和其他几位加拿大朋友参加,在会上有30篇论文交流,规划出版一套加拿大研究丛书成了那次大会的主要议题。1988年,第三届中国加拿大研究会学术年会在成都四川大学举行,会上进行了四年一届的首届理事会改选,这次大会论文仅25篇,但试行了分学科小组报告论文、有评论有讨论的模式,为下一届在北京召开的国际学术报告会奠定了基础。在北京举行的这次年会上,有国际加拿大研究理事会的代表让·米歇尔·拉克鲁瓦(Lacroix)教授参加,大会实地考察了在中国召开国际加拿大研究理事会年会的环境和条件。也是在这次年会上,由于时任加拿大驻华文化参赞邵恪夫的积极努力,加拿大政府开始向中国学者提供"加拿大研究专项奖(Special Award for Canadian Studies,SACS)"和"加拿大教学奖"两个资助项目,这一年赴加的学者人数也是历史上最多的一次。两个资助项目的启动,大大地激发了中国学者的研究热情,增强了中国加拿大研究会的活力和吸引力。

1990年7月,在北京大学举办的第四届学术年会暨国际学术研讨会,是中国加拿大研究史上的一件大事。国际加拿大研究理事会年会也同时在北京奥林匹克饭店召开,与会的外国学者来自加拿大、美国、英国、法国、印度、以色列等10多个国家,提交大会的论文74篇(国内59篇,国外15篇),受到了国际国内的极大关注。1991年,在山东大学威海分校召开了一次年会间的理事扩大会议,以修改研究会章程和讨论访加学者滞留不归的倾向为中心议题,增强了中国加拿大研究会的组织建设,有利于研究的健康发展。1992年8月,在内蒙古大学召开的第五届学术年会是一次精心组织、富有成效的年会,提交大会的论文多达84篇,会后编辑出版了《中国加拿大研究论丛》第一辑。1994年7月,在陕西师范大学召开了第六届中国加拿大研究学术年会暨成立十周年纪念会,会上决定研究会秘书处所在地由四川外语学院迁往福州大学,副会长赵德缤教授代行会长职务。1996年,在哈尔滨工业大学召开了第七届年会。1998年,在山东威海召开了第八届年会。2000年,在大连召开了第九届年会。2002年,在兰州召开了第十届年会。在中国加拿大研究会走过的20年历程中,两年一次的学术年会均致力于一个目标,即探讨与我国相当友好、每年肯为我国中青年学者提供留学加拿大机会并慷慨出资资助的国家——加拿大。加拿大政府每年为几十名学者提供四个月、半年到一年到加拿大考察或进行政治、经济、文学、艺术研修和研究的机会,对那些学者来说,确实可以称得上一大善举,当时我国实施改革开放不久,而他们能够到政治、经济、文化和科学技术先进的加拿大学习,从而扩大眼界,回国后致力于祖国实现四个现代化建设目标。与此同时,这也为发展中、加两国友谊和促进环太平洋地区经济和文化事业的发展做出了举世公认的贡献。

在20世纪末,我国一些学者开始关注加拿大的文化研究和政治学研究,如山东大学宋家珩教授于1989年出版《枫叶国度——加拿大的过去与现在》一书,并与李巍教授于1995年合作出版《加拿大传教士在中国》;姜芃教授于1993年编写出版《加拿大:民主与政制》;四川外语学院刘盛仪教授等于1997年出版《魁北克》一书;哈尔滨工业大学秦明利教授等于1998年编写出版《加拿大与加拿大人》等。值得指出的是,蓝仁哲教授等于1998年主编出版的《加拿大百科全书》,为我国加拿大研究的中青年学者提供了一本相当有用的工具书。

与此同时,一些学者还开始关注加拿大的经济,如邓子基教授撰写的《美国加拿大税制改革比较研究》(1991年)、张崇鼎教授的《加拿大经济史》(1993年)、杨恕教授撰写的《加拿大概况:环境、资源、产业》(1998年)、钱荣堃教授等的《加拿大金融体制研究》(1999年)。一些学者还开始致力于国际关系的研究,如宋家珩教授于1995年出版的《加拿大传教士在中国》、李节传教授于 1998 年出版的《抑制美国：朝鲜战争中的加拿大》、李巍教授等于 2005 年出版的《一位富有激情的政治活动家——国际主义战士白求恩作品集》，以及《亚美利加文明》（2003 年）、《加拿大与亚太地区关系》（2000 年）等多部著作。

此外，有不少学者注重文学研究，如黄仲文教授于 1991 年出版的《加拿大英语文学简史》、郭继德教授于 1992 年出版的《加拿大文学简史》以及于 1999 年出版的《加拿大英语戏剧史》。也有学者关注其文化与教育，如山东大学高鉴国教授撰写的《加拿大文化与现代化》（1999 年）、王仲达教授于 1998 年主编的《加拿大教育动态与研究》。另外，朱建成教授等主编并于 1998 年出版的《中国心 枫叶情：访加学者纵谈加拿大华侨华人》对加拿大华人在当地生活和就业发展的状况进行探讨。

进入 21 世纪，自教育部在全国设立 42 家国别和区域研究培育基地以来，国别和区域研究受到学界极大关注。广东外语外贸大学加拿大研究中心作为教育部首批国别和区域研究培育基地，开始聚焦加拿大国情研究，针对加拿大各领域发表了大量学术论文，并从 2014 年开始出版了《加拿大蓝皮书：加拿大发展报告》年度报告，至 2020 年，已由社会科学文献出版社出版 7 部。同时，作为另一家教育部首批国别和区域研究培育基地的北京外国语大学加拿大研究中心，从 2015 年开始也连续 6 年由外语教学与研究出版社出版《加拿大政策发展报告》。

二、中国加拿大研究会的管理变更

当本书进行四十年发展回眸时，要特别感谢中国社会科学院世界经济与政治研究所下辖的中国世界经济学会的支持。因为长期以来，加拿大研究会是中国世界经济学会的分支机构，中国社会科学院世界历史研究所原副所长、中国社会科学院荣誉学部委员陈启能先生为中国加拿大研究会做出了杰出贡献。

2020 年 6 月 30 日，中国世界民族学会同意中国加拿大研究会成为其分支机构。2020 年 9 月 26—27 日，由中国世界民族学会、中国社会科学院民族学与人类学研究所和云南农业大学联合主办的中国世界民族学会第十一届会员代表大会暨"世界民族研究与学科建设"学术研讨会在昆明召开，中国世界民族学会秘书长周少青研究员在会上宣读《关于成立中国世界民族学会加拿大研究会的决定》，中国加拿大研究会第十二届会长杜发春研究员向大会介绍中国加拿大研究会的发展情况和申请成立中国世界民族学会加拿大研究会的过程。经会员代表大会和理事会表决通过，决定成立中国世界民族学会加拿大研究会。参加此次盛会的中国加拿大研究会成员有常士訚、杜发春、梁晓、王栋、杜立婕等。杜发春当选中国世界民族学会常务理事兼副秘书长。至此，中国加拿大研究会正式归入中国世界民族学会的管理之下。中国世界民族学会是中国社会科学院管理的研究国外民族的全国性学术团体，中国世界民族学会现任会长是中国社会科学院民族学与人类学研究所党委书记赵天晓。在中国世界民族学会的管理和带领下，虽然仍旧无可避免地面临着国际大背景的曲折境况，但坚信我国的加拿大研究定会有更加美好的未来。

三、中国加拿大研究会历届会长及年会概况

（一）中国加拿大研究会历届会长简介

中国加拿大研究会成立以来历任会长名单如下：

第一任会长：蓝仁哲（1984—1992 年）

第二任会长：阮西湖（1992—1994 年）

第三任会长：蓝仁哲（1994—1998 年）

第四任会长：张冠尧（1998—2002 年）

第五任会长：陈启能（2002—2004 年）

第六任会长：韩经纶（2004—2006 年）

第七任会长：郭继德（2006—2008 年）

第八任会长：冯建文（2008—2010 年）

第九任会长：王　晁（2010—2012 年）

第十任会长：杨令侠（2012—2014 年）

第十一任会长：李　巍（2014—2016 年）

第十二任会长：杜发春（2016—2020 年）

第十三任会长：钱　皓（2020—2022 年）

第十四任会长：唐小松（2022 年—　）

1. 蓝仁哲会长

蓝仁哲会长,男,四川省资阳人,中国加拿大研究会创始人,分别于1984—1992年、1994—1998年先后任中国加拿大研究会第一任和第三任会长。2012年11月11日逝世,享年72岁。

蓝仁哲会长于1963年毕业于四川外语学院英语系,毕业后留校任教。1978—1980年作为访问学者就读于加拿大多伦多大学。回国后,继续在四川外语学院从事教学与研究工作。1981年起担任四川外语学院英语专业硕士生导师,1986年晋升为英语教授,2004年被聘为上海外国语大学博士生导师,2009年被评定为二级教授。蓝教授在校内曾先后兼任英语系副系主任、学院教务处处长、加拿大研究所所长,四川外语学院副院长、院长(1988—1995年),《四川外语学院学报》主编(1988—2006年),重庆市人文社科基地外国语文研究中心主任(2001—2006年);校外曾兼任教育部高等院校外语专业教材编审委员会委员、教育部高等院校外语专业教学指导委员会委员、全国自学考试委员会英语专业委员、四川省高等教育研究会副会长、四川省学位委员会首届学科评议专家、四川省外国文学学会副会长、重庆市外文学会会长、重庆市学位委员会学科评议专家等。蓝先生于2007年7月退休,仍兼任中国加拿大研究会顾问、全国英国文学学会副会长、重庆翻译协会名誉会长等。蓝教授在英语专业执教40余年,主要从事英语语言与文学的教学、研究和翻译,主要学术领域包括加拿大研究、莎士比亚研究等。1981年开始发表著述,已发表学术论文50多篇,学术译著20多种;1992年获四川省委省政府授予的"四川省有突出贡献的优秀专家"称号,1993年受国务院表彰,开始享受国务院发放的特殊津贴。生平业绩于1992年被收入英国剑桥《国际知识分子名人录》。

2. 阮西湖会长

阮西湖会长,男,于1992—1994年任中国加拿大研究会第二任会长。2021年

2月20日逝世,享年94岁。

阮西湖会长是中国当代著名民族学家、民族理论家、翻译家,中国社会科学院资深研究员。先生思维缜密、勤于思考、视野宽广、学养深厚,精通英俄两种外语,为组建"世界民族"学科及创办《民族译丛》杂志,出力甚多。1996年,在纪念阮西湖先生从事民族学和都市人类学研究50年之际,国家民族事务委员会授予其终身学者奖。

阮西湖教授从1950年开始就被调到中国民族事务委员会办公厅筹备处教育组工作,1958年转到新成立的中国科学院民族研究所工作,从此开始了对民族问题的研究。他的研究对象是从苏联、东欧到非洲的民族问题。随着工作的不断深入,又把研究范围扩大到北美国家和澳大利亚。从1978年开始,他就担任中国社会科学院民族研究所世界民族组组长。1979年,他在昆明发起并创建了中国世界民族学会,并先后担任该会秘书长、常务副会长、名誉会长。

阮西湖教授虽早已于20世纪70年代离休,但他一直笔耕不辍。正如他自己所说的那样,离休的年代是他学术生涯中极其重要的阶段。他同自己周围的青年朋友们一起主编了第一、二、三辑《加拿大与加拿大人》,并出版了《加拿大民族志》《澳大利亚民族志》等多部有关民族学、人类学及都市人类学的学术专著。在都市人类学、民族学及加拿大研究方面,阮会长是我国有权威声望的领先学者。

3. 张冠尧会长

张冠尧会长,男,于1998—2002年任中国加拿大研究会第四任会长。2002年逝世。

张冠尧教授系北京大学加拿大研究中心主任,北京大学法语系一级教授,著名的翻译家。张冠尧先生驾鹤西归将近二十载,但是他在同事、朋友和学生心目中的形象仍皎如日星,他的杰出译作依然光彩绚烂,成为宝贵的文化财富。在北京大学外国语学院法语系和人民文学出版社共同举办的张冠尧译著研讨会和追思会上,与会者有四五十人之多,大家满怀深情地回

张冠尧

顾了他的高尚人品和学术上的突出成就。张冠尧先生是一位杰出的法国文学翻译家,凡读过张冠尧先生译著的,无不感到他对法语原著理解得深刻透彻,译笔流畅,文字优美。

张冠尧先生在教学工作和法国文学译介方面成就斐然,是与他的天赋、个人的勤奋努力分不开的,也和他所处的良好文化环境、条件有关。他在青少年时期生活在越南西贡,从年幼时便接触到法语,上过法语学校,打下了扎实的法语基础。直到他当了教师,有了相当的法语造诣,仍然孜孜不倦地努力提高法语水平。他手上经常拿个小本子,上面记载着阅读时看到的优美字句以及独特表达方式,有时还默默背诵、喃喃自语。他在法语方面造诣颇深,实践能力发展全面,达到纯熟完美的程度。20世纪70年代,张冠尧先生是由北京电视台与中央人民广播电台合办的法语讲座节目的主讲人,他流利优美的法语韵调和高深的学术修养给人留下深刻印象,他也成为法语爱好者可望而不可即的崇拜对象。

4. 陈启能会长

陈启能会长,男,于2002—2004年任中国加拿大研究会第五任会长。

陈启能会长是中国社会科学院荣誉学部委员,中国社会科学院加拿大研究中心主任。先后于1952年9月至1953年7月就读于北京大学中文系;1953年9月至1954年7月就读于北京俄语专科学校留苏预备部;1954年9月至1959年7月,在苏联列宁格勒大学(今俄罗斯圣彼得堡大学)历史学系学习,并毕业于该系。1959年10月起,先后在中国科学院哲学社会科学部历史研究所世界历史研究组和中国社会科学院世界历史研究所从事研究工作。1962年任助理研究员,1979年晋升为副研究员,1985年提任研究员。1984年2月至1985年3月,作为访问学者在美国斯坦福大学胡佛研究所从事研究工作。曾任《世界历史》杂志副主编、《史学理论》《史学理论研究》杂志主编、中国社会科学院世界历史研究所副所长等职。

陈启能会长的主要研究成果有:《加拿大:民主与政制》(社会科学文献出版社1993年版)、《加拿大:文化的碰撞》(吉林教育出版社1992年版)、《加拿大：成功的启迪》(吉林教育出版社 1991 年版)、《加拿大政治制度与西方民主》(外文出版社 1995 年版)、《加拿大：社会与进步》(中国社会科学出版社 1996 年版)等。

5. 韩经纶会长

韩经纶会长，男，于 2004—2006 年任中国加拿大研究会第六任会长。

韩经纶会长是南开大学商学院教授、博士生导师，南开大学加拿大研究中心主任，主要从事 MBA、EMBA 等层次的研究生教学与指导工作。韩经纶会长在国际企业管理、国际营销与贸易、服务管理与营销等领域颇有建树。此外，他又是南

韩经纶

开大学管理学科带头人，兼任天津市学位委员会学科评议组成员、天津市哲学社会科学研究"十五"规划学科组成员。同时，韩经纶会长还被聘任为欧洲国际市场学会会员、美国哥伦比亚大学客座教授(富布赖特学者)，并担任芬兰、中国多家企业管理顾问。

自 20 世纪 80 年代初开始，韩经纶教授就着手进行加拿大经济贸易、企业管理及中加经贸关系方面的研究。由于时值改革开放不久，中国与加拿大等国家的经贸往来及学术交流都处于起步阶段，可供参考的资料较少，对加拿大企业的考察也遇到不少困难，但他依然选择了这一研究方向。作为中方的重要成员，韩经纶教授参与了与加方的谈判、签约及后来的联合教学与培养工作。他也曾先后多次赴美国、巴基斯坦、荷兰、马来西亚等国访问和讲学。因从事加拿大研究成绩卓著，1999 年，韩经纶教授获得了首届亚太国际加拿大研究奖。

6. 郭继德会长

郭继德会长，男，于 2006—2008 年任中国加拿大研究会第七任会长。2020 年 9 月 10 日逝世，享年 80 岁。

郭继德会长是山东大学加拿大研究中心主任，教授，博士研究生导师。郭继德教授历任山东大学外国语学院院长、

郭继德

美国现代文学研究所所长、加拿大研究中心主任、校学术（学位）委员会委员、校人文学部委员会委员、外国语学院学术（学位）委员会主任、省级重点学科英语语言文学专业带头人和"211工程"项目负责人，兼任中美比较文化研究会副会长、全国美国文学研究会副会长、全国英国文学研究会常务理事、中国加拿大研究会副会长、全国美国戏剧研究会会长、中国英语教学研究会常务理事、中国外国文学学会理事、山东省外国文学学会会长、山东省高校专业外语教学研究会会长、全国高校外国文学教学研究会常务理事、中央戏剧学院奥尼尔研究中心顾问、中国海洋大学教授、《译林》杂志编委、上海外语教育出版社特约编审等职。

郭继德教授是美国现代语言学会、尤金·奥尼尔研究会、世界大学英语教授研究会（瑞士洛桑）等国外学术组织成员，曾任《美国文学研究》《美国文学丛刊》编辑部主任、《山东大学文科学报》编委、山东省大学外语教学研究会会长等。曾五次参加中加、中美政府文化交流项目，赴加拿大女王大学（1979—1980年）、美国哥伦比亚大学（1981年）、哈佛大学（1983年）、普林斯顿大学（1988年）、纽约市立大学（1990—1991年）、多伦多大学（1996—1997年）等多校进行学术交流、考察和研究。研究重点是英、美、加文学和西方戏剧，已发表论文百余篇。曾于1994年获山东省教委哲学社会科学优秀成果一等奖。

7. 冯建文会长

冯建文会长，男，于2008—2010年任中国加拿大研究会第八任会长。

冯建文会长历任南京财经大学加拿大研究中心主任，南京财经大学外国语学院教授、研究生导师，主要从事英、美、加英语文学研究和翻译学研究。冯建文教授于1991年5月至2004年10月任兰州大学加拿大研究中心主任，1999年4月至2002年4月任兰州大学外国语学院院长。2002年7月至2004年10月任兰州大学国际文化交流学院院长，后调任南京财经大学任教授。

冯会长于1990年10月至1991年5月赴加拿大多伦多大学英语系任访问学者，主持国

冯建文

家社会科学基金项目1项、兰州大学"985工程"特色研究方向学科建设项目1项,主持加拿大国际事务部科研项目10项。已出版专著1部,译著(包括与他人合作)10部,在《中国翻译》《外语教学》《世界文学》《兰州大学学报》《科学·经济·社会》等刊物发表论文40余篇,其中多篇论文被《中国人民大学复印报刊资料》全文转载。申请到的各种科研经费(包括国家社会科学基金、加拿大国际事务部科研基金)共12项,有3项成果获省级优秀成果奖。

8. 王晅会长

王晅会长,男,于2010—2012年任中国加拿大研究会第九任会长。

王晅教授于1948年出生于天津,1969年赴内蒙古乌兰察布盟插队,萌发了对不同文化的兴趣。"文化大革命"后考入内蒙古师范大学外语系,获英语语言文学学士学位。1987年调入辽宁师范大学。后于1991—1999年赴加拿大留学,获国际比较教育硕士(韦仕敦大学)和多元文化教育博士(卡尔加里大学)学位,20世纪末回原单位任教。曾先后担任外语学院教授和加拿大研究中心主任、中国社会科学院世界文明比较研究中心特聘研究员(自2002年起)、大连电视台新闻频道英语新闻节目特聘专家(2002—2008年)、加拿大萨斯喀彻温大学社会学系客座教授(2011年),2002年至2010年历任中国加拿大研究会副秘书长和副会长。主要著作和译著有《文化马赛克:加拿大移民史》(2003年)、《加拿大文明》(2008年)、《交往中的文化:第二个千年的世界人口流动史》(2013年)。主要论文有《把多元文化教育和全球教育相结合的设想》(1998年)、《加拿大的哈特人公社:自愿隔离对多元文化政策的挑战》(2006年)、《民族教育政策比较:以加拿大印第安民族和中国蒙古族为例》(2009年)、"A Comparison of the Portrayal of Visible Minorities in Textbooks in Canada and China"(2006年)和"Social Integration of New Chinese Immigrants in Vancouver"(2011年)等。

王晅教授于2004年获得国际加拿大研究会的"加拿大-亚太研究项目奖金",2007年获得德国学术交流中心的"KC Wong研究基金"。在职期间曾担任民族出版社"加拿大研究丛书"编委成员,以色列希伯来大学英文杂志《国

际文化教育》(*The International Journal of Cultural Education*)编委成员。曾多次在加拿大、德国、印度、澳大利亚、以色列和中国澳门等国家和地区参加学术会议并发表论文。

9. 杨令侠会长

杨令侠会长，女，于 2012—2014 年任中国加拿大研究会第十任会长。

杨令侠会长系南开大学美国历史与文化研究中心教授，历史学博士，博士研究生导师。曾以访问学者身份在加拿大多伦多大学历史系做研究。1996 年始招收硕士研究生，为研究生开设"加拿大史"和"美加关系史"等课程，与其他老师合开课程有"美国史学方法论"和"美国史学史"等。杨令侠会长的主要研究方向是加拿大史、加拿大对外关系史和美加比较研究。曾承担天津市社会科学重点项目"世界文化多元化研究：美加多元文化主义比较研究"。

杨令侠

杨令侠会长在加拿大研究领域的主要著作有：《加拿大与美国关系史纲》（天津社会科学院出版社 1995 年版）、《战后加拿大与美国关系研究》（世界知识出版社 2001 年版）。主要论文有：《加拿大新社会史学的崛起和成长》（《史学理论研究》2002 年第 2 期）、《加拿大与美国关于酸雨的环境外交》（《南开学报》2002 年第 3 期）、《美国与加拿大史学界对两国关系的研究》（《史学理论研究》2000 年第 2 期）、《加拿大、美国与日本关系初探》（米庆余、王晓德编《近现代亚太地区国际关系研究》，天津人民出版社 2001 年版）、《试论加拿大与拉丁美洲关系的演变》（《拉丁美洲研究》2000 年第 4 期）、《枫叶国旗话古今》和《OXFAM-CANADA 是何组织？》（《加拿大地平线》丛书编委会编《生活在双语社会》，社会科学文献出版社 1999 年版）、《魁北克与法兰西》（《历史教学》1996 年第 12 期）等。

10. 李巍会长

李巍会长，男，于 2014—2016 年任中国加拿大研究会第十一任会长。

李　巍

李巍会长是山东大学教授,博士研究生导师。曾在山东大学历史文化学院(自1987年起)和欧洲研究中心(自1998年起)任职。1982年于山东大学历史系毕业获历史学学士学位,1987年于山东大学历史系毕业获历史学硕士学位,2000年于山东大学政治学与公共管理学院毕业获政治学博士学位。

李巍会长的主要研究领域为欧洲一体化理论与历史。出版的主要作品与教材有:《一位富有激情的政治活动家——国际主义战士白求恩作品集》(齐鲁书社2005年版)、《亚美利加文明》(山东教育出版社2003年版)、《欧洲一体化理论与历史文献选读》(山东人民出版社2001年版)、《加拿大与亚太地区关系》(济南出版社2000年版)、《加拿大传教士在中国》(东方出版社1995年版)。李巍会长撰著的主要论文有:《略论加拿大城市的起源》(《史林》2008年第2期)、《加拿大的第一次城市改革及其评价》(《史学理论研究》2008年第1期)、《加拿大走向独立之路》(《历史教学》2007年第1期)、《90年代前欧洲一体化两大理论的历史演变》(《文史哲》2004年第1期)、《季理斐在广学会活动述评》(《世界宗教研究》2003年第2期)等。

11. 杜发春会长

杜发春会长,男,于2016—2020年任中国加拿大研究会第十二任会长。

杜发春会长现为云南农业大学新农村发展研究院专职副院长,校学术委员会委员。曾在中国社会科学院民族研究所工作20余年,任该所加拿大研究中心负责人多年,其间开展了大量的中加学术交流。他自2006年起进入中国加拿大

杜发春

研究会领导班子,先后任副秘书长(2006—2014年)、副会长(2014—2016年),2016年9月起任会长。2017年,杜发春会长与复旦大学张志尧教授、刘建军教授等合作,通过智慧树网络平台开设了"中国看世界之加拿大篇"慕课,其主讲"加拿大原住民的传统文化及其当代价值"为东西部高校课程共享联盟优质精品课程的第六章。2017年7月,他代表中国加拿大研究会出席了在渥太华召开的第35届国际加拿大研究理事会国家负责人会议,并于同年7月9日筹备组织中国加拿大研究会第17届年会,大会于2017年9月底在云南农业大学成功召开。

杜发春会长在加拿大原住民、多元文化、移民研究等方面编译和出版的成果有:《印第安人：加拿大第一民族的历史、现状与自治之路》(民族出版社2008年版)、《西部开发及其社会经济变迁：中加比较研究》[与皮特曼·波特(Pitman Potter)合作,知识产权出版社2010年版]、"Minorities, Migration, and Cities in Canada and China"[与杰克·杰伟波(Jack Jedwab)合作,《加拿大多样性》(Canadian Diversity)2011年第8期]、《加拿大的移民研究》(《世界民族》2006年第5期)、《苏士瓦族印第安人的信仰变迁——加拿大不列颠哥伦比亚省查斯镇亚当湖村落社调查》等。

12. 钱皓会长

钱皓会长,女,于2020—2022年任中国加拿大研究会第十三任会长。

钱皓会长现为上海外国语大学国际关系与公共事务学院教授,博士生导师,加拿大研究中心主任。钱会长于2000年获史学博士学位,为南京大学-香港大学共培博士[世界史(美国史)方向]。2003年获美国富布赖特项目资助,为纽约大学访问学者,2004年晋升教授。

钱 皓

钱皓会长于2004年11月至2005年9月受中加学者交流项目(CCSEP)资助在多伦多大学访学,此后转向加拿大国别研究。2005年11月,正式加入中国加拿大研究会,2013年9月,担任中国加拿大研究会副秘书长,2016年9月,担任中国加拿大研究会副会长。

2006年以来,钱皓会长有关加拿大主题研究论文/论著/译著/译文/报刊文章/工作报告等70余篇/部；指导加拿大国别方向博士研究生15人,硕士研究生35人,本科生8人。2013年10月获加拿大总督约翰斯顿(David Johnston)在上海亲自颁发的"加拿大总督国事访问奖章"。

13. 唐小松会长

唐小松会长,男,于2022年开始担任中国加拿大研究会第十四任会长。

唐小松

唐小松会长现为广东外语外贸大学加拿大研究中心（教育部国别和区域研究培育基地）主任，二级教授，博士生导师，校学术委员会委员。主要研究方向：中美关系、加拿大政治与外交、公共外交、亚太地区安全、中欧关系。在国内外重要学术刊物发表学术论文 110 篇；出版专著、编著 9 部，译著 5 部。主持国家社科基金重点课题 2 项、省部级课题 8 项、外交部重大外交政策研究年度课题 1 项。学术成果获广东省哲学社会科学优秀成果奖一等奖。指导国际关系、国别和区域研究博士研究生和硕士研究生 65 名。

唐小松会长于 2000 年获"加拿大研究专项奖"。2006 年获国家留学基金赴美留学项目，赴哈佛大学任访问学者（2007—2008 年）；此外，还先后赴加拿大不列颠哥伦比亚大学、澳大利亚格里菲斯大学、俄罗斯乌拉尔联邦大学访学。

（二）中国加拿大研究会历届年会概况

1. 中国加拿大研究会第一届年会

中国加拿大研究会首届大会由四川外语学院院长蓝仁哲教授号召发起，于 1984 年 12 月 10 日至 14 日在重庆召开，由四川外语学院加拿大研究所、武汉大学美国加拿大经济研究所、中国社会科学院外国文学研究所、北京大学西语系、广州外国语学院等 5 个单位联合主办。大会期间完成筹建暨成立中国加拿大研究会的历史性重要任务。出席这次大会的除了上述 5 个主办单位的代表外，还有黑龙江大学、北京外国语学院、北京语言学院、北京邮电学院、山东大学、上海外国语学院、西北大学、广西师范大学、西南师范学院、西南政法学院、中山大学、四川大学、第三军医大学、渝州大学、四川经济管理干部学院、重庆师范学院等高等院校的代表，以及在重庆工作的加拿大文教专家等，共 50 人左右。经过大会认真讨论，制定并通过了《中国加拿大研究会章程》，讨论了近期内将开展的各种切实可行的研究计划和活动，并提出了逐步按学科和地区开展活动的设想。第一届年会在制定研究会章程同时，共收到 28 篇学术论文投稿。

特地从北京来重庆参加成立大会的加拿大驻华使馆政务参赞夏伯乐先生致辞，他谈到中、加两国间的友好关系，热情地赞扬了中国和中国的学者对加拿大的研究兴趣，并表示中国的加拿大研究活动将进一步受到加拿大政府和人民的重视和支持。在大会上讲话的还有在华工作的加拿大专家代表高尔丁（Harold Coldin）先生。大会还用两个下午举行了加拿大研究首届学术报告会，先后有中外学者7人发言和宣读论文。这些论文涉及面广，内容充实，引起了与会者的积极注意和兴趣，受到了一致好评。中国加拿大研究会的成立，标志着中国的加拿大研究进入了一个新的阶段。这是一次富有意义的大会、团结的大会、成功的大会。

2. 中国加拿大研究会第二届年会

中国加拿大研究会第二届学术年会于1986年在长春白求恩医科大学召开。尽管当时条件十分艰苦，但大会还是吸引了加拿大华裔学者谢培智教授和其他几位加拿大朋友参加。在会上有30篇论文交流，规划出版一套加拿大研究丛书成了那次大会的主要议题。

在第二届年会上，会长蓝仁哲教授提议并争取有计划地派遣一批中国加拿大研究方面的学者去加拿大著名学府进修。

3. 中国加拿大研究会第三届年会

中国加拿大研究会第三届年会暨学术报告会于1988年在成都市四川大学举行，由四川大学外经外贸系承办，四川大学外文系协办。大会共收到参会论文25篇。年会由中国加拿大研究会会长蓝仁哲教授主持。出席大会的除了来自祖国各地大专院校和科研单位的广大会员外，还有从法国专程来成都参会的国际加拿大研究理事会主席、特派代表拉克鲁瓦教授，在华工作的加拿大专家文忠志（Stephen Endicott）教授夫妇，中国企业管理成都培训中心的项目主任高尔丁先生，四川省教委卢铁城主任、徐宗钰副主任，东道主四川大学副校长隗瀛涛教授、经济学院院长石柱成教授、外经外贸系张崇鼎教授和邬发琴教授、外文系林必果教授和石坚教授等加拿大研究方面的专家。

第三届年会试行了按学科分类、以小组为单位的方式，组织各学者进行参会论文宣读。大会组委会特邀专家点评，参会学者相互讨论切磋，交流加拿大研究心得，为以后的学术年会奠定了基础。

在第三届年会上，中国加拿大研究会理事会进行了四年一届的首届改选。同时，中国加拿大研究会正式宣布了已获加拿大官方批准加入国际加拿大研究理事会的喜讯。在第三届年会上，加拿大驻华使馆宣布加拿大政府已批准提供针对中国学者的"加拿大研究专项奖"项目。根据相关协议，该项目可以为中国加拿大研究方向的学者提供为期5周的短期访学机会。中国学者依据自己的研究兴趣，自拟研究题目，经加方认可后，前往加拿大著名高等学府和研究机构从事相关的专题研究。

中国加拿大研究会第三届年会的顺利召开,促进了西南地区加拿大研究学术活动的积极开展,四川大学加拿大研究中心在本次年会后正式宣布成立。

4. 中国加拿大研究会第四届年会

中国加拿大研究会第四届年会于 1990 年 7 月在北京大学举办。此次学术年会暨国际学术研讨会是中国加拿大研究史上的一件大事。国际加拿大研究理事会年会也同时在北京奥林匹克饭店召开,与会的外国学者来自加拿大、美国、英国、法国、印度、以色列等 10 多个国家,提交大会的论文 74 篇(其中国内投稿 59 篇,国外投稿 15 篇),受到了国际国内的极大关注。

1991 年,在山东大学威海分校召开了一次年会间的理事扩大会议,以修改研究会章程和讨论访加学者滞留不归的倾向为中心议题,促进了中国加拿大研究会的组织建设和研究的健康发展。

5. 中国加拿大研究会第五届年会

中国加拿大研究会第五届年会于 1992 年 8 月在内蒙古大学召开。这次学术年会是一次精心组织、富有成效的年会,来自全国各研究机构和高等院校从事加拿大研究的学者 94 人出席了会议,并向大会提交了学术论文 84 篇。

中国加拿大研究会第五届年会合影(图片由傅利教授提供)

加拿大外交、外贸、亚洲及太平洋地区计划局公共事务处副处长大卫·利斯尼,驻华大使馆文化处处长查尔斯·伯顿博士和官员马克·罗斯威尔、刘永军等出席了年会开幕式。国际加拿大研究理事会邀请日本加拿大研究会会长、日本卡里塔大学教授竹中丰先生作为正式代表参加本届年会。内蒙古自治区教委和内蒙古大学的负责同志出席开幕式并致辞。

会后编辑出版了《中国加拿大研究论丛》第一辑。

6. 中国加拿大研究会第六届年会

中国加拿大研究会成立十周年暨第六届国际学术研讨会于1994年7月18日至22日在陕西师范大学隆重召开,来自四川、河北、湖北、北京、上海、天津、内蒙古等17个省、市、自治区的加拿大研究者50余人欢聚陕西师范大学,参加了此次盛会。应邀出席会议的还有国际加拿大研究会代表,德国特里尔大学教授汉斯·尼德赫、加拿大不列颠哥伦比亚大学教授威廉·纽。

与会代表向会议提交了学术论文50余篇。根据论文内容,会议将代表们分成"政治、历史、文化""经济、贸易、外交""文学、艺术、语言""教育、图书、资料"4个小组进行学术交流。

会上决定研究会秘书处所在地由四川外语学院迁往福州大学,副会长赵德缙教授代行会长职务。

中国加拿大研究会第六届年会合影(部分)

7. 中国加拿大研究会第七届年会

中国加拿大研究会第七届学术研讨会于 1996 年 7 月 15 日至 18 日在哈尔滨工业大学邵逸夫科学馆隆重召开。加拿大驻华使馆大使贝祥、文化参赞王仁强博士,麦吉尔大学(McGill University)加拿大研究所所长德斯蒙德·莫顿(Desmond Morton)教授,黑龙江省副省长周铁农、外办副主任李清贵和哈尔滨工业大学校务管委会主席吴林教授以及来自全国各地和各个加拿大研究中心的 118 名专家学者出席了此次盛会。大会共接收学术论文 122 篇。大会组委会按照论文内容,将代表们分成文学、魁北克、经济、贸易、教育、语言、历史、文化、社会、民族等 19 个小组进行讨论,研讨会自始至终在浓郁的学术气氛中进行。大会期间,根据中国加拿大研究会章程、传统和惯例,还分别召开了加拿大研究中心负责人及代表会议、理事会议和常务理事会会议,选举产生了第四届中国加拿大研究会理事会和常务理事会。

7 月 17 日下午,中国加拿大研究会年会暨第七届学术研讨会的闭幕式在邵逸夫科学馆二楼报告厅举行,由上海外国语大学的王彤福教授主持。7 月 18 日下午,在哈尔滨工业大学西苑四楼会议室召开了第四届常务理事会第一次会长工作会议。会议首先高度评价了此次年会,认为它是一次高质量、高效率的年会。此外,与会人员一致认为此届理事会应该把中国加拿大研究会升为二级学会的任务纳入日程并逐步实现这个目标。在讨论过程中大家纷纷表示要互相协作、支持,把中国加拿大研究会的工作做实做好,促进中加交

中国加拿大研究会第七届年会合影(图片由傅利教授提供)

流及中、加两国人民的友谊。同时还要不断提高自己的研究水平,多与各中心及非中心会员保持联系,大家共同想办法、出力量,群策群力,使中国的加拿大研究登上一个新的台阶。

8. 中国加拿大研究会第八届年会

中国加拿大研究会第八届年会暨国际学术研讨会于1998年6月6日至9日在山东大学威海分校隆重召开。来自全国各地的80余名加拿大研究学者参加了这次盛会,并向大会提交学术论文80余篇。威海市副市长龚应珍、山东大学校长曾繁仁教授、山东大学威海分校副校长杨培德教授应邀出席了开幕式。应邀参加这次会议的还有加拿大著名现代作家卡罗尔·希尔兹(Carol Shields)、爱德华王子岛大学大卫·莫里森(David Morrison)博士、中国外语教学研究会秘书长马克承教授,以及来自北京、上海、天津、重庆、广东、海南、甘肃、贵州、四川、湖北、河南、山东、安徽、江苏、内蒙古、河北、黑龙江、陕西等省市及香港特别行政区的近100名专家学者和5名来中国访问、讲学的加拿大学者。

阮西湖会长在开幕式上致辞并在闭幕式上做了工作总结报告。他在报告中指出：中国加拿大研究会成立于1984年,截至当时在全国各地建立了30多个研究中心,共拥有会员350余人。它是国际加拿大研究理事会的成员之一。研究会的研究范围十分广泛,涉及加拿大的政治、经济、外交、历史、地理、文学、生态、环保、语言、教育、民族等诸多领域。多年来,中国加拿大研究会的会员在各自的专业范围内潜心研究,并赴加拿大访问和考察,取得了丰硕的研究成果,为促进和加强中加友谊与经济合作发挥了积极作用。开幕式之后,加拿大著名作家卡罗尔·希尔兹、加拿大爱德华王子岛大学大卫·莫里森教授也做了关于信息与全球化的学术演讲。

这次年会暨学术研讨会的主题是"加拿大与亚太地区——过去、现在与未来"。学者们围绕这一主题提供的论文有：阮西湖的《亚裔少数民族加重了加拿大在亚太地区的地位》、宋家珩的《从大西洋到太平洋——试论加拿大与亚太地区关系的发展》、杨立文的《华裔移民对加拿大社会与文化的贡献》、商德文的《国际资本在东亚地区的流动与加拿大的对外投资战略》、潘光的《"上海犹太人"——促进中加友谊的纽带》、王学秀的《亚太经济合作背景下的中加贸易关系》、刘广太的《特鲁多政府的亚太政策》等。上述论文有的反映了加拿大政府对亚太地区的高度重视及亚太地区与加拿大经济发展的互动关

中国加拿大研究会第八届年会合影(图片由傅利教授提供)

系,有的反映了中加友谊的发展并强调其深远意义。此外,韩经纶教授做了"试论加拿大 APEC 战略及其对中加经贸关系的影响"的发言,林玲教授做了"亚洲金融危机对加拿大经济的影响"的发言。

大会将代表们分为 5 个专题小组进行学术讨论,各组发言都很踊跃。引人注目的是,在"语言和文学"小组的讨论中,我国学者对加拿大的双语教学和现代文学作品表现出浓厚的兴趣。他们写了不少研究和评论文章,并在小组会上进行了热烈讨论。这次会议收到的论文中还有金融、科技、生态、环保、国防、音乐等方面的文章,这些文章令人耳目一新。

会议期间中国加拿大研究会也进行了理事会的改选,选举产生了第五届理事会。新一届的理事会选举产生了由 9 人组成的执行理事会,由执行理事推举了会长、副会长等新一届研究会的领导机构。

在 6 月 7 日下午,大会还专门进行了加拿大著名作家卡罗尔·希尔兹作品专题研讨会。来自国内的学者在会上宣读了论文。6 月 9 日上午大会举行了闭幕式。闭幕式上首先由阮西湖会长总结了 1996 年至 1998 年中国加拿大研究会的工作,并对新一届理事会和领导机构的工作提出了建议。中国外语教学研究会秘书长马克承教授代表中国加拿大研究会上级学会在会上发言,对上一任中国加拿大研究会领导机构的工作做了充分的肯定,并对今后的工作提出了希望。马克承教授代表上级学会宣读了新一届执行委员会和会长、副会长名单,新老会长进行了愉快、友好的交接。新任会长张冠尧教授代表新一届理事会提出了1998—2000年度工作设想,并且满怀信心地表示新一届领导班子将会更加努力工作,使中国加拿大研究会的工作更上一层楼,带领中国加拿大研究会进入新世纪,在加拿大学研究方面取得更大的成就。

9. 中国加拿大研究会第九届年会

中国加拿大研究会第九届年会暨国际学术研讨会于2000年9月25日至26日在大连外国语学院隆重举行。参加这次会议的国内外代表达107人,收到交流论文120余篇,是近几届年会收到论文最多的一次。大会在热烈友好的气氛中由秘书长秦明利教授宣布开幕,大连外国语学院教务处处长、加拿大研究室主任杨俊峰教授代表汪榕培院长致辞,会长张冠尧教授向大会做了工作报告。

按照国际会议的惯例,大会之后与会代表被分到若干个分会场进行讨论,此次会议分为五个分会场,其主题分别为政治法律、社会历史贸易、语言教育、文学文化艺术、魁北克学。本次大会还进行了换届选举,产生了新一任中国加拿大研究会会长、副会长以及常务理事。北京大学张冠尧教授连任中国加拿大研究会会长。

在大会闭幕式上,大连外国语学院院长汪榕培教授应邀发言,对大会的

中国加拿大研究会第九届年会合影(图片由傅利教授提供)

成功召开表示热烈祝贺。参加本届大会的还有中国加拿大研究会元老即前任会长蓝仁哲教授。

10. 中国加拿大研究会第十届年会

中国加拿大研究会第十届年会于2002年7月15日至17日在兰州召开。此届会议由兰州大学加拿大研究中心承办,会议地点设在兰州大学。本届年会的主题是"入世后的中加关系(China-Canada Relations after WTO)"。来自全国各地的加拿大研究学者70人参会,大会收到论文52篇。

中国加拿大研究会第十届年会合影(图片由傅利教授提供)

7月15日上午,在兰州大学逸夫科学馆举行中国加拿大研究会第十届年会暨学术研讨会开幕式,兰州大学校领导出席讲话,中国加拿大研究会秘书长秦明利教授做工作报告。此后,南开大学韩经纶教授、北京大学商德文教授等分别做主题发言。

在7月15日下午及16日全天的研讨会上,参会学者分别就经济、政治、环境、社会、语言、文化、艺术、历史、法律、教育、媒体、文学和魁北克问题等10余个专题进行研讨。本届年会由兰州大学加拿大研究中心主任冯建文教授任组委会主任,兰州大学外国语学院副院长武国蕊和兰州大学加拿大研究中心副主任刘艺工任组委会副主任。组委会成员由王小平、王学君、牟欣、徐峥、王芳和刘广等组成。本届研讨会的学术委员会由王彤福、朱建成、刘盛仪、陈启能、杨立文、郭继德、秦明利、徐炳勋、韩经纶等9位教授组成。秘书处成员有秦明利、杨立文、傅利、王华敏和崔洪国5人。

此外,本届年会期间还进行了中国加拿大研究会第九届理事会选举,选举出了新一任中国加拿大研究会会长及领导班子成员,中国社会科学院世界历史研究所陈启能研究员当选为新一任会长,中国社会科学院姜芃研究员被任命为新一任秘书长。中国加拿大研究会第十届年会暨学术研讨会于2002年7月16日下午圆满闭幕。

11. 中国加拿大研究会第十一届年会

2004年的金秋十月,中国加拿大研究会第十一届年会在四川外语学院召开,年会的全称是中国加拿大研究会第十一届年会暨成立二十周年纪念会。

在年会开始前一周,四川外语学院举办"加拿大活动周",校园里充满"加拿大"氛围。放映厅播放的加拿大电影《野蛮人入侵》是2004年刚刚获得奥斯卡最佳外语片奖的影片。学术报告厅举办颇具加拿大特色的学术讲座:阿尔伯塔大学的布莱恩·L. 埃文斯(Brian L. Evans)教授专讲加拿大的多元文化与移民问题;帕特里夏·E. 普雷斯蒂奇(Patricia E. Prestwich)教授以加拿大与法国的关系为视角,展开演讲话题。此届年会还增设了深受学生们喜爱和追捧的"枫叶杯"演讲比赛西南地区的决赛环节。新颖的讲座话题、趣味盎然又多彩的活动,吸引了重庆多个校园里不同学科的学子和青年教师,为年会的到来造足了声势,"加拿大"一时成了校园里各方瞩目的字眼。

10月30日,年会开幕式在四川外语学院综合楼的国际学术报告厅里举行,中国加拿大研究会会长陈启能先生、四川外语学院校领导等致辞。接下来,由研究会顾问蓝仁哲先生做主题为"20年来的中国加拿大研究"的发言,他回顾了自1984年中国加拿大研究会诞生后所走过的历程、取得的成就,指出了今后的发展方向。本届年会分设6个主题专场研讨,分别是语言文学、民族历史、文化教育、经贸、国际关系、环保等。

还要特别提一提的是,第十一届年会的工作语言有汉语、英语和法语3种。法语分会场内,中外学者操着优美动听的法语,或发言,或提问,或讨论,会场上那种加拿大、法兰西相融合的韵味,热烈而美好,是本届年会的一大亮点。许久之后,在当年与会者中间,它仍然是津津乐道的谈资之一。

此外,山城重庆为2004年的年会平添些许额外的雅趣:全体会议在四川外语学院的国际学术报告厅举行,分会分布在综合楼里的小型会议室。住宿在歌乐山上的"山隐秋鸣"宾馆,步行可及却远离都市喧嚣。晚上或乘游轮,观赏长江、嘉陵江两江沿岸参差斑斓的山城夜景、江面的点点渔火;或到著名的重庆磁器口古镇,享受中国民乐茶会的雅兴;或品尝重庆小天鹅麻辣火锅的酣畅淋漓。会议后还有访四川广安的纪念邓小平诞辰 100 周年故居展,或参观闻名遐迩的大足石刻,两线选一的文化考察,曾一度让人陷入这些美好的小小"纠结"。

年会选举产生了新一届领导班子,南开大学商学院教授、加拿大研究中心主任韩经纶先生当选为新一任会长。

中国加拿大研究会第十一届年会合影

12. 中国加拿大研究会第十二届年会

2006 年 10 月 10 日至 12 日,中国加拿大研究会第十二届年会暨学术讨论会在山东大学召开。本届年会由山东大学加拿大研究中心和外国语学院承办,加拿大外交和国际贸易部和山东大学为年会提供赞助。本届年会的主题是"中、加两国在 21 世纪的战略合作"。

本届年会就"加拿大文学形成的哲学思想背景——兼论与美国文学的差

异""健康城市的实践与思考""财政分析背景下中国与加拿大的社会政策比较""入世以来中加双边经贸发展的特点与产品竞争力分析"等论题进行专题发言,并就加拿大社会政策、经贸与可持续发展,加拿大多元文化、少数民族与教育,加拿大历史、政治、外交,加拿大文学,加拿大语言与教学等论题进行充分讨论。12位代表获得了首届中国加拿大优秀博士论文奖。山东大学郭继德教授当选新一届中国加拿大研究会会长。

13. 中国加拿大研究会第十三届年会

为期3天的中国加拿大研究会第十三届年会暨国际学术研讨会于2008年11月7日在南京财经大学开幕。外交部、教育部及江苏省相关部门领导以及来自中国、加拿大、墨西哥等国相关研究机构和高校的专家学者100余人参加会议。年会期间,与会专家学者围绕加拿大语言文学、民族历史、文化教育、经济贸易、法律制度、环境保护等专题研究展开讨论,重点研讨了中加关系、加拿大联邦政府反腐倡廉实践、加拿大"软实力"、加拿大民族多样性、加拿大反洗钱法、加拿大科技创新战略、加拿大医疗保障等议题,并于会后对南京市进行了文化考察。会议颁发了"全国加拿大研究著译优秀成果奖",并选举产生新一届理事会及理事会会长、副会长。中国加拿大研究会年会期间,南京财经大学还组织了"加拿大活动周"等活动,充分展示加拿大丰富多彩的异国文化。

14. 中国加拿大研究会第十四届年会

2010年10月28日至30日,中国加拿大研究会第十四届年会——"传承与发展:中加建交40年及全球化背景下的加拿大与中国"国际学术研讨会在北京外国语大学召开。此次学术研讨会由北京外国语大学英语学院加拿大研究中心承办,120余位国内学者和20位国外学者出席。

原中国驻加拿大大使梅平先生,北京外国语大学校长陈雨露教授,中国加拿大研究会会长冯建文教授,北京外国语大学副校长金莉教授,北京外国语大学校长助理、英语学院院长孙有中教授以及来自其他研究机构和出版社的代表出席了开幕式。陈雨露校长致辞,冯建文会长回顾了中国加拿大研究会的历史和发展。开幕式上还进行了由加拿大驻华使馆和北京外国语大学英语学院加拿大研究中心共同筹建的中国加拿大研究资料中心的揭牌仪式。

会上,加拿大研究领域的国内外知名专家做了主旨发言。国际加拿大研究理事会主席、美国南加州大学国际关系学院帕特里克·詹姆斯(Patrick

中国加拿大研究资料中心揭牌仪式

James)教授的发言题目是"宪章之后的加拿大宪法政治"。加拿大不列颠哥伦比亚大学亚洲研究所主任保罗·埃文斯(Paul Evans)教授就中加关系目前存在的问题以及前景做了发言。加拿大皇家学院院士、萨斯喀彻温大学社会学系彼得·S.李(Peter S. Li)教授对冷战到改革开放时期加拿大华裔的变化进行了回顾。中国加拿大研究会新当选主席、辽宁师范大学王晧教授的发言题为"从哈特人的自愿隔离论加拿大多元文化政策的限度"。

此外,加拿大约克大学副校长洛纳·赖特(Lorna Wright)、加拿大多伦多大学安大略教育研究院副院长格伦·琼斯(Glen Jones),中国政法大学刘小楠、北京外国语大学英语学院加拿大研究中心龚雁、复旦大学郭有德等也分别就加拿大中小型企业和电子商务、高等教育的国际化、加拿大反就业歧视制度、加拿大环保政策、加拿大卫生政策等专题做了主旨发言。

大会分组讨论共设7个分会场,议题包括加拿大经贸政策与中加贸易关系,环保政策与中加环境保护合作,民族问题和多元文化主义,公共政策和社会政策,教育、艺术、新闻以及文学与语言专题等。

大会闭幕式上冯建文会长做了总结发言,并代表中国加拿大研究会常务理事会通报了换届情况,辽宁师范大学王晧教授当选为新一任会长。大会随后进行了加拿大研究优秀论文奖颁奖仪式,2篇博士论文和8篇硕士论文获奖。王昺教授做了简短的就职讲演，展望了中国加拿大研究会今后的发展方向。10月29日晚召开了执委会会议。

年会召开之际，正值中加建交40周年庆典。新华社、《人民日报》、《中国青年报》、《北京青年报》、《社会科学报》、《中国教育报》、中国教育电视台、《21世纪教育周刊》等10多家媒体对本次会议进行了报道。大会得到了加拿大政府、北京外国语大学世界亚洲研究信息中心、高等教育出版社、外语教学与研究出版社以及国际加拿大研究会的资助。

中国加拿大研究会第十四届年会合影

15. 中国加拿大研究会第十五届年会

中国加拿大研究会第十五届年会于2013年9月21日至22日在广东外语外贸大学召开。年会由中国加拿大研究会与教育部国别和区域研究培育基地——广东外语外贸大学加拿大研究中心联合举办，主题是"金融危机之后的加拿大内政外交：现状、问题和前景"。来自海内外的专家学者95人参会，其中国际学者9人。加拿大、美国、澳大利亚和印度等多位特邀专家和知名学者做了主题演讲。时任广东外语外贸大学校长、广东外语外贸大学加拿大研究中心主任仲伟合教授，副校长方凡泉教授、顾也力教授等出席，开幕式由广东外语外贸大学加拿大研究中心常务副主任唐小松教授主持。

仲伟合校长在致辞中指出，广东外语外贸大学作为中国较早开展加拿大研究的学校之一，为本次中国加拿大研究会年会搭建平台非常合适。杨令侠会长在开幕式上就一年来中国加拿大研究的成绩与问题做了总结与汇报，指出自 2012 年至现在发表的加拿大研究论文有 400 多篇。最后，国际学者代表金·理查德·诺萨尔（Kim Richard Nossal）结合自身半个世纪前跟随父亲游历中国经过广州的经历向与会者赞扬了广州城的伟大。加拿大布鲁克大学社会科学学院的查尔斯·伯顿（Charles Burton）教授认为中国增进对加拿大政治文化的理解，将利于中国深化改革开放。美国埃迪柯特学院政治学副教授麦克尔·基尔伯恩（Michael Kilburn）在演讲时强调，中加将在交流中实现共赢。

会议分 3 个分论坛 9 个讨论组展开学术探讨，学者们围绕加拿大政治与外交、社会经济、公共政策、文学文化等议题进行了广泛交流，深入讨论了各领域的最新成果。大会特别开辟了全英文的学术交流专场，为积极推动国际学者和国内学者的对话搭建学术平台。

此次研讨会以新的视角或研究方法为切入点，深入研究加拿大的内政外交，学术研究领域和范围大大拓宽，与会学者中知名学者神采飞扬，年轻学者崭露头角。研讨会提交的论文在研究跨度上上承自加拿大独立建国初期，下接至近期的加拿大时政与国际形势的风云变幻，反映了国内学者在金融危机后对于加拿大国情研究的深入拓展，是中国加拿大研究的最新成果。研究成果不仅包括宏观研究和微观研究，人文研究和社会科学研究，还包含大量的实证研究与案例研究成果。与会学者一致认为本次会议的学术价值和意义重大，内容丰富，成果丰硕，必将对中国的加拿大研究产生积极推动作用。

中国加拿大研究会第十五届年会合影

16. 中国加拿大研究会第十六届年会

中国加拿大研究会第十六届年会暨国际学术研讨会于2015年5月9日至10日在上海外国语大学成功召开。此次年会主题是"新时期中加合作的机遇与挑战"。本届年会由中国加拿大研究会、上海外国语大学共同主办，由上海外国语大学国际关系与公共事务学院、上海外国语大学加拿大研究中心承办。上海外国语大学副校长杨力教授、中国加拿大研究会会长李巍教授等来自全国各地51所高校、社科研究院、中学和部分机关研究部门共计98位专家学者参加了此次盛会。

中国加拿大研究会第十六届年会合影

开幕式由上海外国语大学国际关系与公共事务学院院长郭树勇教授主持，杨力教授、李巍教授等先后发表了热情洋溢的致辞，充分肯定了上海外国语大学加拿大研究中心的工作成就。在开幕式上，广东外语外贸大学加拿大研究中心唐小松教授就《加拿大发展研究报告（2015）》发布做了发言，南昌理工学院副校长李诺博士和天津师范大学政治与行政学院常士䦂教授分别做了题为"通过《重建我的家园》一书看加拿大的移民历史和身份变迁"和"走出'虚假'联合：加拿大多元文化主义政策的现实困境及21世纪变革方向"的主题演讲。此次年会共有4个专题，分别设置9个分会场。与会学者和专家分别就英法文学、加拿大北极问题、加拿大教育、双边关系、加拿大内政外交、加拿大民族问题以及加拿大与全球治理等主题进行了学术交流。

此次年会共收到会议论文56篇，体现了中国加拿大研究的最新成果，研讨会提交的论文在研究维度上不仅包括人文社科领域的理论和实证研究，还包含了自然科学研究,大大拓宽了中国加拿大研究的视野。在大会闭幕式上,中国加拿大研究会举行了第三届中国加拿大研究优秀硕士、博士学位论文颁奖仪式。与会学者一致认为此次会议的学术价值和意义重大,必将对中国的加拿大研究产生积极推动作用。最后,在中国加拿大研究会常务理事会的一致同意下,会长宣布下届年会将于2017年在云南农业大学召开。

17. 中国加拿大研究会第十七届年会

由中国加拿大研究会主办、云南农业大学新农村发展研究院承办的中国加拿大研究会第十七届年会暨"一带一路"背景下中加战略合作学术研讨会于2017年9月28日至30日在云南农业大学举办。来自加拿大和中国两国的120余名专家学者参加了会议。本届年会共由四大部分组成。

第一部分是开幕式暨《加拿大蓝皮书:加拿大发展报告(2017)》新闻发布会。在9月29日的开幕式上,云南省人大常委会农工委副主任、中共云南农业大学原党委书记张海翔教授致辞。云南省高原特色产业研究院副院长李永忠教授主持开幕式。国际加拿大研究理事会原会长苏珊·哈金特(Susan Hodgett)博士,社会科学文献出版社社长谢寿光教授,中央党校国际战略研究院副院长周天勇教授,广东外语外贸大学副校长阳爱民教授,太平洋证券股份有限公司副总经理史明坤博士,中国加拿大研究会副会长、广东外语外贸大学加拿大研究中心主任唐小松教授,中国加拿大研究会会长杜发春教授在开幕式上致辞。

开幕式上举行了《加拿大蓝皮书:加拿大发展报告(2017)》新闻发布会。谢寿光教授、阳爱民教授对蓝皮书的发布表示祝贺。苏珊·哈金特博士介绍了国际加拿大研究理事会的基本情况并祝贺蓝皮书的出版。唐小松教授介绍了蓝皮书的主要内容。

杜发春教授做了研究会2015—2017年工作汇报。两年来,中国加拿大研究会主要做了以下几个方面的工作:完成了换届选举工作;积极开展参与国际加拿大研究理事会组织的活动;积极在国内寻找资源开展加拿大研究,研究会与太平洋证券公司和加拿大北京大学校友会研究中心合作,拟成立"太平洋证券-中国加拿大研究基金";积极开展加拿大研究课程教学和中加比较研究;成立了中国加拿大研究微信平台,目前在群人数是260余人。

第二部分是主旨发言。开幕式后,加拿大尼皮辛大学社会福利与社会发展系陈澜燕教授、萨斯喀彻温大学原住民社区史研究中心主任凯斯·卡尔森

(Keith Thor Carlson)教授、中国社会科学院加拿大研究中心执行副主任姚朋博士分别做了"多元社会中的社会福利平等""1792—1854 年间被英美殖民者绑架的加拿大原住民男孩""'一带一路'视野下中加海洋经济合作发展前瞻"的主旨发言,并与参会学者进行了互动交流。主旨发言由中国加拿大研究会副会长,南开大学历史学院副院长、博士生导师付成双教授主持。西南交通大学外国语学院副院长王鹏飞教授对主旨发言进行了评议。

第三部分是专题会议。9 月 29 日下午至 30 日上午召开了 10 个专题会议,分别是"中加经贸合作暨太平洋证券第二届'一带一路'论坛""社会性别与福利""中国加拿大研究 40 年""加拿大法律与新闻传播""中加环境与农业""民族、移民与原住民""中加教育与文化""加拿大历史与宗教""加拿大文学"等。中、加两国专家学者就相关问题进行了深入的研讨。本次大会收到完整论文 45 篇。参会专家学者来自中国和加拿大两国共计 120 人,其中加拿大学者 13 人。中国学者来自北京、天津、上海、重庆、黑龙江、辽宁、内蒙古、河北、河南、湖北、江苏、福建、广东、海南、四川、西藏、云南等 17 个省(区、市)。

第四部分是大会闭幕式和加拿大研究颁奖仪式。大会于 9 月 30 日举行了闭幕式,中国社会科学院国际合作局原副局长张友云、国家民委国际交流司原副司长吴金光致辞。武汉大学历史学院教授、博士生导师潘迎春主持闭幕式。中国加拿大研究会秘书长、云南农业大学新农村发展研究院副教授路遥做会议总结。

中国加拿大研究会第十七届年会合影

18. 中国加拿大研究会第十八届年会

2019年9月27日至29日,由中国加拿大研究会主办、哈尔滨工业大学外国语学院和加拿大研究所承办的中国加拿大研究会第十八届年会暨学术研讨会在哈尔滨工业大学召开。9月27日晚,在哈尔滨工业大学外国语学院会议室召开了中国加拿大研究会常务理事会,讨论了中国加拿大研究会的未来发展问题,增补傅利教授为中国加拿大研究会副会长。常务理事会对哈尔滨工业大学组委会对本次会议做出的贡献表示衷心的感谢。

在9月28日上午的开幕式上,哈尔滨工业大学副校长刘宏、中国加拿大研究会会长杜发春、哈尔滨工业大学加拿大研究所所长傅利等分别致辞,国际加拿大研究理事会主席门罗·伊戈尔视频致辞祝贺会议召开。哈尔滨工业大学外国语学院院长刘克东主持开幕式,哈尔滨工业大学外事处处长范洪波,中国加拿大研究会副会长刘琛、付成双、陈燕萍、姚朋,常务理事舒笑梅、袁霞、王鹏飞、孙勇彬、王红艳、魏莉、丁林鹏等出席。来自全国20所高校和科研机构60余名与会专家学者分别就加拿大教育、经济、农业,加拿大外交及中加关系,加拿大政治、文化、语言及翻译,加拿大文学等主题进行了讨论交流。

9月29日上午小组会议结束后,大会举行了闭幕式,杜发春会长主持,哈尔滨工业大学黄芙蓉教授做了会议总结。最后举行了中国加拿大研究会2019年度加拿大研究优秀专著/译著和第五届加拿大研究优秀学位论文颁奖仪式,南京大学赵庆庆、南京师范大学袁霞获得优秀专著奖,上海外国语大学陈金英、南京财经大学程水英获得优秀译著奖,上海外国语大学徐文姣获得

中国加拿大研究会第十八届年会合影

优秀博士学位论文奖,北京外国语大学肖子璇和南京师范大学王茜、李晨菲获得优秀硕士学位论文奖。

会后,经常务理事会充分讨论,2021年中国加拿大研究会第十九届年会暨学术研讨会拟在武汉召开,由武汉大学加拿大研究中心承办。

四、中国加拿大研究会各成员中心简介

(一) 教育部国别和区域研究培育基地广东外语外贸大学加拿大研究中心

广东外语外贸大学加拿大研究中心是全国42家国别和区域研究培育基地之一,源于1989年成立的广州外国语学院(广东外语外贸大学前身)加拿大研究中心,是广东地区第一所也是我国较早专门从事加拿大教学研究的重要机构。2011年12月,中心被教育部评为全国首批国别和区域研究培育基地。现任中心主任唐小松教授为国内国际关系研究领域的知名专家,近年来主持国家和省部级课题多项,发表学术论文100余篇。中心自建数据库1个,加拿大相关中外藏书1700余册。中心现有专职科研人员5人(外籍1人),其中高级职称3人,中级职称2人;学校特聘云山青年学者1名,100%具有博士学位,100%具有境外访学经历。现有专职、兼职研究人员40余名,形成了坚实、稳定的研究队伍,主要研究领域为加拿大政治与外交、加拿大经济与社会、加拿大文化与教育。

广东外语外贸大学加拿大研究中心顺应国家重大战略需求,以国际化人才培养和学科建设为依托,重点研究基础理论和应用对策,提升科学研究水平,力争成为国内一流的加拿大研究高端智库。该中心自成立以来,主持国家社科基金重大项目2项,国家社科基金一般项目1项;承担省部级项目7项,其中外交部年度重大政策课题1项,获"优秀"结项;出版著作近20部,发表SSCI论文多篇,CSSCI论文30余篇,被《中国人民大学复印报刊资料》《中国社会科学文摘》等转载论文多篇。中心研究人员多次接受《环球时报》、中国新闻网、光明网英文版、《解放日报》上观新闻、中央广播电台英文频道等国内主流媒体和加拿大《环球邮报》采访和约稿,发表重要的时事评论。该中心对外人文交流异彩纷呈,优势明显。与加拿大高校和智库保持广泛学术联系,几乎每年都召开或者参与相关国际学术会议、沙龙,赴加拿大开展政策调

研,参加加方高端公共外交活动,在对加交流方面有独特作用。

自2014年以来,中心每年出版"加拿大蓝皮书"。作为国内最早也是最权威的加拿大年度发展报告,该书每年针对加拿大国内政治外交、社会经济、文化教育和中加关系等发展动态和热点问题进行深入、系统的研究,强调动态性、权威性和前瞻性,以最新、最权威的资料与数据,整体呈现加拿大年度发展状况,受到中国和加拿大学界、政界和商界的广泛关注,为政府机关、教育机构、社会组织等提供了有价值的参考。"加拿大蓝皮书"发布会新闻被《光明日报》、《环球时报》、《新快报》、新华网、腾讯网、搜狐网、网易和加拿大温哥华在线、加拿大网络电视等几十家媒体发表转载。2020年,中心出版的蓝皮书5篇专题报告在"学习强国"刊登,极大地提高了蓝皮书影响力和中心知名度。该蓝皮书目前已经出版了7册,并已进入社会科学文献出版社皮书数据库,在国内外引起较大反响,获得加拿大研究学界的普遍肯定和赞誉。

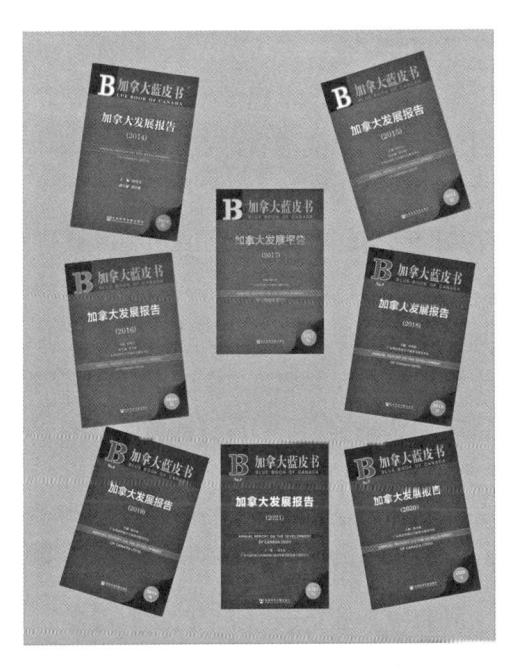

"加拿大蓝皮书"(2014—2021年)

(二) 教育部国别和区域研究培育基地北京外国语大学加拿大研究中心

北京外国语大学加拿大研究中心始建于20世纪80年代,是中国较早的加拿大研究机构之一。2006年,中心设立加拿大研究硕士研究生专业,是中国最早的专门从事加拿大研究的硕士研究生项目。2011年，中心设立加拿大文学研究博士项目。2017年，中心设立主要英语国家国际发展研究博士专业，进一步拓展加拿大研究领域。

经过多年努力，北京外国语大学加拿大研究中心建成了一支年龄梯队合理、知识结构全面的教学科研队伍。在每个研究方向上，都组建了一支由教授带头、副教授为主体、讲师和研究生为支撑的学术团队。中心建设了本-硕-博三位一体的课程体系，开设多门特色课程。作为首席专家单位，承担了近20项国家社会科学基金重大项目、国家社会科学基金项目以及教育部、文化和旅游部、国家新闻出版广电总局、国家发展改革委、商务部、国务院侨办等省部级项目。此外，中心还承担了北京市社会科学规划项目、北京市重大决策招标项目等地方课题。2015年以来，中心每年组织出版《加拿大政策发展报告》。出版专著、丛书、译著多部，在国内外发表论文近70篇。荣获国内外多项优秀著作或论文奖。

中心成果获得各界高度评价。多人次入选"教育部新世纪优秀人才""北京市'四个一批'""北京外国语大学卓越学术带头人"等人才计划。多人次荣获教育部哲学社会科学优秀成果奖等省部级科研和教学优秀奖。自2015年北京外国语大学设立科研优秀集体奖以来，中心蝉联该奖。北京外国语大学加拿大研究中心于2011年首批入选教育部国别和区域研究培育基地。2016年，中心首批入选全国CTTI百强智库，获评中国加拿大研究会等加拿大研究重要学术组织副会长级单位。中心成果得到加拿大、美国、韩国、印度等媒体的报道。中心致力于推动中加人文交流，主办"中加研究学生国际论坛"等多个年会、论坛、系列讲座和读书会等，中心与加拿大多伦多大学、卡尔加里大学、不列颠哥伦比亚大学等建立了广泛的学术交流。

（三）北京大学加拿大研究中心

北京大学加拿大研究中心成立于1990年5月，是中国加拿大研究会的发起者和较早的成员之一。北京大学加拿大研究中心是个跨学科组织，其主要成员来自北京大学英语、法语、历史、城市与环境、经济等院系。它的创始人是外国语学院法语系已故教授、资深翻译家，中国加拿大研究会前会长张冠尧先生。张冠尧先生是中国加拿大研究的先驱之一，生前是北京大学加拿大研究中心的主任，曾任中国加拿大研究会会长，为促进加拿大研究在中国的发展及中加文化交流做出了很大的贡献,加拿大外交部曾授予他加拿大研究领域"杰出贡献奖"。北京大学加拿大研究中心曾一度拥有会员60多人,活跃在各个科研和教学领域,是国内较有实力和影响力的加拿大研究中心之一。张冠尧教授一手创办了《加拿大掠影》(《加拿大研究》的前身),集中发表国内外从事加拿大研究的学者和专家的论文,为中国加拿大研究者展示自己的研究成果搭建了一个重要平台,也为中国读者开启了一扇了解加拿大的窗口。《加拿大研究》创刊至今已有近30年历史。从1991年开始以每年一期的形式内部出版,从1998年开始以两年一期的形式公开出版发行,至今已经正式出版10期,在国内加拿大研究领域颇有影响力,如今已成为北京大学加拿大研究中心的一个标志性成果。

除了创办学术刊物,北京大学加拿大研究中心还承办学术研讨会,如1990年7月在北京大学成功举办中国加拿大研究会第四届年会暨国际学术研讨会,共有16个国家的代表参加,获得圆满成功。

北京大学加拿大研究中心多次邀请加拿大学者来北京大学举办讲座,和中心成员座谈和交流,促进中国学者和学生与加拿大学者之间的学术交流与互动。中心还经常接待来自加拿大官方的代表团,如作家代表团、加拿大知名大学校长代表团、加拿大各省的部长代表团等,以及加拿大驻华使馆官员、大使、参赞和项目官员及来自加拿大外交部的官员。此外,北京大学加拿大研究中心还多次组织加拿大的艺术家和团队与北京大学的学生进行交流和座谈,增加了学生对加拿大文化艺术的了解和兴趣。

北京大学加拿大研究中心成员多次获加拿大外交部的项目资助,赴加拿大考察学习,至今已有30多人次赴加拿大考察研究,并在回国后撰写和发表学术论文和专著,同时面向本科生和硕士生在北京大学开设加拿大研究课程,介绍加拿大的历史、语言文学、政治、经济、法律、教育等多方面内容,致力传播加拿大研究文化,让更多的中国学子和学者了解加拿大,为促进加拿大研究在中国的发展和深入做出了重要贡献。中心目前开设的主要课程有加拿大小说选读、文化理论与加拿大小说、加拿大法语文学及选读等,迄今为止已经培养了一批加拿大文学(包括英语文学和法语文学)方向的硕士生和博士生。

北京大学加拿大研究中心一直以来致力于学术研究并取得了丰硕的成果,包括在国内外重要学术期刊发表学术论文,出版学术专著、译著、编著等。此外,中心成员还参加并完成国家社科基金重大项目"当代外国文学纪事数据库",主持并完成国家社科基金项目"加拿大文学的民族性构建研究"等。

现中心主要成员：杨立文、刘意青、许学工、邓辉、于小东、陈燕萍（主任、兼任中国加拿大研究会副会长）、丁林棚（副主任、兼任中国加拿大研究会副秘书长）等。

（四）北京理工大学加拿大研究中心

北京理工大学是国内较早成立加拿大研究中心的单位之一，自从1997年加拿大研究中心成立以来，李鹏飞教授作为第一任加拿大研究中心主任，带领中心成员为促进加拿大研究在国内的发展以及中、加两国的交流做出了杰出的贡献。

2013年12月20日，在北京理工大学国际交流合作处和外国语学院的大力支持下，北京理工大学加拿大研究中心新一届成员组建会成功召开，加拿大研究中心重新开始运行，明确了加拿大研究中心的主要任务是促进加拿大研究的发展，同时促进北京理工大学和加拿大高校之间的合作和交流，进而促进中、加两国的文化、教育和科研等方面的合作和交流。北京理工大学在加拿大萨斯喀彻温大学建立孔子学院，英语系每年有多名学生去加拿大当孔子学院志愿者。在新的组建会上，英语系主任张剑老师兼任新的加拿大研究中心主任，对外合作交流处副处长高珊老师任副主任，英语系的多名老师成为核心成员，这一契机也进一步推动了加拿大研究和英语专业教学、课程建设的有机结合。

北京理工大学加拿大研究中心的建立贯彻落实了新时期我国高等教育的重要使命——在全球化背景下培养具有跨文化交际能力、国际视野和国际竞争力的高素质人才。根据《国家中长期教育改革和发展规划纲要（2010—2020年）》和教育部《关于全面提高高等教育质量的若干意见》等文件的精神，国内大学的英语课程中亟须增加提高学生跨文化交际能力和训练批判型思维的课程，特别是跨文化交际能力的研究成为国内外学者和教育家的热门研究课题（北京理工大学的英语专业本科高端专业课"加拿大专题"就是在这样的大背景下设立的）。北京理工大学加拿大研究中心经过几年的研究和准备，协同外国语学院英语系共同开发设计了"加拿大专题"课程，主要目的是提升学生的跨文化能力，进一步普及和发展国内的加拿大研究。

中心现任主任为张剑教授。

(五) 大连理工大学加拿大研究中心

大连理工大学加拿大研究中心建于2010年,隶属大连理工大学,是在人文与社会科学诸学科或跨学科领域进行的关于加拿大的研究机构。该研究中心以加拿大的文化、文学、法律、政治、历史、教育等问题的研究为主,旨在于学术层面增进中、加两国的深入了解、文化交流以及友好往来。

大连理工大学加拿大研究中心在国内外已取得显著成果。现已主持编写《加拿大与加拿大人》,"中国加拿大文学研究丛书"第一辑(4册)、第二辑(4册)及"诺思洛普·弗莱研究丛书",《当代加拿大法律制度研究》《加拿大民商法》等,翻译加拿大著名作家的作品《石头天使》《生存》以及批评作品《批评之路》(合译),发表关于加拿大研究的论文多篇。该研究中心对加拿大研究正在向着广度和深度推进,努力形成特色研究方向,争取为中国的加拿大研究事业做出更多贡献。

该研究中心主任为外国语学院秦明利教授。秦明利教授曾先后担任中国加拿大研究会秘书长、副会长,先后两次获得加拿大政府颁发的"加拿大研究特别奖"。中心副主任为人文学部刘艺工教授,现任中国加拿大研究会常务理事。成员有周刚、吴卓娅、殷晓芳、王悦、隋晓荻、丁蔓、徐明莺、王爽、马莉等教师。

(六) 复旦大学加拿大研究中心

复旦大学加拿大研究中心建立于2009年秋。其校内批复及复旦大学文科科研处存档名称为"加拿大公共政策研究中心",其学术依托是复旦大学国际关系与公共事务学院。此中心由加拿大女王大学中国代表处主任张志尧博士、时任学院常务副院长桑玉成教授、副院长刘建军教授共同策划成立,刘建军教授任中心主任。2010年秋在加拿大驻中国大使馆的支持下,该中心与加拿大女王大学公共政策学院在复旦大学主办了中加环境治理圆桌会议,并正式挂牌。中心的初始目的是借用复旦大学优质的学术平台,开展加拿大相关的教学科研活动,建立并逐渐加强在复旦大学的加拿大研究与教学。

中心成立后,逐渐开展了如下活动:

第一,中心建立之初,张志尧博士与刘建军主任策划了高年级英文选修课"加拿大政治与公共政策专题",由张志尧、刘建军、郭定平、林荣日几位学者组成教学团队。遗憾的是,出于种种原因,此课没有持续下去。

第二,中心启动了"复旦大学加拿大研究系列讲座",此讲座由来访的加拿大学者及高官主讲,迄今已经组织了15讲。讲座主要由来访的女王大学教授承担,其中包括如下的一些主题:"加拿大气候变化政治"[金·诺萨尔(Kim Nossal)]、"加拿大对世界历史研究的贡献"[詹姆斯·莱斯(James Leith)]、"加拿大的事故赔偿法体系"[埃里克·克努森(Erik Knutsen)]、"参与式民主与公众参政——安大略省的公民大会"[乔纳森·罗斯(Jonathan Rose)]、"监控技术与社会转型"[大卫·里昂(David Lyon)]、"评估与减小新的即将到来的对于公众健康与生态系统健康的威胁——一个加拿大小型社区的教训"[布鲁斯·安德森(Bruce Anderson)]、"加拿大的北极政策——机遇与挑战"[彼得·哈里森(Peter Harrison)]、"利用公共政策促动全国性的文化表达"[维克多·拉比诺维奇(Victor Rabinovitch)]。以上讲者均来自女王大学。

第三,中心成为上海加拿大研究的一个基地。中心成立以来,多次接待来自加拿大学界的代表团等。同时,中心协办了一些加拿大研究相关的学术活动,其中2010年7月5日至6日在上海与中国社会科学院民族学与人类学研究所、加拿大研究会(蒙特利尔)共同主办"中国-加拿大城市移民与民族认同研讨会"。7月5日,会议在上海世博会加拿大馆隆重开幕,加拿大文化遗产部世博会加拿大馆馆长威·斯科特(Wayne Scott)先生首先致辞,欢迎中、加两国50余位学者的到来。国际加拿大研究理事会执行主任杰克·杰伟波、复旦大学加拿大公共政策研究中心主任刘建军教授、中国加拿大研究会副秘书长杜发春教授也在开幕式上发言。国家民族事务委员会政策研究室副主任李红杰研究员、山东省民族事务委员会副主任马银平教授、浙江省民族宗教事务委员会副主任陈智慧女士等民族研究部门的领导出席了研讨会。加拿大原住民成就基金会总裁罗伯塔·詹美逊(Roberta Jameson)女士做了主旨发言。7月6日晚,研讨会在复旦大学闭幕,复旦大学国际关系与公共事务学院副院长陈玉刚教授、国际加拿大研究理事会执行主任杰克·杰伟波等做了总结发言。加拿大女王大学中国代表处主任、复旦大学兼职教授张志尧博士主持了闭幕式。共有来自加拿大和中国的50名代表出席了会议,其中来自加拿大20人、中国30人。

第四,2016年秋,张志尧博士、刘建军教授与智慧树(网上学分课程平台)共同策划了一门线上通识课程——"中国看世界之加拿大篇",通过线上课堂,系统介绍加拿大给中国学子。此课程汇集了多位国内加拿大研究的专家,不仅系统介绍了加拿大的基本国情,并且就加拿大社会政治中独具特色的方面进行了评析。网上见面课程,更有加拿大资深外交官参与解读中加关系的历史与未来。此课程于2017年全面上线,截至2018年12月,有来自130多所院校的10 299名学生完成课程学习,获得加拿大通识课学分。

复旦大学加拿大公共政策研究中心将依托复旦大学优势,继续推出加拿大研究系列讲座,不断改善线上通识课教学,为中国的加拿大教学与科研的发展尽一份力。

(七) 福建师范大学加拿大研究中心

福建师范大学加拿大研究中心成立于2006年11月。2012年11月,中心独立的实体机构建制取消,被并入福建师范大学美洲史研究院。2018年7月,因学校机构整合,中心被合并到福建师范大学区域与国别研究院,成为其下属中心之一。区域与国别研究院院长、教育部特聘教授长江学者王晓德教授兼任中心主任,中心现有研究人员5人,主要授课和研究方向为美加关系(王晓德教授)、加拿大与东南亚关系(孙建党教授)、北美毒品问题(特聘研究员陈新锦博士、林晓萍副教授)以及加拿大族群与外交(助理研究员贺建涛博士,现兼任中心秘书及中国加拿大研究会副秘书长)。中心所属的区域与国别研究院拥有世界史一级博士点并设有世界史博士后流动站,可招收加拿大史方向的研究生和博士后人员。中心现开设加拿大有关的课程两门,分别为加拿大史研究专题(通史)与加拿大外交系列研究专题,均为研究生课程。至今,中心研究人员分别获得"加拿大研究专项奖"1次,参与博士生交流资助1次,参与中心研究生获得加拿大大使馆资助参加亚太加拿大研究论坛(Pacific Asia Network of Canadian Studies)1次。

该中心重视对外学术交流,自成立以来,印度德里大学普拉姆德·米斯拉(Pramod Mishra)教授、加拿大卡尔加里大学教育学院查尔斯·韦伯(Charles Francis Webber)教授、美国美洲协会(Institute of the Americas)副主席林恩·沃克(S. Lynne Walker)女士、美国科罗拉多大学斯普林斯校区历史系保罗·哈维(Paul Harvey)教授等近10位境外学者先后访问该中心。中心研究人员也多次前往加拿大卡尔加里大学、不列颠哥伦比亚大学,美国哈佛大学、堪萨斯大学、科罗拉多大学与英国约克大学做访问学者,从事加拿大有关课题的研究。中心自成立以来举办了"战后加拿大-美国关系"研讨会,在加拿大研究方向共申请到国家社科基金青年项目1项、中国博士后面上资助项目2项、省级资助项目2项及横向课题1项。中心研究人员在《世界经济与政治》《外交评论》《史学月刊》《历史教学》《福建师范大学学报》等国内CSSCI刊物及《韩国加拿大评论》(Korean Review of Canadian Studies)、印度《亚太远景》(Asian-Pacific Panorama Journal)等刊物已发表论文10余篇。

(八)广西大学加拿大研究中心

广西大学加拿大研究中心全称为"广西大学中加国际学院中国加拿大比较研究中心",简称"中加比较研究中心",是广西大学中加国际学院内设的学术研究机构,成立于2005年,挂靠于国际学院的学院科研办公室,在科研办的领导下开展与中国和加拿大的政治、经济、文化、艺术、法律和科学等方面的对比研究有关的学术活动。

通过组织广西大学中加研究各个领域的学术研究活动,架起与国内外研究方向为中国加拿大对比研究的学者相互沟通的桥梁,该中心提出创造与院内外学者进行中国加拿大文化对比研究方面学术交流与研究合作的机会和环境,从而推动中国加拿大比较研究的深入开展。同时该中心力求在研究工作中突出中国和加拿大语言文化理论与语言文化比较研究实务的结合,探讨外国语言文化教育中的新问题、新特点,促进广西大学加拿大研究中心中国加拿大比较研究领域各项制度的健全和完善,为广西大学中国加拿大比较研究的发展做出应有的贡献。

中心现任主任为覃成强教授,中心副主任为熊莺教授。

(九)哈尔滨工业大学加拿大研究所

哈尔滨工业大学加拿大研究所经黑龙江省社会科学界联合会和哈尔滨工业大学共同批准,于1991年5月成立,早期名为"加拿大文学研究中心",是国内较早的加拿大文学研究机构,主要从事加拿大英语文学和英语语言的研究。随着越来越多的科研人员对加拿大研究兴趣的高涨,研究领域开始向多领域、跨学科方向发展,研究论题逐渐涉及加拿大的文化、教育、历史、政治、经济、民族、传媒等诸多学科。鉴于此,"哈尔滨工业大学加拿大文学研究中心"于1997年更名为"哈尔滨工业大学加拿大研究所"。研究所的宗旨是通过研究与讲授加拿大的语言、文学、文化、教育等,促进中、加两国文化、学术和教育的交流,增进两国人民之间的友谊。加拿大研究所设立在哈尔滨工业大学外国语学院,隶属于中国加拿大研究会以及国际加拿大研究理事会。研究所现有在职研究人员28人,其中教授8人,副教授15人,讲师5人。

哈尔滨工业大学加拿大研究所先后承办了中国加拿大研究会第七届年会、加拿大文学专题研讨会、加拿大文化专题研讨会、媒体效应国际学术研讨会和中国加拿大研究会第十八届年会等会议。先后有40多名加拿大专家学者到哈尔滨工业大学进行学术交流和讲学活动。研究所分别同加拿大多伦多大学、麦吉尔大学、阿尔伯塔大学、不列颠哥伦比亚大学等学校建立了学术联系。研究所人员先后有30多人次荣获加拿大政府奖,先后赴加拿大10余所高校攻读学位、进修访问或参加学术活动。研究所教师还先后指导30余名硕士研究生撰写了加拿大文学、文化等方面的学位论文。

1996年8月至2002年8月间,加拿大研究所担任了中国加拿大研究会的秘书处工作,秦明利任秘书长,傅利任副秘书长。在此期间,秘书处不仅出色地完成了协助学会会长的各项工作,其中包括协调各中心组织了16次小型学术研讨会,而且还出版了《加拿大研究通讯》24期,这对在国内外宣传中国加拿大研究会和联络国内中国加拿大研究会会员发挥了很好作用。同时,秘书处承担着与全国各相关研究机构、国际加拿大研究机构、加拿大驻华大使馆等和学者的沟通与联络工作,成为联络和团结国内高等院校和科研单位的加拿大研究学者共同从事研究的纽带。哈尔滨工业大学加拿大研究所为中国加拿大研究及中、加两国文化、学术和教育交流做出了重要贡献。近20年来,哈尔滨工业大学加拿大研究所成果颇丰,出版研究专著、编著、译著20余部,先后在国内外学术期刊和学术研讨会上发表学术论文200余篇。研究所成员一直致力于加拿大作家与作品的研究工作,其中艾丽丝·门罗研究于2011年被确立为国家哲学和社会科学研究基金项目,于2016年圆满完成课题研究。哈尔滨工业大学加拿大研究所为中国加拿大研究及中、加两国文化、学术和教育交流做出了重要贡献。

现任所长是中国加拿大研究会副会长傅利教授。

(十) 哈尔滨工业大学威海分校加拿大研究中心

哈尔滨工业大学威海分校加拿大研究中心成立于2003年7月。之前在

1998年6月6日至9日,中国加拿大研究会第八届年会暨国际学术研讨会在山东大学威海分校隆重召开,带动了该校的加拿大研究。中心成立当年,威海分校拨款5万元作为中心初期运行的经费。当时中心成员包括:韩哲教授(学科带头人,主要研究翻译理论与实践)、张敏副教授(主要研究英、美、加文学,总体组织协调)、杨秀芬副教授(主要研究国际商务与文化,负责对外协调、联系、调研等具体工作)、杰克·马森(Jack Masson,加拿大博士,主要研究加拿大政治、经济与文化)、卡利斯·莱尼克斯(Karlis Lejnieks,加拿大籍外教,负责与加拿大阿尔伯塔大学的学术交流事宜)。为了与加拿大的教育机构、营利及非营利商业和研究中心进行科研方面的合作,中心还成立了来源广泛的委员会作为管理机构,通过每学期2—3次的委员会会议来制定整体规划和政策。

山东大学威海分校加拿大研究中心成立后,哈尔滨工业大学威海分校先后又引进洛里·查尔斯基(Lori Charski)等3名加拿大籍教师。已开设的加拿大历史、加拿大电影选修课以及加拿大文化系列讲座,全部由加拿大籍教师负责,教学效果良好,深受学生好评。在中心发展的过程中,不断有教师加入加拿大研究的队伍中来。

(十一) 河北师范大学加拿大研究中心

河北师范大学加拿大研究中心成立于1996年,中心主任为刘广太教授。中心现有研究人员13人,其中包括正式成员3人,联系成员10人。联系成员为历届在校及已毕业的加拿大政治、历史专业方向硕士研究生。中心为在校的历史系、政治系的本科生、硕士研究生开设了3门相关课程:加拿大通史课程(面向历史系本科生授课,1992年至2001年进行汉语授课,2002年至今进行英语授课)、加拿大政治课程与加拿大外交课程(1997年至2004年面向政治系硕士研究生授课,2002年至今面向历史系硕士研究生授课)。中心先后多次邀请加拿大布鲁克大学查尔斯·伯顿博士,阿尔伯塔大学历史系教授、加拿大外交部历史档案部格雷格·多纳博士来政治系、历史系讲学。

中心成员共出版加拿大方向专著和译著2部,发表学术论文17篇、博士论文1篇,已答辩并通过硕士学位论文10篇。中心的主要科研成果有:刘广太《新中国成立前后的加拿大对华关系》(《世界历史》1997年第6期),刘广太《朗宁传》(河北教育出版社1999年版),刘广太《加拿大的象征——特鲁多总理传》(世界知识出版社 2005 年版)、焦世新《加拿大与美国的 NMD》(《现代国际关系》2002 年第 4 期)、孙卫华《加拿大魁北克问题论析》(《世界民族》2004 年第 1 期)、吴克燕《浅论劳里埃时期加拿大经济繁荣发展的表现》(《教育科学杂志》2004 年第 4 期)、阎颖、于淼《特鲁多和加拿大外交政策白皮书》(《高校社科信息》2005 年第 1 期)、侯建国《二战后加拿大高等教育改革与发展研究》(博士论文)等。

值得一提的是，中心主任刘广太教授先后 4 次去加拿大做访问学者，进行学术交流。在《世界历史》和《河北师范大学学报》等刊物上发表多篇学术论文，著作有《朗宁传》和《加拿大的象征——特鲁多总理传》等。2017 年 4 月，刘广太教授将一批与朗宁相关的珍贵档案资料入藏朗宁的故乡湖北襄阳市档案馆。从捐赠的档案资料看，一是时间跨度大，内容涉及 20 世纪 30 年代至 80 年代，长达半个多世纪；二是数量大，各种档案资料数百件；三是内容丰富，既有文字，也有影像图片；四是价值高，许多珍贵资料直接见证了朗宁的生活和工作活动，包括亲笔文稿等，十分鲜见。这些档案资料的进馆，是襄阳市档案馆关于朗宁家族档案史料收集陈列的重要补充。

(十二) 海南大学加拿大研究中心

海南大学加拿大研究中心成立于 1993 年，中心的第一任主任是海南大学文学院英语系的穆雷副教授(当时职称)，最早的科研成果是 1995 年《语言与翻译》上发表的论文《加拿大的翻译传统》，第一作者为罗林泉副教授(当时职称)。在随后的 10 年时间里，该研究中心达到其鼎盛时期，成员增长到 21 个，8 人次获得了"加拿大研究专项奖"，包括穆雷、余廷明(3 次)、曹玲娟、李渝凤、刘亚儒和杨红；6 人次获得了加拿大发展基金，分别是穆雷、余廷明(3 次)、曹玲娟、刘亚儒。中心主任先后是穆雷、余廷明、李渝凤等。中心共发表了与加拿大研究相关的学术论文 20 多篇，出版专著和译著 8 部，举办过 5 届"枫叶杯"演讲比赛、1 次加拿大文化周，开设过"加拿大社会与文化"课程。李渝凤主任和杨红老师分别于 2005 年和 2008 年受到了加拿大驻华大使馆表彰。

该中心的主要研究成果，可以归纳为翻译理论、社会文化、文学和女性主义等 4 个方面。

翻译理论方面，罗林泉和穆雷翻译发表了论文《加拿大的翻译传统》，该论文对加拿大翻译的历史进行了梳理。另外,藤巧云和穆雷发表论文对加拿大的翻译组织的情况进行了详细的介绍。穆雷还有《19世纪加拿大的法、英文学翻译管见》《加拿大的术语学研究》《19世纪的加拿大文学翻译》等论文发表。这些成果都属于国内加拿大翻译研究方面的先锋之作。

社会文化方面,主要成果表现在两个方面:教材的开发和课程的开设。曹玲娟教授和中心副主任刘亚儒一起编写了教材《加拿大社会与文化》,并以这本教材为依托,在海南大学先后开设了"加拿大社会与文化"这一课程,学生反响良好,每个班的选课人数都超过了100人。

加拿大文学研究方面的主力军是英语系的余廷明副教授(当时职称)。1996年,余廷明去加拿大女王大学攻读加拿大文学。回国后,积极从事加拿大文学方面的研究,并于2001年获得"加拿大研究特别奖"。他3次获得该奖项,并3次获得加拿大外交部的专项课题经费,出版3本著作,包括教材《加拿大文学选读》和译著两部《小镇阳光素描》和《肯·米歇尔的乡间》。除此之外,余廷明还在英语系开设过加拿大文学选修课,效果良好。

女性主义文学研究方面的主要人物是李渝凤。她在很早的时期就从事加拿大女性主义文学的研究,早期的代表作品包括论文两篇,都有相当高的学术价值,皆被《外国文学研究》全文转载。《一个朝圣者的历程——从神化—原型批评的角度看〈石头天使〉中哈格·希伯利的人物刻画》是李渝凤对加拿大小说家玛格丽特·劳伦斯的小说《石头天使》的研究成果;《雷切尔及其生存的愤怒》是李渝凤对玛格丽特·劳伦斯作品研究的又一力作,研究的是其曾获加拿大总督小说奖的作品《一个上帝的玩笑》。这些都是加拿大文学研究方面的得力之作。女性主义翻译理论研究方面的主要人物是英语教师刘亚儒,其系列论文《翻译与女性》《加拿大女性主义翻译理论的起源、发展和现状》等5篇论文分别发表在《西安外国语学院学报》和《天津外国语学院学报》等期刊,这些论文从微观的角度,分析了加拿大女性主义翻译理论的许多方面。

目前,虽然上述学者大部分都已经调离海南大学,曹玲娟教授也已经退休,上述学者中只有刘亚儒和杨红还在海南大学继续工作,但也有积极奋进的青年学者朱琼莉副教授等加入,经过努力,该研究中心依旧可以在海南岛有其立足之地。

中心现任负责人为刘亚儒。

(十三) 湖南工商大学(原湖南商学院)加拿大研究中心

2009年9月29日,时任中国加拿大研究会会长冯建文教授致信湖南商学院,同意湖南商学院加拿大研究中心加入中国加拿大研究会。至此,基于湖南商学院研究团队、中国加拿大研究会王昺教授等的共同努力,湖南商学院加拿大研究中心正式成立。

中心主任为加拿大卡尔加里大学教育学博士梁晓副教授,研究团队成员有潘建、秦乐娱、白臻贤、胡艳芬、李蓓霖、谢亚军、刘天祥、陈丽影、骆晓戈、季洁。研究领域为加拿大英语语言文学、加拿大英语第二外语教学、加拿大金融、加拿大高等教育、加拿大女性学等。中心开设的相关课程有"加拿大多元文化""加中比较教育""加拿大的英语作为第二语言教育(TESL)"。中心成员出版了关于加拿大研究的专著一部,参与主编加拿大研究丛书一部,在中国、美国、加拿大、英国、印度等国的学术期刊上发表论文多篇,两人次获得加拿大外交和国际贸易部"加拿大研究特别奖"资助赴加拿大进行学术访问。中心邀请了中国和加拿大知名学者来校讲学,踊跃参加中国加拿大研究会的各项学术活动,与加拿大高等学府卡尔加里大学、多伦多大学、圣玛丽大学、康考迪亚大学等建立了长期的学术和国际教育合作关系。此外,中心和加拿大驻华大使馆、加拿大驻广州总领事馆保持密切联系,进行互访并开展讲座。

中心作为湖南省第一家加拿大研究中心,在促进加拿大文化和教育等方面的推广,推进加拿大和中国的对比研究,促成中加双方的教师交流、学生互换、学术会议举办与参与等方面起到了积极作用。

(十四) 华东师范大学加拿大研究中心

华东师范大学加拿大研究中心成立于1986年,挂靠在华东师范大学外语学院(当时为外文系)。华东师范大学加拿大研究中心第一任主任由副校长(后任校长)袁运开教授担任,之后由外语学院张民伦教授继任,成员有陈焕然、袁琼倩、蔡伟廉和徐卫列等。华东师范大学加拿大研究中心与加拿大维多利亚大学等加方高校合作频繁(与该校的校际合作始于1981年)。当时的研究交流活动集中在语言文化方面。张民伦教授于2002年退休。现任主任为国际关系与地区发展研究院的潘兴明教授。

目前,潘兴明教授的研究领域之一为中加关系和加拿大历史,在有关研究方面著述颇丰。其中已出版专著为《20世纪中加关系》(学林出版社2007年版)。该专著按时间顺序全面论述了自19世纪中叶以来中国与加拿大关系沿革的历史轨迹,主要内容包括华工的起源与业绩、华人移民与排斥华人立法、加拿大传教士在华活动、抗战期间中加关系的突破、加拿大承认中华人民共和国和中加关系正常化、新时期中加关系等,同时还专门介绍了对两国关系发展产生重要影响的白求恩、文幼章、明义士等人。《20世纪中加关系》分7章,约30万字,获中国加拿大研究会学术成果奖一等奖。潘兴明教授已发表的论文有:《加拿大与第二次世界大战》(《学海》2005年第4期)、《抗战期间中加军事关系评析》(《史学集刊》2009年第1期)、《加拿大承认新中国的问题》(《浙江学刊》2009年第1期)、《抗战期间中加关系的突破与发展——兼论两国政治方面的合作与交涉》(《杭州师范学院学报》2005年第4期)等。

同时,华东师范大学与加拿大高校的合作取得积极进展,与维多利亚大学、不列颠哥伦比亚大学、阿尔伯塔大学等签署了多项校级和院系级合作协议。近期的校际互访主要有:2012年10月,华东师范大学校长陈群出访不列颠哥伦比亚大学和维多利亚大学;2016年10月,阿尔伯塔大学校长戴维·特平(David Turpin)到访华东师范大学;2017年10月,维多利亚大学校长杰米·卡塞尔(Jamie Cassels)到访华东师范大学。

(十五) 华南师范大学加拿大研究中心

华南师范大学加拿大研究中心成立于2018年初。虽然该中心新近才正式成立,但该校的加拿大研究在多年以前就已经展开。该校自2010年以来,已经有3位学者被遴选为中加学者交流项目访问学者,在加拿大进行3个月至12个月的学术访问,此外,还有多位教师获得国家留学基金管理委员会或华南师范大学留学基金的赞助前往加拿大留学1年或1年以上,还有更多学者多次赴加拿大各大学参加国际会议等学术交流活动。这些学术交流活动都极大地促进了该校对加拿大的了解和研究。

华南师范大学加拿大研究中心的最大特色是关于加拿大华人问题的研究,尤其是当代加拿大华人政治参与、加拿大华人与中加关系等方面的研究成就突出。中心主任万晓宏教授是2011—2012年度中加学者交流项目访问学者,兼任教育部国别和区域研究培育基地广东外语外贸大学加拿大研究中心学术委员会委员,曾先后主持加拿大华人问题研究方面的国家社科基金项目 1 项,其他各级项目 5 项;在加拿大较权威的民族问题研究杂志之一《加拿大民族研究》(Canadian Ethnic Studies)和加拿大著名华文报纸《环球华报》、国内相关专业权威期刊《世界民族》和《华侨华人历史研究》上发表关于加拿大华人问题和加拿大外交政策方面的论文 10 余篇,在学界产生了一定影响。中心所依托的华南师范大学国际关系硕士点已经培养了 1 名关于加拿大公共外交方向的研究生,还有多名在读研究生。

自 2010 年以来,华南师范大学加拿大研究中心举办了一系列关于加拿大华人新移民、中加教育文化交流、加拿大政党政治、加拿大各级选举政治和加拿大外交政策等方面的学术讲座,还在本科生和研究生课堂开展关于加拿大华人历史与现状、加拿大政治与外交方面的专题教学,受到广大师生的欢迎和好评。未来华南师范大学加拿大研究中心将继续坚持以加拿大华人问题研究为特色,并将其拓展到加拿大内政和外交等领域,在中加政治、经济和文化交流中发挥更加重要的桥梁和纽带作用。

华南师范大学加拿大研究中心现任主任为万晓宏教授。

(十六)吉林大学加拿大研究中心

1991 年 4 月,吉林大学外语学院陈林华教授发起倡议,联合外语学院、文学院、行政学院等单位的专家和学者,成立了吉林大学加拿大研究中心。

吉林大学加拿大研究中心设在外语学院,陈林华教授任主任。中心的成立受到学校领导、省市相关部门、各主要媒体的重视,加拿大驻华使馆也派代表参加了成立仪式。现任主任为赵文学教授。自成立以来,中心同加拿大驻华使馆、加拿大有关院校建立了广泛的联系,为扩大吉林大学加拿大研究中心的影响,争取加方对吉林大学办学、科研与师资出国培训和讲修的支持做出了努力。与此同时,中心还组织校内有关人员开展科研活动。加拿大曾向中心赠送一定数量的音像、图书、报刊资料,提供赴加访问学者的候选名额。目前,吉林大学外语学院已经建立起一个初具规模的加拿大研究图书资料中心和基地。

(十七)兰州大学加拿大研究中心

兰州大学加拿大研究中心成立于 1990 年,近 30 年来充分发挥兰州大学多学科的优势,对加拿大开展比较全面深入的研究,涉及加拿大政治、经济、文化、法律、历史、地理、环境、资源、人口、文学、教育等诸多方面。

兰州大学加拿大研究中心成员共出版专著、译著10余部,发表论文60余篇,承担我国国家社科基金项目和加拿大委托的研究项目20余项,取得研究经费30余万元。中心在加拿大历史、法律、文学等方面招收硕士研究生10余人,已毕业6人,开设硕士研究生课程10余门,本科生课程3门;举办加拿大研究系列讲座、英语讲演赛等活动20余次;派往加拿大访问学者10余人次,在国内外学界产生了一定影响。"十五"期间,中心将在原有的基础上稳步发展,预计出版专著4部、译著5部,发表论文30余篇,承担加拿大委托的研究项目10项,取得加拿大研究经费10余万元,赴加进修10余人次。

兰州大学加拿大研究中心成立之初,由于学校领导重视,涉及学科较多,研究工作扎实高效,很快成为全国加拿大研究的中心之一。该校的加拿大文学名著翻译、加拿大文学研究、加拿大法律研究、加拿大地理与资源环境研究、加拿大政治制度研究、加拿大知识产权研究、加拿大女作家研究、加拿大儿童文学研究等在全国处于领先地位。

中心开展的加拿大研究学术讲座、英语讲演比赛,与甘肃省电台合办的"加拿大文化风情"广播节目,与《飞天》文学月刊合办的《枫之叶》文学专栏等,都因其独有的特色成为我国加拿大研究方面的创新活动,受到国内外加拿大研究领域的关注和好评。加拿大驻华大使贝祥访问该校时指出:"兰州大学加拿大研究中心是中国较活跃的中心之一,我们希望中国的加拿大研究中心都能像兰州大学加拿大研究中心那样涉及较广的学科。"

1998年加拿大总理克雷蒂安访问我国时专程到访兰州大学,参观了该校加拿大研究的各项成果,对该校的加拿大研究给予了高度评价。2002年中国加拿大研究会第十届年会暨学术研讨会在该校举办。该中心主持的研究项目如加拿大政治制度研究、加拿大民族法研究、加拿大早期女作家研究、加拿大知识产权保护研究、加拿大民间文学研究、魁北克历史研究等,大多是国内首次在这方面进行的研究。兰州大学的加拿大研究是特色明显、基础很好、潜力很大、前景很好的研究方向之一。

(十八)辽宁师范大学加拿大研究中心

辽宁师范大学加拿大研究中心成立于2002年,现任主任为王红艳老师。中心成立以来,致力于中加文化与学术研究及两国交流,为该校师生打开了了解加拿大文化和价值观的窗口,拓宽了教师的教学及研究视野。

辽宁师范大学加拿大研究中心是中国加拿大研究会会长单位。2010—2012年,该中心王晸教授担任中国加拿大研究会会长,秘书处设在辽宁师范大学,王红艳任秘书长。2006年9月,在中心原主任王晸教授组织下,中心成功举办了中国-加拿大多元文化国际研讨会,共有国内外60余位专家学者出席会议。2011年8月,中心主持召开中国加拿大研究会执委会会议及中国加拿大研究会"和谐社会"研讨会。

在邀请加方专家讲学方面,辽宁师范大学加拿大研究中心于2000年夏季邀请卡尔加里大学通才教育学院助理教授罗伊尔·西班(Royll Sciban)到访,与历史学院进行了孔子学说的交流座谈。2001年6月,邀请卡尔加里大学教育学院塞西尔·达帕斯(Cecille DePass)教授到访,在国际商学院、教育学院和外国语学院做多元文化教育的学术报告。2002年6月,中心邀请韦仕敦大学教育学院苏珊·马哈诺维奇(Suzanne Majhanovich)教授伉俪来访,在辽宁师范大学外国语学院以及大连外国语大学做了第二外语习得的学术报告。2003年2月到5月,辽宁师范大学外国语学院接待卡尔加里大学教学硕士一行六人进行口语和加拿大文化方面的实习教学。2004年10月,该中心邀请阿尔伯塔大学历史系布莱恩·埃文斯(Brian Evans)教授和普雷斯特维奇(Prestwich)教授来访,为全校师生做学术报告。此外,中心多次邀请萨斯喀彻温大学社会学系宗力教授、彼得·李(Peter Li)教授到访学校讲学。此外,中心成员还多次赴加访学和访问。2001年5月到6月,王红艳得到加拿大大使馆"加拿大研究专项奖"资助,访问加拿大4个城市。2005年,徐丹得到中加学者交流项目资助,访问加拿大。2006年,古俊伟获得"加拿大研究专项奖"资助,访问加拿大。2006—2007年,王红艳得到国家留学基金管理委员会全额资助,赴渥太华大学做访问学者。2013—2014年,王红艳获得中加学者交流项目资助,访问加拿大。

科研成果方面,王晸教授先后主持国家级项目及加拿大政府资助的一系列研究项目并取得了优异的科研成果。其他成员常年撰写加拿大研究论文和学术专著,其中王红艳的专著《北美原住民生态文化探究》获得中国加拿大研究会第十七届年会暨中加战略合作学术研讨会加拿大研究优秀专著/译著二等奖。在开设课程和编写教材方面,王晸教授于2003年编写的《文化马赛克:加拿大移民史》在其开设的研究型课程中被多次使用,由民族出版社出版发行。王红艳为外国语学院本科生开设研究型课程,题目是"北美原住民社会与文化"。徐丹以"加拿大多元文化主义研究"为题,针对外国语学院本科生开设研究型课程。在文化活动方面,2011年和2015年,中心主办了辽宁师范大学第一届和第二届"加拿大文化知识口语演讲比赛"。

(十九) 南京大学加拿大研究中心

1990年,南京大学加拿大研究中心正式成立,是中国较早从事加拿大文学教学和研究的机构,而该中心对加拿大文学的率先关注,则可追溯到20世纪80年代。20世纪80年代,南京大学外语系英语和法语专业的老师着手加拿大研究。其中,英语专业的教授黄仲文和金筑云、法语专业的教授陈宗宝和殷元昌是带头人,还有一批较早译介和评论加拿大文学的学者,如张锡麟、许钧等。1980年,南京大学外国文学研究所和译林出版社主办的《当代外国文学》创刊,黄仲文一度担任《当代外国文学》主编,故该杂志从80年代初就关注加拿大文学。如加拿大英语文学方面,有两篇莫利·卡拉汉的短篇小说和黄仲文撰的《〈莫利·卡拉汉短篇小说集〉评介》(1982年第1期),肯·密切尔的诗歌《毕业宴会》(1982年第4期),黄仲文和张锡麟合撰的《加拿大英语文学的特征和发展》(1987年第4期)和《加拿大英语文学背景初探》(1988年第3期)等。加拿大法语文学方面,有程曾厚的《加拿大法语文学和布莱的小说〈埃马纽埃尔生命中的一季〉》(1984年第4期)、张月楠翻译的西瓦尔·克拉潘的短篇小说《耕牛》(1988年第1期)、陈宗宝翻译的加蒂昂·拉布安特的著名长诗《圣劳伦斯河之歌》(1988年第3期)等。

南京大学外语系自1980年起,就开设"加拿大文学"和"美加文学"选修课,是中国较早设置加拿大文学课程的高校之一。1982年,加拿大幽默作家斯蒂芬·里柯克的小说名作《小镇艳阳录》,由黄仲文和丁振祺翻译后出版。黄仲文等学者还编写了《加拿大英语文学概要》(1986年)、《加拿大文学作品选读》(1986年)和《加拿大英语文学简史》(1991年)。其中,《加拿大文学简史》是中国首本成书的加拿大文学史,得到了当时的中国加拿大研究会会长蓝仁哲和加拿大使馆文化参赞许美德(Ruth Hayhoe)博士的帮助。

另外,陈宗宝主编出版了两本《加拿大文学论文集》(1991年,1993年)。这是中国较早以加拿大法语文学为主的论文集,30篇论文中有21篇和此有关,论述了加蒂昂·拉布安特、安娜·埃贝尔、伊夫·博希曼、伊夫·泰里奥、玛丽·克莱尔·布莱、加·鲁尔、让-夏尔·阿尔韦等著名魁北克作家及作品。1993年4月16日至19日,南京大学加拿大研究中心组织了全国首届魁北克文学研讨会,有来自加拿大蒙特利尔大学、魁北克大学、多伦多大学、三河大学的9位教授和北京大学、北京外国语学院、南京大学、上海外国语学院等的18位魁北克文学专家与会,提交了30余篇会议论文。

进入21世纪后,该中心主要开展了对加拿大当代文学、加拿大华人文学和中加文学、文化交流的研究。中心负责人姚媛翻译了加拿大迈克尔·昂达奇的小说《经过斯洛特/世代相传》(2000年)和《身着狮皮》(2003年)、扬·马特尔的《少年派的奇幻漂流》(2012年)、艾丽丝·门罗的《亲爱的生活》(2016年)、爱尔兰克莱尔·吉根的短篇小说集《南极》(2010年)等,撰写了国内首部有关昂达奇的博士论文《身份与第三空间:迈克尔·昂达奇作品主题研究》。

此外,赵庆庆数次组织了国内两大华人文学期刊《华文文学》和《世界华文文学论坛》的加拿大华裔文学专辑或专号,以国内首个"加拿大华裔作家系列访谈"项目获得2009年"加拿大研究专项奖",国内首本《枫语心香:加拿大华裔作家访谈录》(2011年)获加拿大项目发展奖(Program Development Grant),她曾获2014—2015年度中加学者交流项目资助赴加拿大研究加拿大华人文学史,其加拿大华裔文学译著《停止呼吸》(2014年)获得中国加拿大研究会第四届年会优秀译著二等奖。她也曾参与国家社科项目"中加文学交流史"的工作,主持教育部人文社科项目"加拿大华人文学史论"并已结项。该中心曾接待了弗莱德·华、黎喜年、林浩聪、梁丽芳等多位获奖华人英语和中文作家。

简言之,南京大学加拿大研究中心在国内加拿大英语和法语文学以及加拿大华人文学研究领域,筚路蓝缕,起到了首开先河的作用。

南京大学加拿大研究中心的现任主任是姚媛教授。

(二十)南京财经大学加拿大研究中心

南京财经大学加拿大研究中心于2005年筹备成立,由来自兰州大学的资深加拿大研究学者冯建文教授和赵慧珍教授主持。该中心有主要成员8名,参与中心研究工作的各学科学者30余位,冯建文教授任中心主任。冯建文主任是我国著名加拿大研究学者、文学翻译家,长期致力于加拿大文学的翻译和研究。他组织本校各学科的加拿大研究学者对加拿大进行了多项研究,取得了诸多成果。自2005年冯教授到南京财经大学成立了加拿大研究中心以来,南京财经大学的加拿大研究进入了快速发展时期。2007年学校图书馆设置了加拿大研究阅览专区,该专区拥有各种以加拿大为主题的图书文献,受到广大师生学者和中外来访者的欢迎和好评。

2008年11月7日,中国加拿大研究会第十三届年会暨国际学术研讨会在南京财经大学召开。南京财经大学加拿大研究中心主任冯建文教授当选为中国加拿大研究会新一届会长。年会期间南京财经大学加拿大研究中心赵慧珍教授的专著、王海萌博士的译著获得"全国加拿大研究著译优秀成果奖"。会议期间,南京财经大学组织了"加拿大活动周"——加拿大研究英语演讲比赛、加拿大歌曲合唱音乐会、中-加文化交流图文展、学术讲座等系列文化活动,为广大师生充分展示了加拿大丰富多彩的异国文化。

南京财经大学加拿大研究中心旨在加强对加拿大各方面情况的介绍和研究,促进本校与加拿大高校之间的交流与合作。由于南京财经大学领导、南京财经大学外国语学院等的大力支持和鼓励,中心成员不断增加,影响不断扩大。目前该中心有会员34人,他们来自不同的学科,大都精通英语或法语,其中教授、副教授、博士、硕士占绝大部分。中心成员在加拿大驻华大使馆与加拿大外交和国际贸易部的资助下开展学术研究,在加拿大语言、文学、教育、经济、法律问题方面的研究已取得初步成果。

南京财经大学加拿大研究中心现任主任为孙勇彬教授。

(二十一) 南京师范大学加拿大研究中心

为了加强南京师范大学其他院系与加拿大专家学者的联系,促进对加交流,经南京师范大学校务会批准,南京师范大学加拿大研究中心于1997年10月正式成立,中心挂靠在南京师范大学外国语学院,由傅俊教授兼任中心主任。该中心于1997年11月主办召开了全国性会议——"'97南京加拿大研究学术讨论会",来自全国各地的参会专家学者宣读了加拿大政治、社会保障、文学、英语教学、魁北克研究、心理学、教育、传媒、艺术等多方面论文近20篇,加拿大驻华大使馆文化参赞也参加了该学术讨论会。

此外,在全国高校和研究机构所设立的40多所加拿大研究中心中,由于南京师范大学加拿大研究中心成绩突出,因此在申报加拿大政府每年资助的"加拿大研究专项奖"和中加学者交流项目等访加研究项目方面得到加拿大方面的重视，自1991年以来有14人次申报获准赴加拿大访学。

此外，该中心在发展外文系世界文学硕士点的教学、科研以及与国内外学术交流方面起了积极作用。该中心先后面向本科生和研究生开设了"加拿大概况""加拿大英语文学"等课程，多次申请到加拿大政府奖学金、合作科研经费、加拿大驻华大使馆科研资助，完成与加拿大研究有关的国家项目2项、省级项目3项。曾先后邀请到为本科生、研究生授课（半年以上）的加拿大教授4人，以及来短期讲学的加拿大访问学者或教授9人，多次争取到加拿大友人赠送相当数量的学术书刊、音像资料等。中心多名成员在国际、全国及省级学术会议上宣读有关论文，为提高南京师范大学及外国语学院的知名度做出了贡献。

（二十二）南开大学加拿大研究中心

南开大学加拿大研究中心成立于1989年，是在南开大学藤维藻教授的直接领导下，由著名经济学家陈炳富教授牵头成立的，著名经济学家陈漓高教授、马君璐教授、韩经纶教授，著名国际问题专家张睿壮教授，著名历史学家杨生茂教授、张友伦教授、李剑鸣教授，外国文学专家谷启楠教授等都是该中心的核心成员，并曾经在不同时期担任过该中心的领导职务。如今南开大学加拿大研究中心拥有本校专职研究人员21名，他们全部拥有博士学位，其中15人拥有正高级职称。该中心已经逐渐发展成为一个老、中、青三代学者相结合的稳定的加拿大研究团队，是全国研究力量较为强大的加拿大研究中心之一。

目前该中心在加拿大外交政策、加美关系、加拿大政治体制、加拿大环境、中加商贸合作、加拿大教育和民族政策、社会保障等方面的研究处于全国领先地位，可以及时为国家提供关于这些领域的准确而权威的研究咨询和报告。主要研究领域有4个方面，分别是加拿大经济与贸易问题、加拿大政治与外交、加拿大社会保障政策与环境保护和加拿大历史与文化。

在加拿大经济与贸易问题研究方面，该中心最初的研究核心就是国际经贸问题研究。多年来，依托商学院MBA中加联合办学的南开-约克模式、南开大学与加拿大注册会计师协会合作的国际会计专业本科教育项目和经济学院的国际经济重点学科的专业优势，由韩经纶教授、许晖教授、马君璐教授和李坤望教授所领导的经贸团队在加拿大经济金融政策、经济管理、中加贸易、对华投资、北美自由贸易等领域取得了一批在国内外具有重要影响的研究成果。

在加拿大政治与外交领域,加拿大独特的政治运行体制和外交政策是其在政治上区别于世界其他国家的一个重要特征,它高效廉洁运转的政治体制和致力于维护世界和平的外交政策客观上具有重要的参考意义。由杨令侠教授、张睿壮教授所领导的政治外交团队在加拿大联邦体制、地方主义、加拿大外交政策、加美关系、中加关系等方面开展研究,得到了国内外学者的认可和赞赏。

在加拿大社会保障政策与环境保护方面,加拿大完善的社会保障政策和优美的环境是其在国际舞台上引以为傲的资本之一,也是我国当前发展中可借鉴的方向之一,由付成双教授、陈·巴特尔教授所领导的社会与环境团队在加拿大社会保障体制、民族关系、印第安人、环境保护、能源开发等方面取得了一系列重要研究成果。

此外,南开大学加拿大研究中心对加拿大历史与文化问题的研究由来已久,最初老一辈学者杨生茂教授、张友伦教授、谷启楠教授都是国内从事历史文化问题研究的专家。如今历史文化团队在丁见民教授、陈千里教授等的带领下,在这些领域依然保持着国内领先优势,每年都有高质量的研究成果面世。

加拿大研究在全国的学术研究力量偏弱,但南开大学加拿大研究中心的学者们经过多年的努力,依然取得了丰硕的成果,产生了广泛的社会影响。自20世纪90年代以来,中心成员出版关于加拿大的学术专著16部,发表在核心期刊上的论文90余篇,获得了多项学术奖励。其中代表性的成果概括如下:韩经纶教授于2000年出版的《枫叶国度的强国之路——加拿大的对外贸易与投资战略》是全国第一本系统研究加拿大商贸政策的专著;钱荣堃、马君璐教授于1990年出版的《加拿大金融制度》一书是研究加拿大金融制度的最佳成果;兼职研究员刘庆林教授于2006年完成的《加拿大在华投资报告》受到加拿大外交部和使馆的高度评价;张友伦教授于1994年出版的《加拿大通史简编》迄今仍然是全国优秀的加拿大史的教科书;杨令侠教授的《战后加拿大与美国关系研究》于2005年获得第九届天津社科优秀成果奖三等奖;付成双教授的《加拿大西部地方主义研究》于2004年获得首届中国加拿大研究优秀成果奖二等奖(一等奖空缺);付成双教授主编的《聚焦枫叶国度:加拿大研究优秀学位论文选辑》是全国唯一关于加拿大的研究生学位论文专辑;付成双、丁见民教授所完成的《世界现代化历程:北美卷》一书获得第三届"三个一百工程"优秀图书奖;2016年,付成双教授的新作《动物改变世界:海狸、毛皮贸易与北美开发》由北京大学出版社出版,被纳入"未名历史小丛书"系列。

总之,南开大学加拿大研究中心以完整的研究梯队、门类齐全的研究方向、丰硕的研究成果、丰富的对外合作交流和在中国加拿大研究会的显著领导地位而成为中国加拿大研究的核心重镇。南开大学加拿大研究中心现任主任是杨令侠教授。

(二十三) 内蒙古大学加拿大研究中心

内蒙古大学加拿大研究中心成立于1989年5月,是中国加拿大研究会理事会成员之一,是国内较早成立的加拿大研究中心之一,也是内蒙古自治区唯一的加拿大研究中心。该中心的学术研究领域包括加拿大文学、加拿大高等教育、加拿大土著、加拿大政治和历史文化等。"加拿大文学"课程在20世纪80年代末是外国语学院英语专业本科生的选修课,现在是英语文学专业硕士研究生的学位必修课,是在教学和指导硕士学位毕业论文中培养加拿大研究后备力量的主要平台,也是内蒙古自治区高校外语界唯一的加拿大文学课程,具有学科特色和发展优势。

中心在30余年的发展历程中,得到内蒙古大学、中国加拿大研究会、国内外学界同行等的高度重视和支持,学术前辈和新一代成员们付出了大量心血和辛勤努力,取得了丰厚业绩,获得了普遍赞誉。中心承办和主办过6次具有学术影响力的大型国际会议。其中,1992年8月在内蒙古大学召开的中国加拿大研究会第五届年会富有成效,提交论文多达84篇,会后编辑出版了《中国加拿大研究论丛》第一辑。自20世纪90年代起,吴持哲教授带领主要成员翻译出版了威廉·纽的《加拿大文学史》(1994年)和诺思洛普·弗莱的主要论著《福莱文论三种》(2002年)、《神力的语言》(2003年)等,并在国内主持召开了2次弗莱国际学术研讨会。自20世纪90年代末起,徐炳勋教授关注加拿大土著研究,翻译出版了《美洲印第安人自述史试编》(2000年),主持召开了美洲印第安人与中国北方少数民族文化对比研讨会(2002年)并出版了同名论文集(2003年)。自2007年起,中心邀请多位加拿大学者来内蒙古大学做学术访问,多次举办"加拿大学术周和文化周"活动。2009年9月中心成立20

周年之际,魏莉教授主持召开了"民族文化传承与可持续发展"国际学术盛会,会后首次与《内蒙古大学学报》联合推出加拿大研究专栏,刊发了优选论文。中心迄今出版加拿大研究专著、译著和编著 10 余部,在国内外发表加拿大研究主题论文 80 余篇,获得加拿大政府学术项目 12 项,通过"加拿大研究专项奖"和中加学者交流项目派出 20 多位教师和学者访问加拿大,积极与加拿大大学建立学术交流,聘请了多位加拿大研究学术顾问。

近 10 年,中心的中青年学者秉承"承继传统,勤勉奋进"的信念,取得了较高水平的研究成果(魏莉教授主持 2 项国家社会科学基金项目,其中 1 项成果入选"国家哲学社会科学成果文库")。加拿大研究已经发展成为内蒙古大学人文社科领域中重要的国别研究之一。

历任中心主任为吴持哲教授和徐炳勋教授。现任中心主任为魏莉教授(2007 年 7 月至今)。

(二十四) 山东大学加拿大研究中心

山东大学加拿大研究中心自 1984 年成立以来,成员不断增加,研究方向从加拿大历史、文学扩展到加拿大社会、政治和经济等领域。以该中心为依托,历史文化学院自 20 世纪 90 年代以来一直为本科生开设加拿大历史选修课,同时招收加拿大史研究方向的硕士研究生。外国语学院也为本科生开设了加拿大概况等课程,为研究生开设了美加文学比较等课程。其他院系的课程中,涉及加拿大的内容逐年增多。

在山东大学和历史文化学院领导支持下,中心自 1991 年开始拥有一间图书室,截至目前积累了 1 000 余册中英文书刊。多年来,各院系的 10 多名中心成员利用中加学者交流项目、"加拿大研究专项奖"、国家留学基金项目和山东省政府自筹资金留学项目等赴加拿大访问。

1998 年和 2006 年,山东大学加拿大研究中心分别在威海分校和济南校区举办中国加拿大研究会第八届和第十二届年会。中心举办中加关系研讨会(1998 年)、明义士学术研讨会(2000 年),与加拿大不列颠哥伦比亚大学联合举办人权与社会包容国际会议(2012 年)。2006—2008 年和 2014—2016 年,郭继德教授和李巍教授分别担任中国加拿大研究会会长,该中心承担秘书处的工作。自 2007 年以来,中心负责中国加拿大研究会电子通讯的编排和发送工作,报道各中心的活动和传播相关研究信息。

中心在加拿大研究中取得丰硕的成果,一共出版了9部专著:《枫叶国度——加拿大的过去与现在》(1989年)、《加拿大文学简史》(1992年)、《中国与加拿大——中加关系的历史回顾》(1993年)、《加拿大传教士在中国》(1995年)、《加拿大人在中国》(1998年)、《加拿大英语戏剧史》(1999年)、《加拿大与亚太地区关系》(2000年)、《明义士和他的藏品》(2000年)和《加拿大文化与现代化》(1999年)。翻译和出版译著2部:《加拿大传教士眼中的中国》(2003年)、《一位富有激情的政治活动家——国际主义战士白求恩作品集》(2005年)。此外,还在国内具有影响的刊物上发表了数十篇学术论文,受到国内各高校学者的好评。

(二十五)上海财经大学加拿大研究中心

上海财经大学加拿大研究中心是隶属于外国语学院的科研机构,旨在开展有关加拿大的人文与社会科学(包括社会、历史、经济、文化、文学)的研究活动,为增进中、加两国间的深入了解、文化交流、友好往来和传统友谊做出应有的贡献。首任中心主任是王晓群教授。该中心是中国加拿大研究会的会员单位,与加拿大不列颠哥伦比亚大学、阿尔伯塔大学、布鲁克大学、皇家山大学等高校保持着密切的交流与合作关系,双方师生每年都有往来。

中心主任李锋副教授是加拿大文学理论和文化研究专家。林珏教授从事加拿大投资与贸易研究、加拿大能源与环境问题研究,两次(2003年、2012年)获得"加拿大研究专项奖"。王晓群和王丽莉教授发表过有关加拿大文学的高质量学术论文,其中王晓群教授对加拿大高等教育的研究、王丽莉教授对加拿大作家玛格丽特·阿特伍德的研究在国内具有一定的影响力。中心会员还包括外国语学院的中青年骨干教师。中心不定期举办各种学术交流活动,旨在营造良好的科研氛围,为学院的学科建设尤其是外国文学专业的长期发展,做出更大的贡献。

上海财经大学加拿大研究中心现任负责人是王晓群教授和李锋副教授。

(二十六)上海交通大学加拿大研究中心

上海交通大学加拿大研究中心成立于2006年,中心负责人为俞理明教授。自成立以来,中心有学术研究成员20人,包括印杰、王永祥、史清华、周国强、姚英华、谢柏梁、向光辉、温冠华、李晓媛、李昆、金纬、金铭、胡全生、韩苗苗、韩建侠、曹勇衡、郑丽娜、张雷、曹越平、刘莉等专家学者。

中心成员发表的加拿大研究相关专著及译著有《多伦多风情》(俞理明、周越美编著,东方出版中心2000年版)、《开发性戏剧与全方位使用大脑》[韦爱诗(Joyce Wilkinson)编著,杨顺德、俞理明译,华东师范大学出版社2003年版]、《圣徒传》[尼诺·里奇(Nino Ricci)著,周国强、俞理明译,上海译文出版社2001年版,获加拿大总督奖]等。同时,中心成员发表多篇相关学术论文,包括《渥太华依托式课程教学及其启示》(《外语教学与研究》2003年第6期),以及其他关于加拿大作家尼诺·里奇及其作品的研究。

(二十七) 上海外国语大学加拿大研究中心

上海外国语大学加拿大研究中心成立于1988年,为中国加拿大研究会早期常任理事单位,首任中心主任为曹德明教授(法语教授,曾任上海外国语大学校长)。中心早期阶段的研究团队成员主要由法语系和英文系教师组成,中心下设的"魁北克研究"为当时国内唯一研究该问题的专门机构。2005年中心重组,一批经过高校系统专业训练的法学、史学、经济学、社会学博士加入加拿大中心团队。在保持传统的语言、文学、文化研究的基础上,逐步形成了自己的国际政治、国际关系、外交学的研究特色。通过与加拿大高校和智库合作,中心开展了加拿大外交、中加关系、加拿大与全球治理、八国/二十国集团、中国在加拿大海外投资利益保护、北极研究等新兴领域的研究,已经取得丰富的学术成果和社会应用类成果。

中心现有研究人员8人,加方特聘教授2人。近10年来中心成员担任国家社科基金重大、一般、青年项目5项,教育部项目6项,上海市项目8项,横向委托项目22项,加拿大外交部项目6项,共发表加拿大方向专著和译著9部、学术论文67篇、媒体文章31篇、工作报告15篇。与加拿大多伦多大学、不列颠哥伦比亚大学、CIGI智库、亚太基金会、渥太华大学、卡尔顿大学、安大略艺术设计学院、北不列颠哥伦比亚大学、女王大学、阿尔伯塔大学双边学术交流共81次,共同举办国际会议13次、学术讲座81次。中心现为上海主流媒体特约"加拿大国情"咨询单位。2017年6月,中心入选教育部国别和区域研究中心备案名单。

中心是中国大学中第二个加拿大研究博士生项目招生点。目前中心在读博士生8名,在读硕士生3名,已毕业的硕博士生23名。中心一体化人才培养(本-硕-博)已经造就了200多名通晓加拿大国情的通才,为2008年奥运会、2010年世博会、2014年青奥会、2018年上海进博会志愿者活动提供了有力的智力支持,获得了"中国2010年上海世博会荣誉纪念章"(上海市政府颁发)。该中心有6位博士生获得加拿大不列颠哥伦比亚大学、多伦多大学博士生共培项目,1位硕士生获得不列颠哥伦比亚大学政治学系全额奖学金,4位博士生获得国家留学基金管理委员会博士生共培项目,1位博士生获得加拿大政府资助的博士后项目。中心已成为上海加拿大研究人才孵化器,已有5位硕博士生获得中国加拿大研究会优秀学位论文奖。2013年10月20日,中心主任钱皓教授因其在中加文化交流中的杰出贡献,荣获时任加拿大总督约翰斯顿在上海亲自颁发的"加拿大总督国事访问奖章"。

目前中心重点开展的研究课题分为六大方面,分别是"加拿大议会、政党政治""加拿大智库研究""中加北极高层论坛制度化建设""加拿大外交与全球治理""加拿大对外经济与中加双向投资"和"加拿大文学研究"。加拿大议会、政党政治研究方面主要考释加拿大下院在对外政策中的作用及各联邦政党间的博弈。加拿大智库研究领域重点放在智库在加拿大政府对华政策中的作用。中加北极高层论坛制度化建设研究则主要围绕北极科考、北极航道开发、渔业保护、稀有资源可持续性发展与利用、人文生态保护等展开。加拿大外交与全球治理领域课题以加拿大外交、加拿大与八国/二十国集团、中加关系、加美关系、对外援助、卫生与气候治理为主要研究方向。加拿大对外经济与中加双向投资研究课题以加拿大资源、经济地理、中国/加拿大在加拿大/中国投资利益保护为主要研究方向。最后,加拿大文学研究则以艾丽丝·门罗短篇小说为主,考释文学与加拿大国家认同和价值观之间的关系。

(二十八) 四川大学加拿大研究中心

四川大学加拿大研究中心成立于1988年,是继1984年中国加拿大研究会成立之后,于中国加拿大研究会第三届年会建立起来的,被称为"中国加拿大研究会成都经贸分会",其主要成员有四川大学外贸系及外文系(现外国语学院)的多位留学加拿大的学者、加拿大研究的教师及成都地区从事加拿大研究的学者。中心一经成立便迅速开展了各项教学与研究工作,在首任中心主任张崇鼎教授主持下,中心编撰出版了《中国-加拿大贸易必读》《加拿大经济》《加拿大经济马赛克》《加拿大经济史》等经贸图书。

1992年，中心主任由外文系林必果教授接任，中心的主持工作正式转至外文系。中心此时的研究方向主要包括加拿大文学文化、语言学、加拿大国内与外交政策、中加关系、魁北克研究等。中心成员就加拿大专题举行不定期演讲，并多次邀请加拿大驻重庆领事馆总领事到校演讲，并邀请过亨利·贝塞尔（Henry Beissel）等著名加拿大学者到中心讲学，其间有多篇论文发表。四川大学加拿大研究中心与加拿大多所高等院校结成合作单位，这些院校包括多伦多大学、约克大学、特伦特大学、不列颠哥伦比亚大学、阿尔伯塔大学、麦克马斯特大学、麦吉尔大学、康考迪亚大学、马尼托巴大学和渥太华大学等。

经过多年酝酿，四川大学加拿大研究中心从1999年起正式面向全国招收"加拿大研究"方向硕士研究生，开设系统课程，主要包括加拿大文学、中加关系史。迄今为止，中心已培养了20多名硕士研究生。这些研究生均在国内多种刊物上发表多篇论文。2006年，加拿大研究中心主任石坚教授指导的硕士研究生丁义同学的硕士论文"From 'Holy Mothers' to 'Lousy Squaws'"，荣获中国加拿大研究会评选的硕士博士研究生优秀毕业论文奖，该论文主要研究加拿大印第安妇女现状与历史问题。2015年，赵毅老师指导的硕士毕业论文"Undetected Shortcomings: An Analysis of Yukon First Nations Self-Government Act from the Perspective of Orientalism"获中国第三届加拿大研究优秀学位论文奖，该论文探讨了育空地区民族自治问题。秦会芳在校期间，多次参加国际学术会议并发言，其中会议论文"Liberty and Democracy in Presidential Inaugural Addresses: 1949-2012"荣获第九届美国研究国际会议研究生论文比赛三等奖，并作为一章由英国剑桥学者出版社（Cambridge Scholars Publishing）收录在书籍 *Going Soft? The US and China Go Global* 中，于2014年出版。

苏德华老师主要从事加拿大基督教差会华西传教史研究，其博士论文为《加拿大差会在四川的传教活动（1892—1952）研究》，发表了"Canadian School: A School in Sichuan for Missionaries' Children"等论文。李晖副教授主要从事加拿大华裔历史及文学研究，曾经获得"加拿大研究专项奖"（2007年），并参与中加学者交流项目（2013年），先后发表《浅议加拿大华裔文学产生的历史背景》《穿越族裔和文化》《笔尖在枫叶国舞蹈》等论文。方云军老师主要从事加拿大女传教士研究，发表了论文"Girls' Missionary Schools by the Canadian Woman's Missionary Society in Szechwan(Sichuan), 1894-

1952"。赵毅教授主要从事中加关系研究,其课题组目前主要专注于加拿大文幼章(James G. Endicott)家族的研究,长期以来,该课题组得到了加拿大约克大学文忠志教授及其家人的大力支持,还获得了中央高校基本科研项目经费资助。自2008年以来,赵毅教授所在团队面向全校本科生开设了文化素质公选课"加拿大文化",深受学生欢迎。

四川大学加拿大研究中心充分利用四川大学聘任的加拿大籍外教为全校师生举办系列讲座,还通过各种资料为教学和科研服务。中心图书室现有中外文图书近2000册,有规范的借阅制度保障书籍的顺利流通。另外,学校图书馆约800类图书资料可供师生教学研究使用。

四川大学加拿大研究中心历届负责人为林必果、石坚、赵毅、苏德华。

(二十九) 四川外国语大学加拿大研究中心

四川外国语大学加拿大研究中心成立于1982年,经四川省教委正式下文批准,是我国最早的加拿大国别研究中心。1984年,在该中心的筹备和推动下成立中国加拿大研究会,同年在四川外国语大学(四川外语学院)召开了中国加拿大研究会第一届年会,时任四川外语学院院长、中心主任蓝仁哲教授当选第一任会长,为中国的加拿大研究做出了重大贡献。多年来,中心带动西南乃至全国的加拿大研究不断深入并形成特定的学术传统,搭建起老中青结合的学术梯队,积累了喜人的科研成果。在原有的加拿大语言文学研究和魁北克研究之外,中心将研究领域和研究重点扩大到加拿大教育、文化、国家语言文化政策、法律、国际商务、新闻传媒、历史等多个学科。

在对外交流合作方面,四川外国语大学加拿大研究中心与多伦多的汉博学院、特伦特大学的加拿大研究中心、劳里埃大学的人类学和教育学系、渥太华大学的加拿大研究中心、多伦多大学的教育研究院、泰勒-弗朗西斯出版集团、联邦政府部门等建立了通讯和期刊资料分享机制。2011年,中心接待加拿大国际友人文幼章先生次子——历史学家、约克大学教授文忠志博士率领的友好访问团。同年,中心全体成员与加拿大安大略省汉博学院教务长、教育学博士丁道谦先生就中心发展方向进行座谈交流。2017年,加拿大新任驻华大使麦家廉(John McCallum)履职后,在中国高校首访的第一站即四川外国语大学加拿大研究中心,并详细了解该中心在中国加拿大研究会的历史与发展中做出的成绩与贡献。

在学术研究成果方面,该中心自成立以来,对外积极参与国际加拿大研究活动,出版"枫叶丛书"和《加拿大百科全书》《加拿大文化论》《后现代主义质疑历史》《加拿大女性主义翻译理论研究》《融合·发展——加拿大多元文化教育解读》《魁北克》等一大批专著、译著或编著,在CSSCI期刊上发表《加拿大努纳武特地区的多元文化教育》《多元文化下加拿大魁北克高等教育的特性与启示》等多篇学术论文,完成题为《加拿大女性主义翻译研究中的性别》的博士论文,完成"加拿大公民教育对中国的启示"的课题研究,完成《加拿大民族身份危机下的多元文化政策重估》《蕴含于加拿大全民医疗保险制度之中的国家身份认同》《加拿大印第安人双语教育:课程及土著教师培训》《共营管理模式:加拿大土著人实现其环境权利的新途径》等硕士学位论文。其中,中心硕士研究生李军胜荣获2010年中国加拿大研究会硕士优秀毕业论文奖。

在人才梯队方面,为配合学校二级院系的学科拓展规划,在加拿大政府资助向多学科、多维度转向的历史时期,在继续向原有的语言文学和教育等研究方向深入的同时,中心把发展的重心扩大到非语言文学专业的中青年教师群体,特别是国际关系、新闻传媒、经济、法律、历史等学科,充分利用加拿大研究领域资源,打造了一批特色学科的科研梯队。

在学术活动方面,中心于1984年承办中国加拿大研究会首届年会,翻开中国加拿大研究新篇章。2004年,中心承办中国加拿大研究会第十一届年会暨成立二十周年纪念会,以汉语、英语、法语三种语言为工作语言,成为年会一大亮点。2008年,中心承办加拿大友人、原加拿大驻重庆使馆参赞切斯特·朗宁先生的回忆录《朗宁回忆录——从义和团到人民共和国》一书中文版首发式,并邀请切斯特·朗宁先生的女儿奥黛丽·朗宁·托平(Audrey Ronning Topping)女士及女婿西默·托平(Seymour Topping)先生一行到四川外国语大学做题为"朗宁家族的中国外交风云"专题讲座。2012年,以四川外国语大学主办的核心期刊《外国语文》为平台,中心不定期开设加拿大研究专栏,惠及国内外从事加拿大研究的学者,也为加拿大研究事业深入发展和提升提供机会。2017年,中心邀请加拿大拉瓦尔大学劳里埃·特金(Laurier Turgeon)教授进行题为"Brève histoire des francophone du Canada"的讲座,介绍加拿大法语区的历史。

在加拿大学科的教学推广方面,中心骨干在本科和硕士阶段均开设了有关加拿大的研修课程。如在本科英语专业课程中开设包括加拿大在内的"英语国家社会与文化"课程;在硕士层次的语言文学和教育学两个学科的文化方向和课程与教学论方向,分别开设"加拿大文化概论"和"加拿大多元文化教育专论"课程,鼓励学生撰写有关加拿大研究的硕士论文,丰富学生的学术视野。

研究中心执行主任为中国加拿大研究会常务理事王伟教授,主要成员包括杨少琳、彭江、吴妍、唐果等教师。

(三十) 天津师范大学加拿大研究中心

天津师范大学加拿大研究中心成立于1999年,中心负责人为李节传教授和常士闿教授。核心成员还有张沛之、倪正春、董仲瑜、薛伟娟等研究学者。

中心成员发表的代表性的相关研究著作有李节传教授的《新开端:加拿大与中华人民共和国(1949—1970)》(河南人民出版社1995年版)、《抑制美国:朝鲜战争中的加拿大》(中国社会科学出版社1998年版)、《当代加拿大外交对世界格局影响大吗》(中国社会科学出版社2002年版)、《让中国重返西方市场:阿尔文·汉密尔顿与中国和北美贸易的发展》(中国社会科学出版社2005年版)。

常士闿教授出版的专著有《马赛克文化中的政治发展探索——加拿大主要政治思想流派》《异中求和:当代西方多元文化主义政治思想研究》,并主编《多元文化与国家建设》。常教授还在《政治学研究》《史学理论研究》《中国行政管理》《民族研究》《当代世界与社会主义》《马克思主义与现实》《教学研究》《世界民族》《理论探讨》《中国评论》等刊物上发表论文60余篇。

天津师范大学加拿大研究中心还发表了大量的学术论文,《加拿大由不涉足远东到卷入朝鲜战争的转变》(《世界历史》1997年第2期)、《加拿大与美国在"联合国军"跨越38°线问题上的分歧》(《南开学报》1997年第6期)、《论20世纪60年代中加小麦贸易的重要意义》(《世界历史》2004年第1期)、《浅议加拿大魁北克的"平静革命"》(《天津师范大学学报》2004年第4期)、《加拿大为什么在20世纪60年代帮助中国重返西方市场》(《世界历史》2005年第4期)等。

(三十一) 武汉大学加拿大研究中心

武汉大学加拿大研究中心,即武汉大学加拿大经济研究所,其前身为武汉大学北美经济研究室,是 1964 年经教育部批准、在全国高校中率先成立的外国问题研究机构之一。1981 年经教育部同意,更名为"加拿大经济研究所",编制 30 人。同年,该所与世界经济专业一起组成世界经济专业学科点,成为全国第一批获得博士学位授予权的专业点之一。1987 年该专业点被国家教委确认为重点学科点。

加拿大经济研究所主要任务是研究第二次世界大战后加拿大经济,包括加拿大的经济历史、现状、发展趋势以及经济理论、经济政策和对外经济关系等。该研究所现有研究人员 8 人,其中教授 6 人(均为博士生导师)、副教授 2 人。该所图书资料比较齐全,全国唯一加拿大政府出版物收藏中心"加拿大资料中心"附设于该所,每年接受加方赠送的大量政府出版物。

加拿大经济研究所成立以来,已经完成多项省部级以上科研项目。目前,该所正在承担国家"九五"社科基金重点项目 3 项、国家教委项目 4 项、湖北省"九五"社科基金重点项目 3 项。迄今出版著作近 20 部,发表了一批具有影响的学术论文,受到国内学术界广泛注意和引用。此外,自北美经济研究室成立之日起,该研究室不断编辑出版《北美经济资料》(共 68 期,"文化大革命"期间曾被迫中断)。自 1985 年起,该刊易名为《美加经济研究》(季刊),每年出刊 4 期。该刊为加强对国际问题和国际经济形势的研究,进一步推进世界经济学科建设,从 1997 年第三季度起,《美加经济研究》经扩充内容后,更名为《世界经济评论》(季刊),共出版 56 期。

在培养研究生方面,武汉大学加拿大经济研究所与世界经济系联合,共培养了经济学博士 45 名、硕士 207 名,毕业研究生多数已成为所在单位的骨干,其中 5 人已成为博士生导师。目前该专业点共有在校博士生 56 人、硕士生 111 人。

该所一向注意加强国内外交流活动,改革开放以来,曾先后派出多人次前往加拿大进修、考察或访问研究。

(三十二) 西南大学加拿大研究中心

西南大学加拿大研究中心成立于 2006 年。在成立庆典上,西南大学校长王小佳教授代表该校首先致辞,热烈欢迎罗岚(Robert Wright)大使访问重庆、访问西南大学,感谢加方长期以来对西南大学及其前身西南师范大学、西南农业大学的关注和支持。罗岚大使在接下来的讲话中,高度评价了重庆的发展,充分肯定了西南大学的教学质量和社会影响。西南大学加拿大研究中心的揭牌及授牌仪式随后举行。罗岚大使在揭牌仪式后发表主题演讲,随后现场回答与会者各方面的提问,并给西南大学签字、合影留念。西南大学加拿大研究中心的成立也是加拿大驻重庆领事馆在该校举办西南大学加拿大年系列活动的高潮之举。加拿大年系列活动邀请加拿大政府高官、企业 CEO 于访华期间顺访西南大学,并开展一系列切实有效的活动,增进双方的了解。

(三十三) 西南科技大学加拿大研究中心

西南科技大学外国语学院加拿大研究中心于 2001 年成立,负责人为刘捷教授。该中心是西南科技大学的科研机构,由外国语学院代管,中心成员由李仕俊、陈丛梅、胡晓华、石发林、尹松涛、陈才等专职与兼职研究人员组成。该中心是一个有关加拿大的教学科研实体,成立以来一直正常开展工作,逐年拓展研究队伍和推出研究成果。

中心于 1998 年发布"人与自然丛书"(内含《被捕杀的困鲸》《屠海》《鹿之民》《与狼共度》等 4 部独立图书,北岳文艺出版社 1998 年版)。中心成员共发表加拿大学方向的 10 余项学术论文成果,包括《加拿大动物文学的流变》(《外国文学》2005 年第 2 期)、《莫厄特作品中的生态意识》(《当代外国文学》1996 年第 3 期)、《加拿大的动物故事初探》(《加拿大与加拿大人》,哈尔滨工业大学出版社 1998 年版)、《华裔加拿大人的文学主题》(《加拿大掠影》(4),民族出版社 2002 年版)、《寻找生存的意义》("加拿大地平线丛书")等。

中心在 2004 年有两个项目受到了相关资助,一为其每年定期举办的"加拿大文化周"活动,一为《最后的极北杓鹬》的译介。除此之外,中心与渥太华大学英语系的珍妮丝·菲尔门戈(Janice Fiamengo)教授保持长期的交流。中心主任刘捷教授曾于 2005 年 5 月 6 日至 8 日应邀参加在渥太华大学举办的研讨会。

(三十四) 云南民族大学加拿大研究中心

云南民族大学加拿大研究中心成立于 2006 年 9 月,隶属于云南民族大学国际合作交流处。该中心是云南省第一个加拿大研究中心,旨在扩大云南民族大学与加拿大的交流合作,尤其是在双语教育和民族文化研究等方面打造中加学术交流平台。

中心成立后,积极争取资助项目,加强与国内高校加拿大研究中心的合作交流,开展了一系列学术交流活动。2016年11月2日,国际加拿大研究理事会会长和国家民委民族问题研究中心一行到访云南民族大学。学校副校级领导卢培义介绍了云南民族大学和加拿大研究中心的基本情况,表示希望双方研究中心能够加强交流,为在不久的将来开展深层次、多领域的合作贡献彼此的力量。国际加拿大研究理事会执行主任杰克·杰伟波感谢云南民族大学的热情接待,希望将来与云南民族大学开展更多的学术交流活动。加拿大研究中心中外双方成员随后就有关移民问题的研究进行学术交流。2018年10月15日,云南民族大学由赵纯副校长率队的调研组(包括10名在加拿大兰加拉学院交流访学的学者),赴不列颠哥伦比亚大学进行学习交流,并对该校实施完全学分制情况进行调研。

该中心有一批教师先后获得加拿大政府留学项目和国家留学基金管理委员会资助到加拿大进行访问研究,他们回国后,开展了一些加拿大的人文社科研究和中加文化比较研究,公开发表了一些学术文章,举办了一系列学术讲座,开设了与加拿大文化教育相关的双语课程和通识公选课程。中心主任为李强教授,中心副主任为马励教授。中心主要成员有李丹河、李昌银、彭庆华、罗春频、黄娟、李秦松等。

(三十五)云南农业大学加拿大研究中心

为筹备组织中国加拿大研究会第十七届年会暨中加战略合作学术研讨会,云南农业大学新农村发展研究院加拿大研究中心于2017年4月成立,隶属于新农村发展研究院,是一个院级非实体中心,不占用学校人员编制,也没有学校单列经费。中国加拿大研究会会长杜发春担任中心主任。中心办公室与中国加拿大研究会秘书处办公室设在新农村发展研究院。中心旨在团结学校从事加拿大研究和中加比较研究的老师和研究生,拓展自然科学与人文科学跨学科的研究和教育活动,促进学校教师参与加方高校和学术机构的互动互访、学生交换项目。

加拿大研究中心成立后,于2017年9月在云南农业大学成功组织了中国加拿大研究会第十七届年会暨中加战略合作学术研讨会,提升了学校在加拿大研究和中加学术合作领域的良好形象。同时,充分利用会议取得的成果,为云南农业大学师生提供一个长期开展中加农业和农村发展学术交流的平台。

云南农业大学已经与加拿大萨斯喀彻温大学、尼皮辛大学、圭尔夫大学等高校建立了较好的合作联系。2016年12月,萨斯喀彻温大学教育学院院长米歇尔·普里图拉(Michelle Prytula)、体育学院院长卡罗尔·罗杰斯(Carol Rodgers)、文理学院院长皮塔·博纳姆斯(Peta Bonhams)等10人代表团访问云南农业大学。2017年9月,萨斯喀彻温大学博物馆馆长玛丽亚·卡尔森(Maria Carlson)教授、原住民社区史研究中心主任基思·卡尔森(Keith Carlson)教授,尼皮辛大学曼努埃尔·利塔利安(Manuel Litalien)教授、陈澜燕教授等8人到访云南农业大学,参加"一带一路"背景下的中加战略合作学术研讨会。2018年11月,加拿大圭尔夫大学农村规划与发展学院安东尼·迈克尔·富勒(Anthony Michael Fuller)教授到访,与云南农业大学教师就中国农业文化遗产体系、乡村振兴、加拿大农业进行交流。

云南农业大学与加拿大兰加拉学院建立紧密的联系,每年双方都有互访。2017年6月,中国加拿大研究会会长杜发春出访加拿大,参加第35届国际加拿大研究理事会国家会长年会。2018年1月至2019年1月,云南农业大学机电工程学院唐秀英副教授到萨斯喀彻温大学做访问学者。

此外,2017年3月,杜发春老师主讲的"加拿大原住民的传统文化及其当代价值"通过智慧树网络平台向全国直播,为东西部高校课程共享联盟优质精品课程"中国看世界之加拿大篇"的第六章。

(三十六) 云南师范大学加拿大研究中心

云南师范大学加拿大研究中心是云南师范大学内设的校级研究机构,挂牌在外国语学院,在中心主任的领导下开展中国与加拿大在经济、文化、教育、法律、科学等方面的比较研究及相关学术活动。云南师范大学是中国第一所由校长亲自担任加拿大研究中心主任的高校,而且中心的常务副主任由学校副校长兼任。这充分表明了云南师范大学对加拿大和加拿大研究的重视程度,也为云南师范大学与加拿大的合作提供了有力的支持和保障。中心每年由学校划拨运营经费,同时积极申请和争取其他方面的加拿大研究项目经费支持。云南师范大学加拿大研究中心国际顾问团由以下3名国际知名学者组成:美国哥伦比亚大学教授、《纽约时报》前总编辑、普利策奖评审委员会前主席、清华大学新闻传媒学院国际顾问团主席西默·托平教授,加拿大前任驻华大使朗宁博士之女、美国《国家地理》《纽约时报》《生活》杂志高级摄影记者奥黛丽·朗宁·托平博士和剑桥大学博士、加拿大约克大学人类学系主任、2008年中国国家友谊奖获得者朗姆斯顿教授。云南师范大学加拿大研究中心高度重视教育的国际化，目前已经成为加拿大在云南省教育界的重要合作伙伴。

云南师范大学加拿大研究中心的工作宗旨有二：一是在中国加拿大研究会等机构和单位的指导和支持下开展工作，积极与国内外高校的加拿大研究中心开展合作，申请各类科研和奖学金项目，推动中加学者之间的学术交流和沟通；二是将中心构建为云南师范大学与加拿大进行合作与交流的重要平台，通过与国际合作与交流处等部门密切合作，共同推进云南师范大学与加拿大的合作与交流。

云南师范大学加拿大研究中心成立于2008年，落户在云南师范大学外国语学院，机构组织与管理涉及的人员都还是当年中心成立时候的人员。由于涉及中心校级领导，处级领导工作发生了变化，中心在2012年就停止了运作。目前中心的场所仍然还在外国语学院。下一步，学校国际合作与交流处需要和外国语学院协商重新更改机构组织和管理人员，指定专人负责中心的工作，继续开展中加方面的工作。

（三十七）中国传媒大学中国加拿大信息传播研究中心

中国传媒大学中国加拿大信息传播研究中心成立于1989年3月8日，属民间群众性的学术研究机构，当时挂靠在北京广播学院（中国传媒大学前身）外语系，成立之初得到加拿大使馆和中国加拿大研究会的大力支持和资金资助，为中国加拿大研究会常务理事单位。该中心积极参与中国加拿大研究会的各项活动，并结合本校在信息传播领域的特色和优势，取得了系列成果。

在科研成果方面，该中心自成立以来陆续出版了《加拿大的广播电视》（蔡帼芬主编，中国城市出版社1996年版）、《加拿大媒介与文化》（蔡帼芬主编，中国传媒大学出版社2004年版）、《镜像与她者：加拿大媒介与女性》（蔡帼芬等著，中国传媒大学出版社2009年版），2014年完成了国家出版基金项目"世界大学女校长传记系列之加拿大康考迪亚大学校长朱迪斯·伍兹沃斯传记"并出版了《朱迪斯·伍兹沃斯——加拿大康考迪亚大学校长》（舒笑梅著，中国传媒大学出版社2014年版）。此外，多位老师在核心期刊上发表了与加拿大研究相关的科研论文。

在会议组织和学术交流方面,中心成立以来承办了多次学术会议和中国加拿大研究会组委会议。2012年1月,中心提交了承办国际加拿大研究会和中国加拿大研究会年会的所有材料。2012年7月12日,中国传媒大学外国语学院承办了中国加拿大研究会组委会议。该中心成立以来积极促进中加学者学术交流,近5年来先后有2位教师获得资助,去加拿大访学。此外,中心积极参加在境内外召开的学术会议:2013年9月,参加了在广东外语外贸大学召开的中国加拿大研究会第十五届年会;2015年5月,参加了在上海外国语大学召开的中国加拿大研究会第十六届年会;2017年9月,参加了在云南农业大学召开的中国加拿大研究会第十七届年会。2015年,中心邀请了加拿大作家纳尼斯·博克(Nanis Bok)和文森特·里美(Vincent Limi)开设"加拿大当代文学"讲座等交流活动。

在课外活动方面,近年来中国加拿大研究会常务理事舒笑梅教授带领部分老师先后参加了2012年3月的加拿大文学节、2016年6月的艾丽丝·门罗书稿译介会等活动。舒笑梅教授作为评委,先后为第十五、十六、十七届中国加拿大研究会的优秀学位论文、专著、译著的评选工作出力,她撰写的《朱迪斯·伍兹沃斯——加拿大康考迪亚大学校长》荣获中国加拿大研究会优秀专著二等奖。

(三十八)中国社会科学院加拿大研究中心

中国社会科学院加拿大研究中心成立于1993年,为中国社会科学院院级研究中心,主要对加拿大进行跨学科综合研究,研究工作注重配合我国进行现代化建设的需要,围绕对外交流以及促进两国间的学术和经贸合作交流的需要,接受中国社会科学院职能部门和国务院相关部门有关加拿大研究的任务。

中国社会科学院加拿大研究中心于2020年进行改组。改组后由中国社会科学院世界历史研究所党委书记、副所长罗文东研究员担任中心主任,《世界历史》编辑部主任徐再荣研究员担任中心副主任,太平洋与太平洋国家史研究室负责人邓超副研究员担任中心秘书长。

近年来该中心主要从事加拿大历史、经济、中加关系研究,包括民族问题、海洋政策和治理、环保精神、加拿大志愿精神以及其他与加拿大相关的国际问题。该中心近年来多次接待加拿大访华学者,举办学术研讨会,开展对外交流,促进中加友谊。近年来发表了多篇加拿大研究论文,接受中央媒体采访,编写了两卷学术论文集。该中心与加拿大多伦多大学、阿尔伯塔大学等多所高校和相关学者有长期合作交流关系。

(三十九)中国社会科学院民族所加拿大研究中心

中国社会科学院民族学与人类学研究所加拿大人类学研究中心(简称中国社会科学院民族所加拿大研究中心)正式成立于1998年,现有成员17人。中心主要是对加拿大进行跨学科的综合研究。该中心在研究工作中积极配合我国进行社会主义现代化建设的需要与研究工作和外交交流的需要,开展了与加拿大学者和学术机构的学术交流,促进了中加友好关系的发展。

在该中心成立之前,以阮西湖教授为代表的中心成员对加拿大展开了大量的研究。早在1982年,阮西湖教授就出访加拿大,从此与拉瓦尔大学、蒙特利尔大学、多伦多大学、里贾纳大学、不列颠哥伦比亚大学等有关大学建立了紧密的学术联系。该中心先后有曹枫、王荔枝、罗贤佑、周庆生、杜发春、张继焦、张小敏等学者获得"加拿大研究专项奖",赴加拿大进行访问研究。

该中心的研究特色主要是从人类学的角度集中研究加拿大的社会和文化。《加拿大民族志》(中国社会科学出版社1986年版)是中国研究加拿大民族的第一本专著。由该中心成员创办主编的"加拿大与加拿大人丛书"在加拿大研究学界产生了较大的影响。此外,由中国社会科学院民族学与人类学研究所与加拿大拉瓦尔大学合作撰写的《中国语言图集》也蜚声国内外。

该中心的加拿大研究活动形式多样、内容丰富,举办过多次研讨会,接待过众多加拿大学者来访。主办的重要中加国际会议有:2005年5月在北京召开的"第三届土著、少数民族国际研讨会";2006年12月在中国社会科学院召开的"中加社会和谐与经济发展国际研讨会";2008年3月在中国社会科学院召开的"中国西部开发及其经济社会变迁中加国际会议";2009年7月在昆明召开的"中加民族多样性管理国际会议";2010年7月在上海召开的"中加城市移民与认同国际会议";2011年10月14日至15日,中国社会科学院和加拿大约克大学联合举办的"中加国际学术研讨会——移民和多元化对经济发展的影响"在北京召开,这次会议是中国社会科学院与约克大学之间双方合作的第一个项目,旨在进一步加强中、加两国学术界在国际移民、国内人口流动、文化融合、两国的社会经济政策方面的相关了解,探索未来中国社会科学院与约克大学以及中国与加拿大等国学者之间进一步合作交流的机制。

该中心的业务范围主要包括四大方面。第一方面,从事对加拿大的跨学科综合研究,研究范围包括加拿大的现状和社会发展、政治制度、历史和历史学、外交政策和对外关系、经济和经济学、教育、科学技术和人文社会科学、宗教、民族政策、多元文化主义、社区、妇女等。第二方面,结合研究工作,编辑出版学术著作、译作及"加拿大地平线丛书""寻找加拿大丛书"等。第三方面,围绕研究工作和研究课题,开展加拿大学者学术交流和合作研究。第四方面,为国内相关部门、机构提供咨询服务等。

中国社会科学院民族学与人类学研究所加拿大人类学研究中心历届负责人是阮西湖、郝时远、周庆生、杜发春和张继焦。

(四十)中国政法大学中加法律研究中心

随着中、加两国政治、经济、文化等多方面交流不断加深,专业的法律人才、法律知识及法律服务需求量增加,在中国政法大学与加拿大蒙特利尔大学 10 多年来成功合作前提下,中国政法大学设立了中加法律研究中心,并于 2012 年 5 月 15 日中国政法大学建校 60 周年之际举行了中心揭牌仪式。中心加方负责人为蒙特利尔大学法学院院长居伊·勒费佛尔教授,中心中方负责人为中国政法大学的焦杰教授,曾涛教授为副主任,中心顾问为中心特聘黄进教授。中心还聘请国际法学院院长孔庆江教授,蒙特利尔大学法学院副院长让-弗朗索瓦·高德罗-德比恩斯(Jean-François Gaudreault-Desbiens)教授、杰拉尔德·戈尔茨坦(Gérald Goldstein)教授,前中国驻加拿大公使衔商务参赞、商务部江山先生,中国航天科工集团副总法律顾问王耀国博士等众多中外专家学者为中心研究员。一些著名的投资公司、律所及企业为中心的理事单位。

研究中心共有 20 余名中外专兼职研究人员,既有来自高校和科研机构的学者,也有来自相关实务部门的专家及律师,这种交叉结构有利于推动产学研结合,并能将中心的研究成果顺利地转换为实际应用。

研究中心的宗旨是成为我国中加法律问题权威的教学、培训、科研和学术交流基地及咨询服务机构。中加法律研究中心将依托中国政法大学、蒙特利尔大学雄厚的科研能力,结合社会科学院、大学、国家法官学院以及相关中加律师事务所的实践经验,努力成为新型合作的学术研究机构,拓展中国政法大学与加拿大教育界、实务界及政府的合作,开展中加法律与文化研究工作,推动中、加两国以法律与文化为纽带的交流。同时加强中国政法大学的服务教育功能,促进国际信息交流,为中国政法大学区域性法律研究的国际化做出贡献,进一步增强中国政法大学的国际竞争力。

研究中心开展的工作重点有五个方面。第一方面,推出优秀科研成果,出版翻译加拿大及魁北克的法律研究专著、法律丛书及中加法律论文。第二方面,积极组织学术研讨会。第三方面,开展中加学生交流活动招生及培养工作。第四方面,面向各级政府、公司企业及社会各界,提供中加各类法律咨询服务。第五方面,举办以知识更新为主要内容的短期培训,为中加经济、文化及法律的合作发展提供对策和建议。

中国政法大学中加法律研究中心现任主任是焦杰教授。

(四十一)中山大学加拿大研究中心

中山大学加拿大研究中心成立于2010年,现有成员6人。中山大学加拿大研究中心主要任务是对加拿大进行综合研究,包括加拿大的经济贸易、加拿大华人华侨历史与现状、加拿大外交政策、加拿大气候变化与能源问题、加拿大公共图书馆系统现状与发展等问题。从2006年起,中山大学每年都有学者参与中加学者交流项目,涉及加拿大的各个研究领域。项目结束后,学者回国返校后依然从事与加拿大问题相关的研究领域,并且出版了相关的研究成果,内容涉及加拿大华人华侨、教育问题、气候变化问题以及能源问题。中山大学加拿大研究中心参与人员除了自身从事加拿大研究之外,还带领本科生、研究生以及博士生参与加拿大研究课题。

中山大学加拿大研究中心现任主任是王学东教授。

第三章
中国加拿大研究瀚文拾贝

改革开放以来的中国加拿大史研究

杨令侠[①]

中国人了解加拿大及其历史大约是从19世纪末加拿大传教士来华开始,[②]而对其进行学术研究,则是更为晚近的事情了。从20世纪初到1978年,中国的世界史学界很少关注加拿大史,研究专著和论文也鲜有刊出,甚至翻译的文章也寥寥可数。其间,在西洋史、世界史、国际关系史以及外国专门史著作的编写中,几乎没有给加拿大史留有一章一节的空间。加拿大史的研究正是在这样一种薄弱的基础上发展起来的。从这个意义上说,它所取得的每一个进步都是飞跃。

一、加拿大研究的起步

1867年自治领建立后,加拿大这个国家的历史以稳定、内敛和可持续性的特点缓慢发展着:两次世界大战的战火都未及本土;社会改良和改革运动和平进行;20世纪中,无起义、无全国性动乱,仅有的一次"革命",还是"寂静的"[③]。第二次世界大战后,加拿大成为世界7个工业强国之一。对于中国,在近现代史上,八国联军侵略中国时加拿大不在其中,也不存在中国与加拿

[①] 本文作者系杨令侠,南开大学美国历史与文化研究中心教授,博士研究生导师,曾任中国加拿大研究会第十任会长。原文刊载于《史学月刊》2009年第4期,有修改。
[②] 加拿大教会对华传教较西方各国为晚。
[③] 1960年,加拿大魁北克省开始了一场深刻的社会改革运动。该运动对魁北克原有的状况进行了颠覆性的改变,摆脱了天主教对魁北克社会生活各个方面的控制,故称之为"革命";因其非暴力形式,又称之为"寂静的革命(Quiet Revolution)"。

大尖锐冲突的其他记录。1949年中华人民共和国成立至1976年"文化大革命"结束,中国强调的意识形态是阶级斗争,世界史研究只注重革命史、政治史或战争史。在很长时间内,很多人认为加拿大的历史短暂,而且没有发生过什么重大的革命或战争事件,没有什么值得研究的。国内大众对加拿大史知之更少,恐怕也只是从毛泽东的《纪念白求恩》一文了解一点。这种非正常的状况一直延续到改革开放以后,然而,就此讲中国的加拿大史研究是真空,也不属实。

20世纪五六十年代,北京世界知识出版社凭借对国际事务的敏感,率先出版了一系列加拿大史译著,虽然册子单薄、发行量甚微,但在当时政治和经济困难的条件下可以说是一个壮举。

到了60年代初,中国与许多国家和地区建立了外交关系,为了适应中国外交的需要,要求对世界各国有更全面深入的了解。在中国政府的关注下,国内一些条件比较好的重点大学建立了外国研究机构。1964年,武汉大学北美经济研究室和华东师范大学北美经济地理研究室成立,成为中国第一批对加拿大进行研究的机构,为加拿大经济史的研究积累了重要的研究资料,出版了固定的内部刊物。

加拿大通史研究虽然起步晚于其他国别史,但难能可贵的是它诞生于动乱的"文化大革命"中。70年代山东大学历史系启动加拿大史研究工作。由于当时的政治条件的限制,山东大学的老师们就从翻译持反美的、鲜明民族主义观点的加拿大历史学家的著作开始。1972年他们在山东人民出版社先后出版的《加拿大简史》和《加拿大近百年史1867—1967年》(上、下册)[①]是1949年后最早的加拿大通史译著。虽然这些只是翻译工作,但是对开启中国加拿大研究而言意义重大,是中国研究加拿大历史的第一个转折点。

在世界历史教学与研究草创阶段,中国几乎没有加拿大史研究成果,也没有加拿大史课程设置,更奢谈加拿大史学位培养方向。值得欣慰的是,毕竟有筚路蓝缕之人在未开垦地知难而进。1978年以后,中国进入了一个改革开放的新时代,加拿大史研究也随之发生了巨大的变化。

我们姑且把1978—2008年这三十年中国的加拿大史研究分为两个阶段:

[①] 唐·克赖顿:《加拿大近百年史1867—1967年》(上、下册),山东大学翻译组译,山东人民出版社1972年版。

1978—1997年和1998—2008年。

第一个阶段的前十年,即1978—1988年,在国内正式刊物上发表的加拿大史论文全国只有10篇,其中只有5篇是历史专业的学者撰写的;1978—1997年,发表的论文有104篇。对于一个大国国别史学科来讲,二十年的研究历程,这个数目仍然是相当少的,①而且不少论文以介绍、描述为主,研究深度有限。即便情况是这样,这二十年还是有一些质量很高、具有深远学术影响的论文。1978年之后,中国的加拿大史研究缓慢起步,而中国加拿大研究会在1984年的成立,直接激发了研究的热情,是中国加拿大史研究的第二个转折点。"全国加拿大研究会的创立,标志着中国的加拿大研究进入了一个新阶段。"②90年代中期后,在中国加拿大研究会年会上,"加拿大历史"这个领域也已由混合组独立成为一个大组。③

在中国加拿大历史研究起步的困难阶段,难能可贵的是,学者们很早就开始了资源共享。北京大学杨立文教授为年轻学者提供研究资料和信息,甚至在20世纪80年代初经济都比较困难的情况下,为他们提供食宿。山东大学宋家珩教授早在20世纪80年代初就开始帮助国内学者与加拿大不列颠哥伦比亚大学、多伦多大学、约克大学、女王大学、新不伦瑞克大学和里贾纳大学的学者建立学术联系。河北师范大学刘广太教授在20世纪90年代初把自己和学校所藏的有关加拿大历史的书籍信息打印成册,寄给所需要的同行,而这些资料都是他花心血积累多年而成。这种情况不胜枚举。在当时物质条件和通信条件非常困难的情况下,这些学者的奉献精神令人敬佩。

中国加拿大历史研究的第二个阶段是从1998年至2008年,突破介绍性模式,进入研究型,至今已呈现可喜的局面。20世纪90年代中期,随着电脑的普及和网络的应用,同其他学科一样,加拿大史的研究条件得到了革命性的改变。加拿大史研究进入了第三个转折点。1998年以后的成果,无论从研究方向还是从学术水平上讲,都取得了非常显著的拓展与提高。移民史和外

---

① 这个数目还不及在1978年后十年发表的中国的美国早期史研究论文(约150篇,参见李剑鸣:《中国的美国早期史研究:回顾与前瞻》,《美国研究》2007年第2期,第115页),而且其中无注释和只有中文注释的论文29篇,约占三十年论文总数的10%。
② 赵德缜、蓝仁哲、宋家珩:《加拿大研究在中国》,《文史哲》1988年第4期,第40页。
③ 到1996年第七届年会前,"加拿大语言和文学"被分为两个组讨论,而"加拿大历史"因人太少,只能与加拿大法律、经济、环境、政治"等专业合并为一个组讨论。此后情况发生根本改变。

交史仍旧是研究热点,文学戏剧史的论文数目①锐减,社会史、文化史和政治史成为显学。这十年期间,在国内正式刊物上发表的论文181篇,在数量上超过此前二十年总和,约占三十年论文总数的63%。②

三十年来,全国出版加拿大通史及专著30余部。国内学者在核心和重要刊物上共发表加拿大史论文290篇,方向包括移民史(40篇)、文学戏剧史(30篇)、外交史(63篇)、经济史(7篇)、教育史(5篇)、社会史(25篇)、文化史(30篇)、政治史(65篇)和其他方面(25篇)。2000年后发表的120余篇,约占三十年总数的41%;由历史专业学者撰写的约140篇,约占三十年总数的48%。

科研促进教学,教学推动科研。依托着早年开展的研究基础,山东大学历史系率先在1982年和1985年分别向本科生和硕士生开设加拿大史课程。③ 其后,北京大学、南开大学分别在1992年和1994年也为硕士生开设加拿大史课程。山东大学历史系为中国加拿大史研究做出的更大贡献是,在1984年设立了中国第一个也是目前唯一的加拿大史研究室,并率先指导加拿大史硕士学位论文,为中国培养自己的加拿大史研究者开启先河。此后,南开大学、河北师范大学④、北京大学、武汉大学、南京大学和天津师范大学等高校都较集中地指导过加拿大史学位论文。这些论文的研究方向涉及广泛,诸如外交史、社会史、经济史、政治史、人物研究、文化史、移民史、环境史、军事史、少数民族史、华人华侨史、宪法史、加美关系史和魁北克史等,其中许多已

---

① 三十年中语言文学和戏剧史方向的论文共30篇,其中21篇是在第一个阶段发表的。这表明,在改革开放初期加拿大学研究中,是这个领域的研究带动了中国加拿大史的研究。
② 其中无注释和只有中文注释的文章13篇,约占三十年论文总数的4.6%。这个数字一方面说明中国加拿大史研究的质量在第二个阶段已经比第一个阶段提高很多,另一方面也说明其质量仍有待提高。
③ 包括"加拿大通史""加拿大史专题""加拿大工人运动史""加拿大城市史""加拿大史学名著选读"等课程。到目前为止,山东大学仍是国内开设加拿大史课程最多的大学。
④ 在山东大学、南开大学、河北师范大学这三所大学中,以加拿大史为题的硕士学位论文至今已分别有20余篇。仅以山东大学近年部分学位论文为例,如《加拿大政府对西部草原的农业开发政策(1896—1930年)》(盖金敏,2003年)、《20世纪20年代至40年代的加拿大共产党与工人运动》(叶海英,2003年)、《加拿大与第二次世界大战》(苏颖,2004年)、《加拿大社会保障制度的确立》(韩晨红,2004年)、《"平静革命"与魁北克的政治现代化》(陈素娟,2005年)、《加拿大社会主义女性主义的理论与实践(二十世纪六七十年代)》(齐丽,2005年)、《加拿大联邦政府与太平洋铁路(19世纪70年代—19世纪末)》(逄媛宁,2005年)、《从英属殖民地时代的政治原则看多元文化政策的出台》(王涛,2006年)等。

在核心刊物发表。[①] 在中国加拿大史研究队伍中,后起之秀的确不可小觑。学士、硕士和博士学位论文是中国加拿大史研究的另一个宝库,虽略显稚嫩,但大多选题新颖,有内容、有新意,是国内高新研究成果最富代表性的一部分,从中也可体现其背后指导教师的匠心。从学术水平论,有的论文已超出某些高校教师的论文。

令人欣慰的是,这个时期出版的一些通史或专门史类的著作中也加入了加拿大史的篇章,例如,《世界当代史(1945—1998)》《现代欧美国家宗教多元化的历史与现实》《战后世界史》等。[②] 他们所用的资料和介绍的观点都比较新颖,反映了当时国外加拿大教学和研究的状况。此外,2009年南开大学率先招收加拿大史方向的博士研究生。

在中国,凡涉及加拿大的专门学科的研究,总是随同加拿大学的整体研究的发展而开展起来的,加拿大史研究也不例外。确切地说,1978年以后,加拿大史研究是在加拿大语言文学研究的带动下发展起来的。如前介绍,近一半的加拿大史的文章出于非历史专业学者之手,而搞英语、法语语言教学和研究的学者占其中很大比例。尤其在改革开放之初,这些学者利用语言优势,占据了中国加拿大学研究的半壁江山。他们很早就对加拿大这个国家的各个方面进行介绍,而且都是从历史入手的。出于对加拿大语言文化的了解,他们对加拿大历史文化理解更客观、准确,使用外文资料更丰富、娴熟。20世纪80年代中后期,当加拿大历史研究逐步成长起来,他们才逐渐退出"历史"这个研究领域的舞台。此外搞民族学研究的学者也是加拿大历史最早的介绍者。这是中国加拿大史研究的另一个特点。

与非历史专业学者在历史专业的杂志上发表加拿大史文章这一现象相反的情况是,有的加拿大史研究人员后来转到社会学、政治学等其他方向,还有的作者"打一枪换一个地方",研究目标属游击型。这些现象在其他国别史

[①] 例如,《论加拿大自治领取得完全国家地位过程的特征》(洪霞,《世界历史》1998年第3期)、《试论加拿大"自治政府"的起源》(张红,《江苏社会科学》1998年第5期)、《试论加拿大的建国方式及其影响》(李丽颖,《宁夏社会科学》2006年第6期)、《浅议加拿大魁北克的"平静革命"》(董仲瑜,《天津师范大学学报》2004年第4期)和《1978年以来中国学术界关于美国和加拿大关系的研究》(贺建涛,《历史教学》2008年第9期)等。

[②] 李世安:《世界当代史(1945—1998)》,中国人民大学出版社1998年版;董小川主编:《现代欧美国家宗教多元化的历史与现实》,上海三联书店2008年版;金重远主编:《战后世界史》,复旦大学出版社1995年版。

研究中也有，但不如加拿大史研究领域表现得这么明显。此外，加拿大史的研究人员和研究刊物的分布更集中在长江以北。

总结三十年中国加拿大史研究从蹒跚学步到长足发展的原因，除了政治环境的改善以外，还与许多因素有直接的关系，譬如以书代刊的论文集和出版物的巨大推动。

中国的加拿大史研究与加拿大学研究是同步发展的。一些学者以本校或本研究机构的加拿大研究中心为依托，在加拿大驻华大使馆的帮助下，自发编辑读物。最早创造这种形式的是中国社会科学院民族研究所的阮西湖先生。1990年，由他和王丽芝先生编的《加拿大与加拿大人》[1]率先发行，对加拿大国家、历史与人口概况进行了最基本的介绍，书后附有内容涉及人口、收入、婚姻、大学等调查的8个重要附录。到2007年出版的最末一期（第6期）[2]，其栏目已扩展到8个。文章短小精悍，信息量很大。该书已几易出版社，由此也可看出经营之艰难。

北京大学加拿大研究中心也是中国加拿大史研究的重镇之一，世界史教授杨立文先生于1993年开始编辑"中国—加拿大交流丛书"之《加拿大掠影》分册。第1册虽然只收集论文9篇，且无印数、无出版社，但是已明显呈学术专题性。2004年该书更名为《加拿大研究》，2008年出版的分册共25万字，发行量为1300册。

《加拿大的人文社会科学》[3]是"中国—加拿大交流丛书"中的另一本，由中国社会科学院世界历史研究所编辑，主编是世界史研究员陈启能、姜芃和李明德先生。该书搜集大量加拿大人文社会科学的信息，其中也包括对历史学的详细介绍。作为中国加拿大史研究的另一个重镇，他们还编辑了另两套丛书"寻找加拿大丛书"[4]和"加拿大地平线丛书"[5]。前者的特点是只刊登学术性的著文或译文，而后者则以形式活泼、内容广泛见长。

---

[1] 阮西湖、王丽芝编：《加拿大与加拿大人》，中国社会科学出版社1990年版。
[2] 李鹏飞主编：《加拿大与加拿大人（六）》，北京理工大学出版社2007年版。
[3] 陈启能、姜芃、李明德主编：《加拿大的人文社会科学》，民族出版社2003年版。
[4] 分册如《加拿大：成功的启迪》（吉林教育出版社1991年版）、《加拿大：文化的碰撞》（吉林教育出版社1992年版）、《加拿大：民主与政制》（社会科学文献出版社1993年版）、《加拿大：社会与进步》（中国社会科学出版社1996年版）。
[5] 分册如《"生存"的生存》（中国社会科学出版社1996年版）、《爵士乐、文学与民主》（中国社会科学出版社1997年版）、《生活在双语社会》（社会科学文献出版社1999年版）、《中国·特鲁多·加拿大》（民族出版社2004年版）。

从20世纪90年代初至今,这些编辑组的学者们在资金匮乏、人员短缺的情况下,不计报酬、不辞辛苦,持之以恒地坚持编辑丛书,丛书的学术水平越来越高。毫无疑问,没有他们付出的心血,就没有今天中国加拿大史研究这个来之不易的局面。

短短三十年光景,中国加拿大史研究从无到有、从少到多,由浅入深、由简入详,若不是适逢盛世,简直是不可思议的事情。文中统计的论文和著作只能描绘三十年研究成果的概貌,不可能反映全部情况,但仅此我们已经可以透视中国加拿大史研究的一些特点了。

中国加拿大历史研究起步晚,前期发展缓慢,后期突飞猛进。与国内其他大国国别史或专门史相比,加拿大史研究是门新学科,在研究方法与理论模式方面,无须遵循固定套路,较少受传统史学范式的束缚,无论内容还是立意都体现出更多的原创性,较早地树立了使用原始档案的意识,较早地借鉴了政治学、民族学、社会学、人类学和法学等学科的概念与分析框架。

随着越来越多的留加、访加学者的陆续归来,中国加拿大史研究队伍日益壮大成熟,研究也不断取得新的进步。

二、近年来中国加拿大研究评述

三十年来,中国学者对加拿大历史上若干重大问题进行不同程度的考察,出版了许多论著。这些成果既说明人文社会科学研究受惠于改革开放取得的各个方面的成就,也反映出加拿大历史研究内容的点与面,以及学术风气。

加拿大在1971年实行的"多元文化主义"国家政策始终是中国学者讨论的热点之一,2006—2007年相对集中地出现了一批评介文章,形成了一个学术研讨的小高潮。这不仅是因为加拿大是世界上唯一把多元文化主义作为国家政策的国家,还源于对保障这个国家社会长治久安、经济稳定增长治国方略的关注。实际上,早在20世纪80年代末,中国学界就开始了对加拿大多元文化主义的研究。[1] 1989年阮西湖在《加拿大多元文化主义政策的制定和发展》[2]一文中详细地介绍了该政策产生的过程,列举了其内容与实施经费,

---

[1] 中国学者以"美国多元文化主义"为题名的论文在1995年以后才出现。
[2] 阮西湖:《加拿大多元文化主义政策的制定和发展》,《社会科学战线》1989年第1期。

并用图表解析了相关机构的模式与功能。其后5年王兴均[①]、赵慧珍[②]、丁明国[③]和王丽芝[④]等人陆续撰文从不同方面阐释该政策产生的背景、内容和意义。这批前期研究成果大都表述内容准确、系统,具有极高的学术参考价值。至于2006—2007年相对集中发表的近10篇文章,作者则大多是年轻的学者或博士研究生。《加拿大和美国学者关于多元文化主义的评论》[⑤]、《加拿大与美国多元文化主义异同略论》[⑥]、《加拿大多元文化主义的缘起——以魁北克独特性的变迁和民族主义高涨为中心的考察》[⑦]、《加拿大多元文化主义的缘起——以少数民族贡献和遭遇为中心的考察》[⑧]和《加拿大民族文化政策的演变与多元文化主义的缘起》[⑨]这5篇文章分别论述与分析了加拿大及美国学者对该政策的褒贬和两国多元文化主义的异同,并从魁北克民族主义、少数民族问题和民族文化政策等角度考察了加拿大的多元文化主义。文章出自一位年轻学者之手,以其硕士学位论文为基础,基本澄清了长期以来学界对加拿大多元文化主义的一些模糊概念,反映出这一代学者思维敏捷的特点。虽然两代学者对该问题进行了多方位的考察,但是,加拿大多元文化主义是个庞大的主题,现有的十几篇论文尚显单薄。目前还没有关于加拿大多元文化主义的专著出版,预计这个课题还将被学者们继续关注。

加拿大和美国都是典型的移民国家,加拿大的人口只有美国的1/9左右,但是移民比例远远高于美国,因此移民史既是加拿大学者也是中国学者高度关注的课题,其中国内学者关心的更多的是中国移民问题。早在1986年,沈毅撰文《近代加拿大华侨述略》[⑩],考察了加拿大华侨从1858年开始移居加拿大到1919年前后,移民职业几个阶段的变化情况,以及他们在加拿大历史上

[①] 王兴均:《加拿大多元文化形成的背景》,《贵州大学学报》1990年第1期。
[②] 赵慧珍:《加拿大多元文化主义政策简论》,《兰州大学学报》1992年第4期。
[③] 丁明国:《加拿大多元文化主义政策产生的背景》,《中南民族学院学报》1991年第2期。
[④] 王丽芝:《神话与现实——对加拿大多元文化主义政策的再思考》,《世界民族》1995年第1期。
[⑤] 韩家炳:《加拿大和美国学者关于多元文化主义的评论》,《国外社会科学》2006年第4期。
[⑥] 韩家炳:《加拿大与美国多元文化主义异同略论》,《中国社会科学院研究生院学报》2007年第4期。
[⑦] 韩家炳:《加拿大多元文化主义的缘起——以魁北克独特性的变迁和民族主义高涨为中心的考察》,《苏州科技学院学报》2007年第3期。
[⑧] 韩家炳:《加拿大多元文化主义的缘起——以少数民族贡献和遭遇为中心的考察》,《兰州学刊》2007年第12期。
[⑨] 韩家炳:《加拿大民族文化政策的演变与多元文化主义的缘起》,《淮北煤炭师范学院学报》2006年第6期。
[⑩] 沈毅:《近代加拿大华侨述略》,《学术研究》1986年第5期。

的地位和作用。吴行赐的《第二次世界大战后加拿大华侨华人情况的变化》[①]一文,探讨了第二次世界大战后 40 年,加拿大华侨华人在人口、分布、职业、民族觉悟、文教等方面的变化,以及促使华人人口剧增的若干因素。王丽芝[②]和林志鹏[③]分别从 19 世纪末至 20 世纪初加拿大移民政策的演变和一系列歧视性移民立法的确立过程,分析中国移民受到的不公正待遇。《略论加拿大的早期中国移民》[④]一文的作者孙颖在探讨了早期加拿大中国移民的历程、分布情况和为加拿大社会所做的贡献等问题后,又发表了其后续篇《试论加拿大中国移民政策的变化原因及特征(1948—1988)》[⑤],论述了第二次世界大战后加拿大政府不断调整其移民政策,尤其是取消歧视中国移民的政策。文章认为这种政策改变是加拿大社会经济发展要求的反映,是加拿大政府的一大进步,也是人类社会的一大进步。张云秋的《〈中国移民法案 1885〉:加拿大白人社会对中国移民的反应》[⑥]首次使用了加拿大联邦众议院辩论记录和国会会议文件等珍贵原始档案,得出结论说,1885 年的《中国移民法》是加拿大联邦政府对反对华人势力的妥协,是整个白人社会对华人所持种族偏见所致。1996 年李巍在论文《略论近年来香港对加拿大的移民及其影响》[⑦]中,分析了香港移民在改变华人形象、促进加拿大社会经济发展和丰富加拿大多元文化等方面的作用,并预测香港移民未来的趋势,分析香港的稳定与内地经济繁荣的密切关系。总之,90 年代中期前发表的 20 多篇移民史的文章多数质量较好。在国内外,有关加拿大华人华侨的英文资料本就不多,而这些在 20 世纪八九十年代写得的论文能够发掘这些英文资料,实可称赞。这些论文为中国的加拿大华人华侨史研究奠定了基础,甚至有的后来的研究也未能望其项背。21 世纪以来移民史的研究有了新的视角和新的资料来源。何宗强的论文《二战后加拿人和美国移民政策的转变》[⑧]从国际问题研究的视野,推论战

[①] 吴行赐:《第二次世界大战后加拿大华侨华人情况的变化》,《中山大学学报》1987 年第 1 期。
[②] 王丽芝:《加拿大华人移民政策的演变及其原因》,《华侨华人历史研究》1989 年第 1 期。
[③] 林志鹏:《加拿大历史上歧视中国移民立法及其社会背景》,《中南民族大学学报》1990 年第 6 期。
[④] 孙颖:《略论加拿大的早期中国移民》,《南京师大学报》1993 年第 2 期。
[⑤] 孙颖:《试论加拿大中国移民政策的变化原因及特征(1948—1988)》,《南京师大学报》1997 年第 1 期。
[⑥] 张云秋:《〈中国移民法案,1885〉:加拿大白人社会对中国移民的反应》,《世界历史》1995 年第 2 期。
[⑦] 李巍:《略论近年来香港对加拿大的移民及其影响》,《文史哲》1996 年第 5 期。
[⑧] 何宗强:《二战后加拿大和美国移民政策的转变》,《国际论坛》2006 年第 3 期。

后加拿大移民政策的变化是由国际伦理背景变化所推动。徐丹的《论加拿大华人移民人口结构的变化》[①]则从社会学的角度，根据加拿大2000年人口普查数据，从定居城市的选择、移民身份和年龄的差异、受教育程度以及掌握加拿大官方语言的能力等方面，对加拿大华人移民的三个群体[大陆（内地）移民、台湾移民以及香港移民]的人口结构变化进行阐述。许多论文都使用了网络资源甚至中国地方志，并由华人华侨扩展到加拿大移民和移民政策的研究。

在三十年整个移民史研究的约40篇成果中，有20篇是1998年以后发表的，19篇由南方学者所撰，20篇发表在南方的学刊和学报上。这说明移民史研究在后十年仍然得到很大的发展，而且研究强势在南方。移民史研究的特点是，质量优与劣的论文比例都明显偏高，呈哑铃状。陈国贲、丹尼丝·赫丽的《挣脱枷锁——加拿大华人反种族主义百年史》[②]，黄昆章、吴金平的《加拿大华侨华人史》[③]和王昺的《文化马赛克：加拿大移民史》[④]是目前国内为数不多的移民史专著。这三本书系统全面地记述和梳理了华人在加拿大的奋斗史，以及加拿大主要少数民族移民潮的背景、过程和对加拿大多元文化形成的作用与影响。

国内学者对加拿大外交史一直是偏爱的，刘广太和李节传是这个领域研究的开拓人。他们撰写了一系列加拿大外交尤其是加中关系的论文，如《新中国成立前后的加拿大对华关系》[⑤]、《加拿大由不涉足远东到卷入朝鲜战争的转变》[⑥]、《论20世纪60年代中加小麦贸易的重要意义》[⑦]等。李节传还著有《抑制美国：朝鲜战争中的加拿大》和《让中国重返西方市场：阿尔文·汉密尔顿与中国和北美贸易的发展》[⑧]两本专著。上述著述所运用的大量的外交档案，都是他们于加拿大外交部所得，弥足珍贵，至今仍是运用外交档案最

[①] 徐丹：《论加拿大华人移民人口结构的变化》，《世界民族》2007年第6期。
[②] 陈国贲、丹尼丝·赫丽：《挣脱枷锁——加拿大华人反种族主义百年史》，中国社会科学出版社1997年版。
[③] 黄昆章、吴金平：《加拿大华侨华人史》，广东高等教育出版社2001年版。
[④] 王昺：《文化马赛克：加拿大移民史》，民族出版社2003年版。
[⑤] 刘广太：《新中国成立前后的加拿大对华关系》，《世界历史》1997年第6期。
[⑥] 李节传：《加拿大由不涉足远东到卷入朝鲜战争的转变》，《世界历史》1997年第2期。
[⑦] 李节传：《论20世纪60年代中加小麦贸易的重要意义》，《世界历史》2004年第1期。
[⑧] 李节传：《抑制美国：朝鲜战争中的加拿大》，中国社会科学出版社1998年版；李节传：《让中国重返西方市场：阿尔文·汉密尔顿与中国和北美贸易的发展》，中国社会科学出版社2005年版。

多的外交史作品,使中国加拿大外交史的研究有个较高的起点。不仅如此,国内加拿大外交史的成果还具有题目新颖、内容深入、材料丰富的特点。陈志敏的《二元民族联邦制与对外关系:加拿大魁北克省的国际活动研究》[1],孙洁琬的《皮尔逊与第一支联合国维和部队的创建》[2],吴克燕、张一民的《加美阿拉斯加边界冲突》[3],潘兴明的《抗战期间中加关系的突破与发展——兼论两国政治方面的合作与交涉》[4],李剑鸣的《加拿大与美国独立战争》[5]和洪邮生的《试论加拿大与美国的经济依存关系》[6]等文都代表了这个领域研究的最好水平。《中国与加拿大——中加关系的历史回顾》[7]、《加拿大传教士在中国》[8]、《加拿大人在中国》[9]、《加拿大与亚太地区关系》[10]是山东大学历史系推出的四部力作,在国内中加关系史领域至今仍具有难以撼动的学术地位。潘兴明的《20世纪中加关系》[11]将不同时期的两国关系分章论述,资料翔实、信息新鲜。《加拿大与美国关系史纲》和《战后加拿大与美国关系研究》[12]姊妹篇分别阐释了从殖民地时期到20世纪90年代加拿大与美国纠葛关系的发展脉络。上述论著在题目的细化和原始档案的应用方面比其他领域的研究更显娴熟。

国内学界对加拿大政治史的研究焦点比较分散。刘艺工的《加拿大司法制度的历史、现状及基本特征》[13]是国内最早研究加拿大司法制度史的论文。徐再荣《试论加拿大联邦制的历史演变》[14]一文主张,一百多年来加拿大联邦

---

[1] 陈志敏:《二元民族联邦制与对外关系:加拿大魁北克省的国际活动研究》,《太平洋学报》2000年第3期。
[2] 孙洁琬:《皮尔逊与第一支联合国维和部队的创建》,《世界历史》2003年第5期。
[3] 吴克燕、张一民:《加美阿拉斯加边界冲突》,《社会科学论坛》2005年第9期。
[4] 潘兴明:《抗战期间中加关系的突破与发展——兼论两国政治方面的合作与交涉》,《杭州师范学院学报》2005年第4期。
[5] 李剑鸣:《加拿大与美国独立战争》,《历史教学》1992年第4期。
[6] 洪邮生:《试论加拿大与美国的经济依存关系》,《南京大学学报》2002年第6期。
[7] 宋家珩、董林夫:《中国与加拿大——中加关系的历史回顾》,齐鲁书社1993年版。
[8] 宋家珩主编:《加拿大传教士在中国》,东方出版社1995年版。
[9] 宋家珩主编:《加拿大人在中国》,东方出版社1998年版。
[10] 宋家珩、李巍、徐乃力主编:《加拿大与亚太地区关系》,济南出版社2000年版。
[11] 潘兴明:《20世纪中加关系》,学林出版社2007年版。
[12] 杨令侠:《加拿大与美国关系史纲》,天津社会科学院出版社1995年版;杨令侠:《战后加拿大与美国关系研究》,世界知识出版社2001年版。
[13] 刘艺工:《加拿大司法制度的历史、现状及基本特征》,《兰州大学学报》1993年第3期。
[14] 徐再荣:《试论加拿大联邦制的历史演变》,《世界历史》1994年第6期。

制演变总的趋势是从高度集权的准联邦制走向高度分权的联邦制。洪霞的文章《论加拿大自治领取得完全国家地位过程的特征》①从政治、经济、文化和社会四个方面,探悉加拿大是如何在不断宣称对母国忠诚的同时,又一步步背离母国的愿望,直至脱离帝国的框架,取得完全国家地位。更有学者将加拿大与美国做比较研究,譬如《美国、加拿大宪法制度差异比较》②、《美国对加拿大联邦议会制度的影响》③、《试论加拿大1867年宪法法案的特征——兼与美国1787年宪法比较》④等。《加拿大法律发达史》⑤是一本法律史专著。*Political Systems in Canada and Other Western Democracies: Canadian and Chinese Perspectives*⑥是由加中学者共同主编的论文集,是中国第一本也是目前唯一的英文文集。文集收集中外学者的论文20篇,涉及政治、现代化理论和加拿大民主等几个方向。

相对来讲,加拿大经济史研究领域是弱项,多数成果是经济学专业的学者所著,但是早在20世纪80年代中期,已经有一些较优秀的论文。吴纪先的《论八十年代的加拿大经济》⑦和黎国焜的《加拿大保守党政府推行的新经济政策》⑧分别论述了80年代加拿大经济重心愈益转向亚太地区,描述了加中经济往来将更为密切的前景,以及马尔罗尼在经济政策方面采取的一些大胆的行动,如采取各种措施减少预算赤字、与美国进行关于签署"自由贸易"协定的谈判、修改外国投资法、鼓励外国投资和实行新的能源政策等。2000年以来,各种经济类杂志发表了许多讨论加拿大经济的论文。

国内对加拿大民族问题的研究中,以土著人为研究对象的居多。早在1981年,董光祖和陈永龄就分别撰文⑨简介加拿大印第安人。1991年,林志

---

① 洪霞:《论加拿大自治领取得完全国家地位过程的特征》,《世界历史》1998年第3期。
② 刘艺工:《美国、加拿大宪法制度差异比较》,《兰州大学学报》1994年第3期。
③ 李节传:《美国对加拿大联邦议会制度的影响》,《天津师范大学学报》2003年第2期。
④ 李巍:《试论加拿大1867年宪法法案的特征——兼与美国1787年宪法比较》,《山东社会科学》1991年第4期。
⑤ 王立民主编:《加拿大法律发达史》,法律出版社2004年版。
⑥ Charles Burton and Jiang Peng, eds., *Political Systems in Canada and Other Western Democracies: Canadian and Chinese Perspectives*, Beijing: Foreign Languages Press, 1995.
⑦ 吴纪先、赵德缜、马颖:《论八十年代的加拿大经济》,《武汉大学学报》1986年第4期。
⑧ 黎国焜:《加拿大保守党政府推行的新经济政策》,《世界经济研究》1986年第5期。
⑨ 董光祖:《加拿大的民族构成与印第安人现状》,《民族译丛》1981年第6期;陈永龄:《觉醒中的加拿大印第安人》,《中央民族大学学报》1981年第4期。

鹏[①]继续考察历史上印第安人受教育的情况。最近,有关加拿大联邦政府对土著人政策和法律的研究也有了初步规模。丁见民在其论文[②]中指出,第二次世界大战后,加拿大国内形势发生了有利于土著民族的重大变化;土著自治政策作为土著民族政策的重要组成部分也随之取得了很大进步,土著自治权利逐渐得到加拿大政府的承认,并在实践上取得了相当大的进展,但无可否认的是,土著自治政策的实施过程中存在着诸多矛盾与问题,制约着土著自治政策的进一步发展。王助在《加拿大土著人身份法律确认的演变及现状》[③]中就规范土著人的加拿大联邦法律《印第安人法》进行了分析,并论述了加拿大土著人身份确认的演变及现状。学术界还对土著人的人口和身份等方面有深入研究,比如,梁茂春在《加拿大土著人口的特点及生存状态》[④]一文中,根据加拿大统计局1996年、2001年人口普查资料数据,认为20世纪下半叶以来,加拿大土著居民人口呈增长趋势,并不断从传统的保留地向非保留地、从乡村向城市转移,但是土著人也面临城市化发展的困惑;从整体上看,土著人口在就业、收入、教育水平以及生活质量等方面均远远落后于非土著人口,其民族文化也面临日渐衰退的严峻局面。姜德顺的文章[⑤]解释了"土著权利"和"条约权利"的衍生过程和特点,并指出这些法律和条约具有不易变更的性质,使弱小的加拿大土著民现在乃至将来在维护自己的权益时,只能渐进地去改变自身极为不利的处境。

此外,许多学者针对加拿大社会文化特点进行讨论。冯建文[⑥]以加拿大的土著民和法裔等为例分析了多元文化的成因、现状及民族主义问题。《全球自由贸易框架下的"文化例外"——以法国和加拿大等国抵制美国文化产品为例》[⑦]和《加拿大文化中的反美传统》[⑧]等是一批理论性强、视野开阔的好文章。

[①] 林志鹏:《加拿大印第安人民族教育的历史发展概况》,《中南民族学院学报》1991年第6期。
[②] 丁见民:《二战后加拿大的土著民族自治政策及存在问题》,《山东师范大学学报》2007年第6期。
[③] 王助:《加拿大土著人身份法律确认的演变及现状》,《世界民族》2007年第5期。
[④] 梁茂春:《加拿大土著人口的特点及生存状态》,《世界民族》2005年第1期。
[⑤] 姜德顺:《加拿大土著民艰辛的维权之路——解读"土著权利"和"条约权利"》,《世界民族》2007年第5期。
[⑥] 冯建文、刘新慧:《加拿大多元文化中的民族主义》,《科学·经济·社会》2000年第1期。
[⑦] 王晓德:《全球自由贸易框架下的"文化例外"——以法国和加拿大等国抵制美国文化产品为例》,《世界经济与政治》2007年第12期。
[⑧] 李杰:《加拿大文化中的反美传统》,《四川师范大学学报》2004年第4期。

魁北克省这个"国中之国"是加拿大民族矛盾中最大的症结。1995年至1997年发表的《从语言文化看加拿大魁北克的民族问题》[1]、《魁北克法裔民族主义的演变》[2]、《加拿大魁北克省分离运动的历史渊源》[3]等文对魁北克语言政治化、分离主义的产生渊源和魁北克民族主义等问题进行了论述。

西部史研究在国内学界曾经长时间是空白，20世纪90年代末以后形成了一系列成果，例如付成双撰写的论文《加拿大太平洋铁路与开发时期的西部城市化》《加拿大西部分裂主义运动（1980—1982）评析》《试析加拿大地方主义经久不衰的机制性原因》《加拿大西部离心主义：历史、现状与未来趋势》《加拿大西部诸省的省内建设和经济多样化运动》。[4] 他强调，省内建设和经济多样化运动是加拿大西部地方主义的一个重要组成部分；在西部加拿大长期存在着一种与魁北克分裂主义在特点和性质上完全不同的地方主义；西部地区主义从19世纪后期起开始孕育，在经历了追求平等权利、农场主造反、省内建设和经济多样化、联邦与西部的石油大战等一系列的冲突和对抗后，逐渐发展成为一种具有地区特色的离心主义思潮。2001年《加拿大西部地方主义研究》[5]的问世标志着国内西部史研究达到一个新阶段。

随着网络资源的不断建设与完善，加拿大社会史方向的论文较多使用网络和数据库，数据和表格很直观，题目涉及广泛并与现实联系紧密。城市史是社会史的一个重要分支。《加拿大的第一次城市改革及其评价》[6]这篇文章论述了19世纪末20世纪初加拿大城市在政府形式、服务设施、规划和住房项目以及社会救助和福利等方面进行改革的基本内容，并提出改革具有以工商业阶层和专业人士为主导，受到美、英两国的影响和在城市公共事业领域里公、私两种所有制相互补充三个特点的观点。《加拿大城市化的历史进程与

---

[1] 罗贤佑、曹枫：《从语言文化看加拿大魁北克的民族问题》，《世界民族》1995年第2期。
[2] 王丽芝：《魁北克法裔民族主义的演变》，《世界民族》1996年第3期。
[3] 杨令侠：《加拿大魁北克省分离运动的历史渊源》，《历史研究》1997年第2期。
[4] 付成双：《加拿大太平洋铁路与开发时期的西部城市化》，《史学理论研究》1999年第4期；付成双：《加拿大西部分裂主义运动（1980—1982）评析》，《国际论坛》2001年第3期；付成双：《试析加拿大地方主义经久不衰的机制性原因》，《国际论坛》2002年第1期；付成双：《加拿大西部离心主义：历史、现状与未来趋势》，《南开学报》2002年增刊；付成双：《加拿大西部诸省的省内建设和经济多样化运动》，《南开学报》2003年第3期。
[5] 付成双：《加拿大西部地方主义研究》，民族出版社2001年版。
[6] 李巍：《加拿大的第一次城市改革及其评价》，《史学理论研究》2008年第1期。

特点》①一文的作者揭示了加拿大的城市化与欧洲和北美历史进程具有的内在密切联系,指出在加拿大(尤其是西部)城市发展中,地方因素和社区精英起了关键作用;加拿大不同地区的城市化进程也取决于人口流动和经济增长等因素。

国内关于加拿大劳工史和福利与社会保障史之类的文章为数不少,但目前研究重镇仍在山东大学。李巍在《略论加拿大劳资关系的演变》《加拿大工人运动与福利制度的起源》《二战后加拿大工人运动的新动向》②三篇文章中,分别分析了加拿大历史上各个时期劳资关系的特征和工人运动与福利的促进关系。对于战后工会的情况,他认为,农民作为社会中重要力量的地位已经被白领工人所取代,行业工会与产业工会合并,越来越多的白领工人和女工加入了工会;工会斗争采取以工人集体谈判为主、罢工为辅的形式,内容为争取更多的报酬和福利、减少失业、保障工作安全和健康。他指出,战后工人运动的几个特点是白领工人和工会女性会员发挥着越来越大的作用,工人对激进的政治缺乏兴趣,在维护自己的利益中更多地依赖于政府,并试图摆脱美国工会的控制;加拿大工人运动在形式上不如战前激进,但实质上上升到一个更高的层次。目前在这个研究领域,像这样内容如此厚重的系列研究成果在国内鲜有见到。

从一定意义上说,史学史的研究水平也可表露出历史研究的水平。1994年当加拿大史学史在国内学界还是个较为生疏的领域时,张友伦撰文《加拿大史学初论》③。该文是国内史学界第一篇加拿大史学史的论文。张晓华的《妇女史面临的难题——加拿大的妇女史研究》④则针对伴随20世纪60年代"新妇女解放运动"兴起的妇女史研究的内容与特点,阐释其与传统方法记载和解释历史的差异。1997年《史学理论研究》第1期所创《加拿大史学》栏目(一组三篇⑤),既是该刊物史,也是国内刊物史上的先例。此后该刊陆续刊登

---

① 高鉴国:《加拿大城市化的历史进程与特点》,《文史哲》2000年第6期。
② 李巍:《略论加拿大劳资关系的演变》,《山东大学学报》2002年第5期;李巍:《加拿大工人运动与福利制度的起源》,《山东大学学报》1999年第4期;李巍:《二战后加拿大工人运动的新动向》,《当代世界社会主义问题》2000年第1期。
③ 张友伦:《加拿大史学初论》,《南开学报》1994年第1期。
④ 张晓华:《妇女史面临的难题——加拿大的妇女史研究》,《世界历史》1995年第6期。
⑤ 王建华:《加拿大史学的奠基人乔治·朗》,《史学理论研究》1997年第1期;李巍:《加拿大城市史研究概述》,《史学理论研究》1997年第1期;杨令侠:《加拿大史学史初探》,《史学理论研究》1997年第1期。

加拿大史学论文多篇①。随着国内加拿大史研究水平的整体提高,对加拿大史学动态与学术史的关注将会越来越多。

至于教育方面的论文,因撰写人员几乎都是非历史专业,而且所写内容多属教育学的内容,故在此不做介绍与总结。

改革开放三十年来,我国学界还出现了一批加拿大史的专著,例如《枫叶国度——加拿大的过去与现在》。② 它是国内首部加拿大通史著作,以叙事准确、笔触稳健见长。该书以时序为主线勾勒加拿大历史脉络,对加拿大历史上最重要的人物和事件进行了描述和评论。书中附有《加拿大历任总督名单》《加拿大历任总理名单》《加拿大史大事记》三个附录,不仅规范,而且对当时的中国读者理解历史内容帮助非常之大。这本书初版发行量为3 000册,一度曾是加拿大史入门的唯一"国产"必读物,至今仍被频繁引用。第二部通史是在香港和台湾发行的《加拿大简史》。③ 另一部是《加拿大通史简编》④,以写作严谨、资料丰富、质量上乘著称。因在1978年后很长一段时期内中国的加拿大历史研究几乎是空白,所以这几本通史的意义甚至比专门史更为重大。

除了通史,还有一些在当时非常有影响的专门史著作,比如两部内容翔实的《加拿大经济史》⑤和《加拿大文学简史》⑥等。另一些集体编写的著作也集中了加拿大史研究的精华,例如《加拿大文明》⑦、《中国和加拿大的文化:全球化的挑战》⑧、《20世纪美国和加拿大社会发展研究》⑨等。有两部历史人物传记《朗宁传》⑩和《加拿大的象征——特鲁多总理传》⑪出自一个作者之手,开辟了中国加拿大人物传记史的领域。《加拿大英语戏剧史》⑫和《加拿大英语

---

① 杨令侠:《加拿大新社会史学的崛起和成长(20世纪60年代中至80年代)》,《史学理论研究》2002年第2期。
② 宋家珩编著:《枫叶国度——加拿大的过去与现在》,山东大学出版社1989年版。
③ 吴必康:《加拿大简史》,香港开明书店1993年版,1997年由中华书局在台湾再版。
④ 张友伦主编:《加拿大通史简编》,南开大学出版社1994年版。
⑤ 张崇鼎主编:《加拿大经济史》,四川大学出版社1993年版。
⑥ 郭继德:《加拿大文学简史》,河南人民出版社1992年版。
⑦ 姜芃主编:《加拿大文明》,中国社会科学出版社2001年版。
⑧ 陈启能、姜芃主编:《中国和加拿大的文化:全球化的挑战》,山东大学出版社2006年版。
⑨ 李剑鸣、杨令侠主编:《20世纪美国和加拿大社会发展研究》,人民出版社2005年版。
⑩ 刘广太:《朗宁传》,河北教育出版社1999年版。
⑪ 刘广太:《加拿大的象征——特鲁多总理传》,世界知识出版社2005年版。
⑫ 郭继德:《加拿大英语戏剧史》,河南人民出版社1999年版。该作曾获1995年国家教委高校人文社会科学优秀成果奖二等奖。

文学简史》[1]这两本专业性很强的著作是由两位研究外国文学的学者所撰。

三十年来，中国的加拿大史研究经历了先介绍这个国家的概况和加拿大学者的研究成果、再独立进行研究的过程。虽然在历史上加拿大深深受着法国、英国和美国的影响，但是目前中国学者所建构起来的加拿大历史体系是完整的、真正意义上的加拿大历史。西方史学流派和研究方法的引进，更加开阔了中国学者的眼界，从而形成了带有中国特色的加拿大历史研究。

三、加拿大研究面临的三个问题

总的来讲，三十年中国加拿大史研究取得重大成绩，但毕竟是从零做起，所以存在缺陷与不足在所难免。

（一）学术质量问题

实事求是地讲，与其他大国国别史相比，加拿大史研究总体水平偏低，不少文章缺乏新意和理论深度。甚至进入21世纪了，有的作者还明显地东拼西凑，文章内容空洞、雷同，更遑论创新了。与此同时，还存在另一种情况，也许是急于发表，一些较好文章[2]流向较偏远地区的杂志，以至影响较小。

登载加拿大史论文的刊物等级普遍偏低。一些年轻学者的作品有明显的急功近利的痕迹，在做研究之前，甚至没有对国内该领域的研究做基本的了解，以致出现重复甚至谬误。还有的论文发表在论文集或不定期丛刊上。这些刊物出刊不稳定、印数少、发行范围小。

文章良莠不齐、学术质量高低相差很大，论文写作不规范的情况很普遍。在1998年前发表的文章中，有53篇没有任何注释或只有中文资料注释，占前二十年论文总数的48.5%。这种情况在某些学报和经济类刊物上尤为严重。进入21世纪以来，在加拿大史研究水平总体上升、资料来源多渠道的情况下，仍旧有一些只有中文资料注释或只使用了一本英文资料的论文发表在学术刊物上。我们固然不能要求中国学者像西方学者那样，在做研究之前，以穷尽本课题资料为能事，但是仅以一两本外文资料就敢写外国史，是万万不可以的。

有的作者不遵循历史研究的规律或不讲求历史研究的方法，"因为""所

---

[1] 朱徽：《加拿大英语文学简史》，四川大学出版社2005年版。
[2] 郭家宏：《20世纪魁北克民族主义的发展及其根源》，《淮阴师范学院学报》2007年第1期；王勇：《特鲁多总理时期对美关系中的"文化安全"问题探析》，《乐山师范学院学报》2007年第1期。

以"信手拈来。加拿大史研究同其他历史研究一样,是一项个人意志和个人价值取向很强的活动,因此最忌讳主观臆断和简单下结论。由于不同的文化背景和思维方式,研究外国史就更难上加难了。当我们阐释外国历史时,更应格外严谨。可是有的文章主观臆想太严重。还有的文章简单地使用外国学者的只言片语去判断、归纳几个庞大、复杂的社会现象,轻而易举地得出判断与结论。作者似乎忘记了历史要从客观陈述开始,而太急于表达自己头脑中的固有想法,全然不顾文责自负或以讹传讹的后果。这类文章大凡讲到社会文化时,出错的概率就特别高。这说明有的作者对加拿大文化并不熟悉,甚至对加拿大历史基础知识都不甚了解。有的论文似流水账一般,短短的几千字通观上下二百多年历史。还有的论文一厢情愿地得出因果关系,牵强附会。值得肯定的是,从这类文章中,我们的确可以发现作者思想的闪光点,以及机敏、热情和对史学研究的热爱。但是我们还要严格遵循历史研究的方法,避免史学研究最忌讳的非此即彼的解析方式。文章风格和学术修养同样是学术习惯。好的习惯是要用心培养的。

(二)研究队伍问题

中国加拿大史的研究水平存在的缺陷与研究队伍不稳定有直接的关系。真正以加拿大史为单一研究对象的学者不多。国内也只有山东大学和南开大学分别设有加拿大史硕士培养方向和博士培养方向。在中国加拿大研究会(中国唯一研究加拿大史学的学术组织)中,截至2006年,共有会员388人,其中历史专业的会员只有31人,约占总数的8%。遗憾的是,迄今为止,国内尚无一个加拿大历史研究会这样的专业组织。

(三)研究领域的偏差

关于加拿大史选题问题,一是内容相近,二是时间段不均衡。论文的题目比较集中在加拿大多元文化、华侨华人、外交史、加美关系、社会福利等领域。当然,这并不是说这些领域已经得到充分的研究,相反,由于选题宽泛,还需更深入细致研究。其余的题目内容比较分散。从时段上看,多集中在第二次世界大战后的历史,殖民地时期和1867年自治领成立初的历史研究非常薄弱,造成有的文章只讲其然、讲不出其所以然而无法深入。然而,研究加拿大早期史的意义非常重大。在加拿大,构成现代资本主义民主政治制度基本框架,即责任政府、议会制度和政党政治,早在自治领成立之前就已初步形成。先建立较为适宜的政治模型,后建立国家,是加拿大历史的重要特点之一。搞清楚这个问题,可为探寻立国后加拿大在政治上长期相对稳定的原因和美、加两国的政治差异找到源头。实际上,进行早期史研究要求研究者具有更高的学术修养和更宽的知识领域。此外,有一些作者喜高谈阔论式题目,厌具体实证性研究,这样的研究内容直接妨碍了研究质量的提升。在研究内容上仍旧存在许多空白,很多主题至今无人涉及,比如加拿大人口史、思想史等。另外,多少年来,加拿大史研究停留在各说各词的阶段,很少就某一问题开展学术争鸣。

对法语魁北克的研究还有非常大的空间,但是国内大多数学者掌握的是英语,习法语者寥寥。令人担心的是,资料的片面性直接影响对事物的客观判断。

造成上述三个问题的客观原因很多,其中之一是国内研究加拿大史的资料严重匮乏。有的大学的确藏有一些加拿大史资料,但主要来自加拿大大使馆的馈赠。这些书籍不成套、无系统,兄弟院校间很难互通有无。国内重点大学图书馆购得的数据库也不能完全满足研究者的需要。对于国外网站要求的先成为会员、再交费下载的要求,国内大多数研究者不能做到。况且,加拿大在网络资源和数据库建设方面做得比一些大国差。在我们查询资料的时候,有时会发现加拿大史的资料竟被美国的公司或书商垄断,加拿大的早期史档案、国会记录和外交文件都不易获得。在销售外国数据库的中国公司的书单上,根本找不到任何加拿大史的数据库。他们能提供的巨型的加拿大史辞典,又非个人所能消费得起。研究加拿大史的档案不易获得,二手资料也难求。有的论文选题宽泛,也是因资料欠缺不得已而为之。

然而,毕竟现在的学术研究条件得到很大改善,研究者的主观能动性才是保证学术质量的根本。只要我们潜下心来,摒弃急功近利之念,就能求得一定的学术境界。

加拿大是一个政治相对稳定、经济可持续发展的国家。虽然中国与加拿大在历史与现实中存在相当大的差异,但不可否认,加拿大联邦政府在实现公民平等、发展多样文化、缩小贫富差距、保障社会福利、公平分配社会财富、减少种族歧视、繁荣社会生活、保证社会治安与秩序、追求社会和谐等方面的经验教训,非常值得我们借鉴。除此之外,加拿大历史与北美其他国家不一样,具有许多鲜明的特点。未来中国加拿大史研究,拟应加强早期史、政府治理史、法律史、宪政改革史、宗教史、地方史、环境史、社会经济史及人物研究等方面。总之,中国的加拿大历史研究的空间非常广大。只要我们加强精品意识和所谓"问题意识",加拿大史研究必能更加成熟,并为繁荣中国的世界史研究做出更大贡献。

虽然加拿大的历史相对不长,但是其涵盖的内容非常丰富,本文概括的国内研究情况更难免挂一漏万。总之,经过三十年的努力,加拿大史研究在中国世界历史学界虽绝对不是显学,但再也不是无人问津的冷门,而且取得了卓越的成绩。这些成果让我们看到国内加拿大历史研究者的实力以及大多数学者扎实求真的学风。若要继续提升加拿大史研究的学科地位和学术影响,尚需史学家们的共同努力。

加拿大与中国的多元文化:理论与实践、历史与现状

徐炳勋、刘艳春[①]

"多元文化主义"一词可以追溯到 20 世纪 60 年代。多元文化主义政策最早被加拿大采用。本文介绍了加拿大的多元文化主义,阐述了多元文化主义在中国的情况。多元文化教育是以承认文化多元为前提,在认同中外文化差异的基础上,相互学习、平等共处、协作发展的一种教育理念与实践。它既是一个强劲的理论思潮,也是一场深刻的实践变革;它揭示了人们对文化多样性与文化多元选择的认知,它是在世界一体化格局中,对保持各自文化的特性所做出的积极努力的一种结果。维护文化多样性,尊重文化差异,各民族就有权利积极参与社会各方面的活动,而不必放弃自己独特的认同,这是多元文化论倡导的主旨,也是多元文化教育得以产生和发展的理论基点。多元文化科学教育,有利于应对传统文化科学教育的挑战。多元文化主义不仅能帮助少数民族和处境不利的文化群体学习自然科学及其共性的理论、方法和途径,有利于他们各自的文化传统的发展,也能促进科学教育的发展,从而促进他们个体和社会的发展,而且也对主流社会的学生了解少数民族文化,消除他们对少数民族学生的偏见和歧视,正确认识当代科学的本质,产生积极的影响。

---

① 本文作者系徐炳勋、刘艳春。徐炳勋,内蒙古大学教授,曾任内蒙古大学加拿大研究中心主任;刘艳春,内蒙古大学教师。

加拿大和中国都是多民族的国家,两国在长期的历史发展进程中,形成了多元民族多元文化的特点。加拿大是最早实施多元文化政策的国家,它创造性地适应其居民的多种文化背景,建立了自己的教育制度,即各种多元文化的教育计划与祖传语言的教学,积极支持着这种不同的文化背景。加拿大在20世纪70年代就明确承认自己是一个多元文化的社会,奉行多元文化主义政策,并投入了大量资金,用于鼓励保护和发展各民族自己的文化,并强调各种文化都是加拿大文化的一部分。中华民族的多元一体教育源远流长、博大精深,有着无与伦比的历史积淀与文化底蕴。从漫长的封建社会的中华民族多元一体,再到近现代社会的中华民族多元一体,中国特色的多民族社会格局逐渐形成。中华人民共和国成立以后,中国共产党以马克思主义的民族观为指导,落实民族平等政策,在民族区域自治中,发展多元文化教育。在发展现代学校教育中,完善国家一级教育,从而使民族传统教育与现代教育并行发展,构成了有中国特色的多元一体化教育体系。自不待言,中国的多元文化教育与加拿大有着很大的区别。

一、两国文化教育产生的背景不同

加拿大作为一个移民国家,以其独特的多元文化的民族特征著称,其多元文化的历史基础很早就奠定了。从历史上看,印第安人、因纽特人等土著是唯一拥有土生土长文化的加拿大人,他们在加拿大生活发展,已经有几万年了,而土著社会本身就是多元文化和多种语言的社会。土著以外的其他人,都是后来移居加拿大的。1600年前后,来自世界各地的人们移民到加拿大,带来了他们特殊的服饰、饮食口味和传统习惯。从17世纪末到18世纪初,大量英国和法国移民来到加拿大,他们是这片土地上新的开拓者,而最初殖民统治世界和联邦之后的很长一段时间之内,印第安人遭到屠杀、驱逐和隔离,加拿大统治阶层对其推行的是同化政策。第二次世界大战结束后,印第安人的生活状况有所好转,他们得到了选举权和较多的人身自由,但是并没有改变他们处于被统治的地位。加拿大政府在民族政策方面还是继续推行同化政策,而且,提出了同化的途径和理论,但在现实生活中,这些政策和理论未能奏效,并引起了民族冲突和摩擦。印第安人没有被同化,而且保留了他们自己的文化和语言。这种情况逐渐使加拿大领导人明白,同化其他民族几乎是不可能的,而且越推行同化政策,引起的矛盾就越激烈。这一切导致了加拿大政府政策的转变,即从同化转向多元化和多元文化主义。这一政策在加拿大最初只是作为一种理论提出的,而且很快就遭到了当时推行同化政策的人的反对,一直到1971年才被确定下来。最初的多元文化主义主要是指少数民族在文化方面的发展,到1987年,多元文化主义才发展到不仅仅是指文化方面,而且是指所有公民在政治经济和文化上的平等,保护所有民族集团的传统语言和经济利益,崇尚多民族的文化现象。多元文化主义,从最早提出到1971年确定下来,一直到今天仍在不断地得到充实和完善。

中国自古以来就是一个多民族多文化的国家,多元民族多元文化特点是中国在长期历史进程中形成的。中华人民共和国自1949年10月成立以来,就承认自己的56个民族,是这种主体成分构成了中国这个国家。这是当代中国发展的现状,中国的一体化形成多元化,是历史形成的事实。中华民族的形成体现着两个特征,即文化的不断联系和文化与民族的不断融合。一体多元的辩证互动中,"一体"可包括两个方面的意思,即中华文明和中华民族;"多元"也包括两个方面的意思,即多个民族成分和多样性的文化。正是中国这种特殊的文明与文化背景,构成了中国少数民族教育的存在基础。中国是一个具有多元一体格局特征的统一的多民族国家,中国的政策现实在强调各个民族文化多样性特征的同时,更强调一体的认同。因此中国的多元文化教育并不适合完全套用西方多元文化教育的概念,而应走自己的道路,总结国外多元文化教育的实践经验。我国学者提出多元一体化教育的理论构想对于中国民族教育来说,有重要意义。这种多元一体化教育的最大特点就是,既需要认同并尊重各少数民族的特色文化,又要强调各少数民族的特色文化是整个中华民族文化的有机组成部分。56个民族文化所具有的一致性,反映了以汉族为多数、团结其他少数民族的统一国家以及国家发展的需要,因此,从理论上看,这应该是不同民族文化的一种高层次的融合。值得注意的是,多元一体化教育虽然是不同文化的融合,但更多主张的是多元于一体,共同在多元基础上形成具有广泛适应性的一体。这种一体要求互动的各方,相互适应,求同存异,取长补短,相互促进。它并不需要人们放弃本民族的优秀文化,而只需要通过加强多元间的相互沟通,构建一个高度相融的一体。实践证明这种多元文化背景下的多元一体化教育,是最适合中国国情及教育发展状况的。

二、两国文化教育的目的不同

作为当今世界上种族和民族成分较多的国家之一,加拿大的历史就是一部多元文化的形成与发展史,加拿大自称本国的多元文化政策为"沙拉盘"或"马赛克",这表明加拿大允许各民族保持自己的特性,有发展多元文化教育的更大可能性及多元文化教育的主旨。他们把少数民族文化视为本国的民族文化富有特色的组成部分,目的是使各民族文化群体不分种族、性别和社会阶层,都能得到平等的受教育机会,在传播民族平等、消灭种族歧视方面,教育自然要发挥其应有的作用。多元文化教育是加拿大国家时代发展的产物,多样化教育的最终目标是消除种族歧视,促使各民族之间的平等合作,最终实现多元文化社会的繁荣与发展。我国实施的多元一体化模式的多元文化教育,是把少数民族文化纳入国家教育体系中,这种教育体系既能为全国56个民族所认同,又有利于增强整个中华民族的凝聚力,最能体现当今我们这个多民族国家对不同民族学生培养的素质要求。因此,我国民族地区多元文化教育要解决的不仅是民族歧视问题,更要挖掘并保存少数民族传统文化的精华,促进少数民族学生对本民族优秀文化传统的了解,增强其发展本民族地区经济文化的信心和能力。

三、两种多元文化教育的模式不同

不像以同化主义为主导的美国,加拿大实行的是注重多元文化融合的多元文化教育模式,因为尽管加拿大的民族成分比较复杂,但它有两个主体民族——加拿大的英裔和法裔在历史演进中曾企图同化外国移民,让他们进入主体民族文化,而不承认各民族文化之差异。同化的尝试失败之后,又打算实现一体化的文化模式,即在一定程度上承认各民族的文化差别,但对少数民族来说,吸收他们作为移民是目的。一体化政策落空后,他们才在20世纪60年代到70年代提出并实施多元文化教育。加拿大的多元文化教育是全方位的教育,它存在于一切正规与非正规、正式与非正式的教育活动和行为中,而且更趋向一种社会生活化的教育,即实施多元文化教育是一种社会、学校和家庭共同的责任和义务。社会教育层面实施多元文化教育,主要体现在政府的宏观教育政策或计划、社会组织开展的教育活动,乃至社会的多元文化现实环境、历史环境等方面。相比之下,学校的多元文化教育更具有系统性和集中性,学校的多元文化教育包含两个方面,即课堂教学活动中的显性教育和课外环境氛围中的隐性教育。学校通过教学传递并发展多元文化,同时还培养学生多元文化的意识,这种意识是源远流长的力量源泉。在教材的编写上,加拿大编写出了比较全面反映加拿大的种族及其文化和地区差异的教材,在课程中融入了多元内容。在教学方式上,学校通过组织各种各样的活动,教会学生以一种多元文化的视角来看待、分析事件及其形式,帮助学生树立多元文化的价值观,养成尊重、欣赏多元文化的习惯,培养适应和参与多元文化社会的能力。与之同时,学校在课堂以外还注意创建多元文化的氛围,给学生以积极强化的熏陶和影响。除了学校教育之外,家庭也是实施多元文化教育的重要场所,家庭里的多元文化教育主要贯穿于日常生活中,家长们以其多元文化的意识和态度来影响儿童。家庭里的多元文化教育的特点在于其培养性格稳定性,总体而言是一种长期的潜移默化的过程。以中国民族教育的演进历史来看,多元文化教育、融化文化教育的因素是在1949年以后出现的。

到20世纪80年代末,这些因素才开始在民族教育中占主导地位,中华人民共和国成立后,国家从民族的、科学的大众文化出发,主张一切民族的平等自由,坚决反对任何民族歧视和民族压迫,彻底消灭愚民教育,代之以普及文化的人才教育,反对那种点缀的、施舍的、伪装的、模仿的、孤立的民族教育,代之以大众的、科学的、民族的,为少数民族所有、所想、所制的教育,坚持尊重各少数民族的语言文字、宗教信仰、道德风俗习惯、文学艺术历史等文化遗产,发展少数民族教育并努力促成其现代化发展。尤其是近二十年来,国家在多民族地区采取了优先发展、重点扶持原则,并从民族地区各民族自身的特点出发,在文化大讨论的氛围中,形成了中华民族多元一体、中华文化多元共存的共识,使少数民族地区的双语教育、跨文化课程的发展成为主流,从而把民族教育的发展纳入现代化教育的轨道上来。在学校教育中,少数民族中、小学开展的双语双文化教学,推动了少数民族语言文字的发展。我国民族地区的多元文化教育中应该具有的那些少数民族文化精华,也保有了相应的位置。在统一的汉文化教育中,也强调吸收各民族地区的优秀文化,加强了文化间的交流和整合。我国多元文化教育的对象不仅包括少数民族成员,而且也包括汉族成员,少数民族不但要学习本民族优秀的传统文化,也要学习汉文化。我国通过这种多元的文化教育,来发展少数民族的文化教育事业;同时通过国家的一体教育,来确保少数民族享有现代教育的权利,增强中华民族的凝聚力。

四、两国实施多元文化教育的现实意义不同

加拿大是多民族国家,该国实施的全方位的多元文化教育,适应了社会的客观需要,取得了巨大的成效,大大推进了各民族教育的发展,尤其是土著印第安人教育的发展。教育的功能集中体现在学校的各项改革措施上,教育的社会化过程使受教育者不可避免地接受历史和现实社会的状况,从社会政治作用的角度讲,多元文化教育强化了社会中的平等观念,缓和了民族矛盾和尖锐冲突,保证了政权的稳固,促进了社会的稳定与进步。多元文化教育的未来发展,将会促进教育机会的均等和社会的公正,成为少数民族向着主体主流社会迈进的有力工具,故有人称多元文化教育是加拿大的治国之本。

多元文化教育作为一种新型的教育理念,在中国的发展刚刚起步,它对于我们重新审视少数民族文化的地位,真正实现各民族共同繁荣、共同进步,具有极为重要的现实意义。多元文化教育有利于少数民族文化在新的历史条件下发挥积极作用,为我国这个民主国家的教育增添新的内容,为少数民族文化的创新提供条件。在我国少数民族地区,应开展多元文化教育及帮助少数民族成员提高适应现代主流社会的能力,使个人得到最大限度的发展,继承和发扬少数民族的优秀文化遗产,丰富人类知识库,为人类做出应有的贡献。

五、结语

加拿大和中国都是多民族的国家,各种民族和民族的族裔均有着深厚的民族文化底蕴,继承了丰富多样的文化,构成了两个典型的多元文化的社会。多元文化并存并以多元文化教育为主流,是两国民族教育之间的最主要的共性。加拿大和中国都强调文化平等,注重文化的保持和发展,致力于反映民族教育的多样性和民族的平等性,在行政体制与经济支出上,关注多元文化教育,并立法加以保障,大大推进了各民族教育的发展,维护了国家的统一和社会的公正,促进了各民族间的平等与合作。中国在文化共存的模式基础上,实行的是具有中国特色的多元一体化教育,在强调多元教育的同时,旗帜鲜明地提出一体化教育,不仅注重少数民族文化的独特价值与地位,而且考虑到少数民族文化与汉文化之间的联系。

加拿大的多元文化教育已成为以加拿大为首的一些西方国家民族教育的一种理念,它一经形成,便成为一种世界民族教育的发展趋势。尽管中国与加拿大在民族教育的发展上存在着较大的差异,但随着历史的发展与进步,两国民族教育的发展,在多元文化教育的背景下,殊途同归,东西方民族教育的发展正在形成共同的理念。不论世界上哪个国家,实施多元文化教育,都有利于维护国家的统一与稳定,保护并继承各少数民族的优秀传统文化,加强各民族间的文化交流,促进民族大家庭在经济上共同发展、在文化上共同繁荣、在政治上相互尊重。

加拿大英语文学在中国三十年

赵慧珍[①]

加拿大英语文学在中国的情况和改革开放的步伐基本一致,发展至今三十余年。三十年来一言以蔽之,就是从无到有,长足发展,成绩显著,面临挑战。

以改革开放之初为界,20世纪80年代以前加拿大文学在中国基本上处于空白状态。50年代至70年代翻译出版了阿瑟·黑利的几部小说,如《最后的诊断》(1959年)和《航空港》(1968年),主要是配合那个时代的政治背景,因为黑利反映了资本主义社会问题。但黑利也算美国作家,有些作品写的是美国故事。60年代还有萧乾先生译的《里柯克幽默小品选》,那也是作为幽默作品供读者消遣的,并无代表加拿大文学的意思。英美文学自清末民初翻译研究至20世纪80年代,已经历几代学人的努力,许多英美诗人、小说家,即使于"文化大革命"时期,在我国也是家喻户晓的,而同时期的加拿大文学在中国尚是完全陌生的概念。

20世纪80年代初随着一批赴加访学的学者回国,我国才算开始了加拿大文学研究。时任南京大学外文系主任的黄仲文教授开设了加拿大文学选修课程,编写了加拿大文学教材《加拿大文学作品选读》(1986年),后来又编写了我国第一部加拿大英语文学史《加拿大英语文学简史》(1991年)。黄仲文教授不仅是我国加拿大文学学科的开创之人,也是我国加拿大文学翻译和研究的先行者。80年代几篇最早的加拿大文学研究论文就是黄先生撰写的,最早的译著中也有黄先生翻译的里柯克代表作《小镇艳阳录》(1982年)。

20世纪80年代出现的加拿大文学作品译著有蓝仁哲、施咸荣、屠珍等编译的《加拿大短篇小说选》(1985年),蓝仁哲翻译的《里柯克幽默随笔选》(1984年)和麦克伦南的《长夜漫漫》(1987年),马爱农翻译的加拿大成长小

[①] 本文作者系赵慧珍,南京财经大学外国语学院教授,主要从事英、美、加英语文学及女性文学研究。原文刊载于《外国文学动态》2010年第5期,有修改。

说名著《绿山墙的安妮》(1987年)。这些翻译使初创的中国加拿大文学研究走上了比较坚实的发展道路。首先要译介,让国人认识、了解加拿大文学,这是不证自明的道理,也是任何一国文学向外传播的第一步。

1984年是转折的一年,加拿大文学正式步入发展阶段,有两个代表:一是《诗刊》发表了6位加拿大现代诗人的诗作;《世界文学》创办了《枫叶》专栏,专门发表加拿大诗歌和短篇小说。二是中国加拿大研究会成立,由时任四川外语学院院长的蓝仁哲教授出任首任会长。1988年和1989年,由蓝仁哲主持,《世界文学》推出了两辑加拿大文学专辑,其中一辑集中介绍了加拿大现代都市小说家卡拉汉的作品。1990年,蓝仁哲又主编了我国最早的加拿大语言文学论文集,作者都是我国英语文学界的知名学者,如冯亦代、李文俊、黄仲文、蓝仁哲、郭继德、何自然、张隆溪等。

20世纪90年代开始,加拿大文学研究在我国迅速发展,表现在以下四个方面:第一,出现了更多的加拿大文学史专著;第二,出现了更多加拿大文学作品的译本;第三,研究加拿大文学的学术论文数量增多,质量提高;第四,出现了加拿大文学主题的学位论文。

以加拿大文学史为主的专著有郭继德的《加拿大文学简史》(1992年)和《加拿大英语戏剧史》(1999年),这两部书有加拿大文学"双史"之称。吴持哲主持翻译了加拿大当代文学史名家威廉·纽的《加拿大文学史》(1994年),让我们见识了不同于传统编年史的文学史新写法。90年代还有其他几部专著问世,蓝仁哲主编的《加拿大百科全书》(1998年)和王宁等翻译的几部弗莱的理论专著,为加拿大文学研究增添了多样化的新内容。杨俊峰的《二十世纪加拿大英语作家及作品研究》(1994年)也是一部翔实深入的加拿大文学史专著,特别是最后一章,总结了加拿大小说的演进历史,让我国读者看到了加拿大文学的发展轨迹。

加拿大文学作品的翻译数量日渐增多,其中有早期名著,也有当代名家,从中可以了解加拿大文学的基本面貌。继蓝仁哲等加拿大文学的先行翻译家之后,90年代,开始翻译加拿大文学的学者更多了。冯建文和赵慧珍主要翻译加拿大早期文学,分别翻译出版了《加拿大联邦诗人诗选》(1996年)、苏珊娜·穆迪的《丛林中的艰苦岁月》(1997年)、《加拿大女作家短篇小说选》(1994年),两人又以"逢珍"为笔名合作翻译出版了加拿大印第安女诗人波琳·约翰逊的诗全集《燧石和羽毛》(2002年)以及布鲁克夫人所著、素有北美

第一部长篇小说之称的《艾米莉·蒙塔古往事录》(2006年)。赵伐则集中翻译加拿大当代名家,如鲁迪·威伯的《大熊的诱惑》(2001年)、盖伊·范德海格的《英国人的仆童》(1998年)和《走下坡路的男人》(2008年)等。当代名家迈克尔·翁达杰的名著《英国病人》也于1997年由章欣、庆信翻译出版。

随着加拿大文学在我国更多译介,加拿大当代文学的重点作家逐渐受到集中的关注。加拿大文坛领袖玛格丽特·阿特伍德在我国异军突起,形成强劲的热潮。20世纪90年代末就已经出现了阿特伍德的长篇小说译本,有梅江海翻译的《别名格雷斯》(1998年)和刘凯芳翻译的《可以吃的女人》(1999年)。进入21世纪后,阿特伍德成为我国加拿大文学翻译和研究的中心,她的多数长篇小说都有了中译本,如蒋丽珠翻译的《浮现》(1999年)、陈小慰翻译的《使女的故事》(2001年)、杨昊成翻译的《猫眼》(2002年)、韩忠华翻译的《盲刺客》(2003年)、韦清琦和袁霞翻译的《羚羊与秧鸡》(2004年)等,阿特伍德的十余部长篇小说多半已为我国读者所知。与此同时,学术期刊上研究阿特伍德的论文时有刊登,加拿大文学主题的硕士论文近一半都是研究阿特伍德的,研究阿特伍德的学术专著——傅俊的《玛格丽特·阿特伍德研究》(2003年)也适时而生。阿特伍德受到集中的关注是和她在世界文学中的地位相一致的,她不但是当代加拿大文学的一面旗帜,也是当今世界文坛三位元老级女作家之一(另外两位是英国的莱辛和美国的欧茨)。我国选择她为译介加拿大文学的主要对象,既是我国加拿大文学研究的历史必然,也是我国加拿大文学研究走向成熟和自觉的表现。

加拿大文学研究的学术论文最早出现在1981年第10期的《外国文学》上,此后又零星有一些论文,数量很少。20世纪90年代开始论文数量大增,十年间发表在学术期刊上的加拿大文学研究论文达到50余篇,比80年代增长了4倍。21世纪以来增长更为迅猛,又一个十年间加拿大文学研究的期刊论文接近200篇,比前十年增长3倍。我国外国文学研究的代表性期刊《外国文学评论》《外国文学研究》《外国文学》《当代外国文学》等也从90年代开始刊登加拿大文学的研究论文,其中《外国文学评论》2篇,《外国文学研究》6篇,《外国文学》6篇,《当代外国文学》15篇。这些重要期刊论文代表了我国加拿大文学研究的新阶段,尽管数量仍然很少,却在某种程度上代表着我国加拿大文学研究的高水平成果。

20世纪90年代开始,随着一些高校逐渐开设加拿大文学的课程,招收加拿大文学方向的硕士研究生,研究加拿大文学的硕士学位论文开始在我国加拿大文学的研究中占据重要位置。据不完全统计,加拿大文学主题的硕士学位论文有百余篇,以小说研究居多,其中又以研究阿特伍德为最多,研究玛格丽特·劳伦斯次之,其他作家和流派的研究不多,涉及诗歌和戏剧的就寥寥无几了。

20世纪90年代我国加拿大文学研究的发展势头延伸到21世纪,在保持持续发展的同时,又出现了四个新的特点。这四个新特点是:第一,出现了加拿大文学主题的博士学位论文;第二,出现了加拿大文学的专题研究专著;第三,出现了国家社科基金立项资助的加拿大文学研究课题;第四,加拿大文学作品的翻译呈现多样化的格局。

已经完成并取得博士学位的研究加拿大文学的论文有两篇,一篇是吉林大学潘守文博士的《民族身份的建构与解构——阿特伍德后殖民文化思想研究》(2007年),另一篇是北京大学丁林棚博士的《加拿大地域主义文学研究》(2008年)。两篇这个数字和三十年来一百多篇加拿大其他学科的博士学位论文相比实在太少,更不能和诸多英美文学博士学位论文相比。但它的意义非同寻常,它标志着加拿大文学在我国有了最高学术层次的研究,这是加拿大文学在中国三十年来一个里程碑式的发展。

最早的加拿大文学主题专著是傅俊的《玛格丽特·阿特伍德研究》,它是我国阿特伍德研究的一次学术总结。另一部主题专著是赵慧珍的《加拿大英语女作家研究》(2006年)。无独有偶,两部最早的加拿大文学专著都集中在加拿大女作家的研究上,这也反映了加拿大文学的一个突出特点,即加拿大文学的半壁江山真正是由女作家撑起的。从早期到当代,女作家一直是加拿大文学的主力军,各时期都有代表时代潮流的女作家,也有开宗立派的女作家。20世纪60年代加拿大文学进入繁荣期,标志性的作家也是三位女性,即劳伦斯、门罗、阿特伍德,她们被称为小说三大家。阿特伍德更是加拿大当代文学女王,也是现今世界英语文学中受到关注和研究较多的作家之一。

主题专著的出现,是加拿大文学在中国研究深入的表现。2006年后主题专著增多,在潘守文和丁林棚的博士论文分别于2007年和2008年以主题专著的形式出版后,又有逢珍的《加拿大英语诗歌概论》(2008年)和蓝仁哲的《加拿大文化论》(2008年)问世。与此同时,新的加拿大文学史专著又现高潮。朱徽的《加拿大英语文学简史》(2005年)之后,又有三部新的加拿大文学史出版,分别是耿力平等翻译的加拿大著名文学史家基思的《加拿大英语文学史》(2009年),傅俊、严志军、严又萍的《加拿大文学简史》(2010年),逢珍的《加拿大英语文学发展史》(2010年)。其中傅俊、严志军、严又萍的《加拿大文学简史》首次将加拿大英语文学和加拿大法语文学共置一书讨论,是真正完整的加拿大国别文学。

自国家社科基金设立以来至2009年,外国文学获准立项资助的课题共有271项,其中加拿大文学的课题有两项,分别是傅俊主持的"玛格丽特·阿特伍德作品研究"(1999年)和冯建文主持的"加拿大英语文学发生与发展研究"(2004年)。国家社科基金对加拿大文学课题立项资助,说明国家开始对加拿大文学研究给予重视。尽管获准立项的课题太少,占外国文学立项总数的比例不到百分之一,但毕竟实现了从无到有的突破,对今后我国加拿大文学的研究有很大的推动意义。

加拿大文学作品的翻译三十年来一直发展不错,进入21世纪后呈现出多样化的新格局。除了不断推出阿特伍德的作品外,其他加拿大小说家也逐渐为国人所知。玛格丽特·劳伦斯的草原小说名著马纳瓦卡系列翻译出版了两部,分别是秦明利翻译的《石头天使》(2002年)和邱艺鸿翻译的《占卜者》(2004年)。卡罗尔·希尔兹的小说翻译出版了三部,分别是逢珍翻译的《分居时期》(2000年)、刘新民翻译的《斯通家史札记》(2001年)和孙骊、裘因翻译的《偶然事件》(2002年)。继《英国病人》后又翻译出版了三部迈克尔·翁达杰的小说,分别是侯萍等翻译的《经过斯洛特/世代相传》(两部合为一书,2000年),还有姚媛翻译的《身着狮皮》(2003年)。伦纳德·科恩的代表作《大大方方的输家》也由蓝仁哲和唐伟胜于2003年翻译出版。

加拿大儿童文学是加拿大文学的长项之一,但21世纪以前在我国译介的只有《绿山墙的安妮》一部。进入21世纪后加拿大儿童文学多了起来,也有出版社连续推出几部的情形。如湖南少年儿童出版社推出了三部,分别是王小平翻译的特雷尔夫人的《加拿大的鲁滨逊》(2008年)、史菊鸿翻译的罗伯茨的《荒野里的呼唤》(2009年)、逢珍翻译的桑德斯的《美丽的乔》(2009年)。浙江文艺出版社于2002年至2003年连续推出蒙哥马利七部安妮系列中的三部,其中包括马爱农译的《绿山墙的安妮》,又于2005年推出蒙哥马利的艾米莉三部曲。加拿大动物故事还出了一些译本,重要的有蒲隆、祁和平翻译的《西顿野生动物故事集》(2008年)、胡慧峰翻译的加拿大当代童话名家肯尼思·奥培尔的《银翅蝠》(2005年)。值得注意的是《绿山墙的安妮》这部加拿大成长小说名著,自1987年出版了第一个汉语译本后,一段时期内没有形成很大影响。进入21世纪后中国突然掀起了安妮热,从2000年到2010年,共出版《绿山墙的安妮》各种中国版本近30种,其中英文版本6种,普通汉译本11种,导读中译本2种,插图中译本10种。仅2009年一年出版的《绿山墙的安妮》各种版本就多达10种。

加拿大英语文学在中国,从无到有,从小到大,成绩是明显而又巨大的,但存在的问题也不少,而且有些问题不但没有得到改善,反而有每况愈下之感。大致说来存在三方面的问题,对我国加拿大文学的研究有制约性的影响。

第一,三十年来,加拿大文学研究的学科地位仍然没有稳固确立,表现在国家研究机构中,如社会科学院,没有加拿大文学研究的常设机构。大学里有一些受加拿大政府资助的加拿大研究中心,但其中只有个别近年来成为学校办的有行政级别的正式机构,其余都是处于边缘地带的可有可无的民间组织。

第二,我国的加拿大研究和各地的加拿大研究中心一样,一直受到加拿大政府的资助,成绩的取得与外来资助的力度很有关系。一旦外援有了变化,加拿大研究本身就会大受影响。2006年以来,研究加拿大文学的期刊论文数量下降,硕士学位论文数量急剧下降,高校开设的加拿大研究相关课程急剧减少,从事加拿大文学研究的青年学者纷纷转攻英美文学或跨学科研究,这都与加拿大近年来加强对经济、社会、民主、法制、管理、环境等方面支持,缩减对文学研究的资助很有关系。

第三,加拿大文学本身是传承英国文学和美国文学发展起来的,所以肯定是排在英美文学之后的。在英国、美国,加拿大文学都是独立的研究方向,尽管仍然排在英美文学之后,但研究的力度和重视的程度与英美文学差距不是太大。在我国,这个差距就太大了。加拿大文学的研究队伍基本上是游击战士,随时都有可能转移阵地。老一代的加拿大文学研究学者原是英美文学的研究名家,中年一代也多是同时研究英美加文学,年轻学者更是打一枪换一个地方,加拿大文学研究队伍深有青黄不接之虑。

不过,现有的问题是发展过程中的问题,也是具有挑战性的问题。比如加拿大文学研究少了外援,一时间是会受到一定影响,但未尝不蕴含着积极的因素。它可以激发研究者更为独立自主的学术精神,通过一段时间的努力,适应没有外援的环境,这将会极大地提高加拿大文学研究的实力和竞争力。学科本身的实力任何时候都是关键所在,实力增强了,学科的地位和队伍问题也都有迎刃而解的可能性。三十年来发展比较稳定的方面,比如加拿大文学作品的译介,今后仍会是发展局面,而且会更加丰富多样,让国人更加全面深入地了解加拿大文学。继续推动更多的加拿大文学作品翻译出版,进一步提高加拿大文学的研究质量和水平,以学术实力确立加拿大文学的学科地位,这应该是我们今后努力的方向。

多元文化主义和土著人自治

阮西湖[①]

加拿大是一个多民族国家,也是一个多元文化国家。加拿大建国125年以来,无论是土著民族(包括印第安人、因纽特人和梅蒂斯人),还是欧洲移民(如法兰西人、英格兰人、日耳曼人、意大利人、乌克兰人等)以及亚洲移民(如华人、日本人、印度人等),都对加拿大国家建设做出了重大贡献。这说明各个民族都有特点,都有能力,大家的力量合在一起,就能建设一个美好国家。但是,这一正确观点到第二次世界大战以后才得到普遍接受。在这之前的殖民时期和联邦之后的300年左右,加拿大推行的是民族同化政策,其指导思想是民族自我中心主义。第二次世界大战以后,加拿大的民族政策经历了两次大的转折,现简要分析如下:

一、从同化主义向多元文化主义的转变(1971年起始)

造成这次大转变有国际因素和国内因素。首先是国际因素。第二次世界大战以后,亚、非各殖民地先后独立,建立了自己的国家。民族主义情绪高涨,波及世界各国。《联合国宪章》第一条第三款规定:"促进国际合作,以解决国际属于经济、社会、文化及人类福利性质之国际问题。且不分种族、性别、语言或宗教,增进并激励对全体人类之人权及基本自由之尊重。"民族解放的思潮和《联合国宪章》的精神鼓舞了全世界人民,也包括北美人民。美国的民权运动以及美国在肯尼迪总统和约翰逊总统执政期间少数民族处境的改善和黑人民权运动的胜利,对加拿大政府和少数民族产生了积极的影响。其次是国内因素。土著民族在加拿大生活、繁衍已有几万年。来自世界其他

[①] 本文作者系阮西湖,中国社会科学院民族学与人类学研究所研究员,曾任中国加拿大研究会第二任会长,中国世界民族学会名誉会长。

洲的移民,有的在这里生活了300多年,有的生活了200多年,但大部分居民在加拿大的历史都在100年以上了。为什么这些民族没有被同化,而是保留了自己的文化和语言？这种情况使加拿大领导人明白,同化其他民族几乎是不可能的,越推行同化政策,居民就越反抗。魁北克在20世纪60年代为了维护其文化而进行了"平静的革命"。这一切导致了加拿大民族政策的第一个转变,即从同化转向多元。这一转变稳定了加拿大的社会,保持了国家的统一。多元文化政策是针对全加拿大的,但是,最欢迎这一政策的是少数民族,即有色民族。他们的文化、语言得到了保护,在就业方面也有了平等的机会。

多元文化主义政策尽管有待于进一步完善,但得到了大多数居民的拥护,安定了社会,改变了加拿大的形象。人们看到了加拿大在民族政策方面不同于美国,加拿大人在多元文化主义政策下过平等生活,因为这一政策保护了少数民族的文化、语言和风俗习惯,保障了他们的工作权利。这是加拿大民族政策的第一个转折点。

二、加拿大《印第安人法》与印第安人的社会政治地位

英国殖民者对加拿大印第安人的统治始于加拿大《印第安人法》(1876年)之前一百多年,也就是在1755年4月15日,威廉·约翰逊爵士被任命为印第安人事务和北方发展部总监后。该法自颁布起就一直主宰着加拿大印第安人的一切事务。加拿大《印第安人法》共122条,分释义、行政管理、印第安人的定义和登记注册、保留地、财产的继承等。

这部法案迄今已经一百多年了,虽几经修订,但本质上没有改变。这就是印第安人对这部法案不满的原因。

印第安人要求修改加拿大《印第安人法》的理由如下：

第一,村落社使印第安人失去了传统的社会组织。

欧洲人进入现今的加拿大以后,他们遇到的不是空旷无人的地区,而是有酋长、有居民、有组织以及生产日益发展的社会,这种社会在全世界所有地区都存在。加拿大当时有40多个部落,其中最著名的有易洛魁部落,他们的政治体制曾经对美国政治产生过影响。

但是,加拿大《印第安人法》废除了印第安人早期所有的社会组织、政策体制,代之以人为的村落社(band)组织。尽管村落社在游动的印第安人部落中曾经存在过,但当时只是在部落组织即部落酋长之下才有村落社。加拿大《印第安人法》人为地以村落社为所有印第安人的唯一社会政治组织,这一规定打乱了印第安人社会发展的本身规律,制约了印第安人社会前进。多个村落社(1987年为599个)政府丝毫不能代表印第安人各民族集团(ethnic groups),因为这些村落社已成为印第安人事务和北方发展部的下属机构。所有村落社除了地区性外,再也没有民族性了。村落社的人口很少(最少的村落社只有2人)。人数在1 000人以内的村落社有547个,人数在1 000—5 000人之间的村落社有49个,人数在5 000人以上的村落社有3个,共599个村落社。村落社的平均人数为452人。在599个村落社中,有135个村落社位于边远地区或孤立、隔绝的地区。按照加拿大《印第安人法》,村落社只有由印第安人事务部授予的行政权,实际上是印第安人事务和北方发展部下属的行政单位。这些单位使印第安人失去了传统的社会组织,也影响了民族传统与文化的保留,因为在村落社体制下,印第安人的语言同化现象十分严重。

第二,归还历史上属于印第安人的土地。

目前印第安人有2 301个保留地,面积2.65万平方公里。按1986年人口计算,与加拿大人均土地相比,印第安人平均拥有土地要少得多。这也是印第安人的不满之处,但问题的症结在于欧洲人到来之前,印第安人生活、繁衍在现今的加拿大已有几万年了,每个部落都拥有大片土地,这些土地为他们提供活动场地和生活资源。欧洲人来了以后,他们失去了传统的狩猎场地,换来的是根据加拿大《印第安人法》分给他们的一小片一小片保留地。正如该法所规定的:"保留地是由女王持有的划给各个村落社享用和受惠的土地,而且依照本法和任何条约或转让条款规定,议事会监督可以决定保留地内土地的使用或行将使用的目的是否合乎该村落社对之使用和受惠的要求。"

"除非经由部长批准由村落社议事会将土地分配给他,否则任何印第安人都不能合法地拥有保留地上的土地。"这种不合理的规定是不会得到印第安人的同意的,于是他们不断地提出土地要求。这里还有一件事要说明:不是所有印第安人都与殖民地当局或加拿大政府签有条约。不列颠哥伦比亚省的印第安人几乎没有签订条约,只是在温哥华岛有14个印第安人组织和不列颠哥伦比亚东北部有1个印第安人组织签订条约。因纽特人也没有和殖民当局签约。由此可见,对于那些居住在育空地区和西北地区的没有签约的印第安人、因纽特人来说,他们提出要求是完全正当的。即使签了条约,提出土地要求也是可以理解的。按照印第安人的观点,"土地是印第安人的"。他们认为:"条约协议,对我们来说,是一个和平协议,也是在和平中共同使用土地的协议。""我们从来没有放弃土地或矿产权。"

当然,土地要求要有一个范围,即指印第安人传统使用的土地,如狩猎场所、捕鱼区,对于这样的土地印第安人可以提出土地要求,但对土地的位置、内容、边界要叙述清楚。所以土地问题包含两个方面:其一,归还历史上属于他们的土地;其二,印第安人对村落社土地的使用应有更多的权利。目前对保留地的土地管得太多了,如"部长可授权巡视保留地并根据他的巡视结果制订计划和报告""部长可把整片保留地或保留地的一部分划分为多块或其他性质的小块保留地""不再有资格在保留地定居的印第安人可按部长指示在6个月或更长一些时间内将其在保留地内合法拥有的土地转让给村落社或其他成员"。可见,在加拿大《印第安人法》控制下的印第安人对土地的权利极少,因为土地的规划权也由部长控制。

第三,加拿大《印第安人法》与土著人的社会政治地位。

印第安人是加拿大的"第一民族",但他们现在的社会经济条件太差,政治地位也不如英裔和法裔居民。例如,1986年,25岁以上的印第安男人的失业率为28%,女人为23.1%;在保留地,约有1/5的住宅由两户或两户以上的家庭共住;印第安人的收入是全国平均收入的一半或2/3;印第安人的暴力死亡率是全国的3倍。在联邦议会、联邦政府没有印第安人担任重要职务。印第安人在社会上地位也很低。印第安人的地位与他们对加拿大国家建设的贡献是不相符的,这就是为什么印第安人与联邦政府存在矛盾。值得高兴的是,从20世纪80年代起联邦议会、联邦政府着手改善土著人的政治地位,同意印第安人自治,承认印第安人的独特社会。他们在社会上与英裔、法裔居民的地位一样,因为土著人对加拿大的贡献是众所周知的,没有印第安人的土地,就不会有加拿大。

三、结论:土著人自治是加拿大民族政策的第二个转折点

土著人在加拿大的历史可以追溯到25 000年以前,而白人进入加拿大最早也只有400多年。因此,印第安人认为自己是"第一民族",这是符合历史事实的,就像英裔加拿大人和法裔加拿大人认为自己是加拿大的建国民族一样,都是符合历史事实的,目前,在加拿大政府的某些文献中,已经出现了"第一民族"的术语,它说明加拿大政府对印第安人的态度向现实前进了一步。印第安人操着不同的语言(58种),有着不同的文化,在体质特征方面,他们有共同的特点:黄皮肤、黑头发,但不同地区也存在着区别,如个子高矮就不完

全一样。印第安人认为他们分属于不同民族,加拿大人类学家也认为印第安人分属于不同民族,可是加拿大《印第安人法》认为所有印第安人都一样,并称他们为"印第安人"。这种情况多少也影响到对印第安人的民族划分,在加拿大的人类学著作中,如在迪·詹内斯所著的《加拿大印第安人》一书中,也只有部落名称,而没有民族名称。

最近有人提出的"第一民族"不但具有历史意义,而且具有政治意义。应该说明的是,"第一民族"是统一称呼,不是指一个民族,而是指几百个民族。"第一民族"是指村落社的印第安人,每一处村落社就是一个"第一民族",599个村落社就有 599 个"第一民族"。最近有的材料说明村落社已增至 601 个,那么就有 601 个"第一民族"了。这就是说,在理解"第一民族"这一术语时应考虑到它的政治含义。

此外,"第一民族"的另一个含义,也是最重要的含义,是指最早居住在加拿大的印第安人,而现今的加拿大版图主要是早先印第安人活动的地方。所以,英裔人、法裔人和印第安人为加拿大立国做出了同样的贡献。这一点是不能否认的。至于因纽特人,他们为什么不是"第一民族"呢？笔者认为因纽特人居住的地方也很大,但联邦初建时期的版图大部分是印第安人的活动场所,因纽特人的作用没有印第安人大,所以目前"第一民族"仅限于印第安人,但土著民族的称号包括因纽特人,加拿大《印第安人法》也包括因纽特人。

在探讨土著民族自治时,首先要明确的是,不是加拿大联邦政府给印第安人以自治,因为在加拿大《印第安人法》中找不到"自治(self-government)"一词。由此可以证明,在 20 世纪 80 年代前,政府考虑的是村落社政府,而不是自治政府。重要区别只是村落社政府的权限是印第安人事务部授予的,而不是印第安人所固有的。

基于上述分析,土著人自治乃是加拿大民族政策的第二个转折点。1980年以前,各省均有立法机关,可以制定法律,但印第安人没有,这是不公平的。魁北克人强调他们的社会是独特社会,那么印第安人、因纽特人的社会就不是独特社会吗？因此,印第安人也应该有权根据其独特社会的特点制定自己的法规。

根据 1992 年笔者在加拿大的考察,印第安人的独特社会也开始被认识了,政府承认其独特社会并放弃了同化政策。而在这之前,政府对印第安人的政策是一贯的,即实行同化政策。这是欧洲民族自我中心主义移植到加拿大的结果。官员们带着民族自我中心主义的偏见，总认为自己的文化高雅，其他民族的文化低下。特别是对土著民族，总认为他们应该抛弃固有的传统文化，接受先进文化。

世界上所有的文化都有其特点，有其值得其他民族学习之处。印第安人的图腾艺术、因纽特人的冰屋，以及他们在极端恶劣的环境下生存下来的能力，这些都应该受到其他民族的钦佩。1971年的多元文化主义政策是一项非常开明的政策，它承认所有文化平等。20世纪80年代起加拿大又着手进行土著民族自治，这些都是应该受到肯定的。

目前已经建立的自治政府有两个，一是克里纳斯卡皮，另一个是塞切尔村落社。还有一个大自治单位已完成协议，计划在20世纪末建立。第二次世界大战以来，特别是20世纪70年代以来，加拿大的民族政策取得了很大进步。首先是20世纪70年代的多元文化主义政策，这一政策不但改善了国内的民族关系，而且稳定了社会，巩固了国家的统一。其次是土著民族走向自治。这项政策的意义并不亚于第一项政策。虽然，土著人口并不多，但居住面积大（主要是北方地区），解决好土著人的自治问题，对北方领土的开发和利用是很重要的，甚至对巩固北方也是很重要的。

因此，笔者认为加拿大近30年的民族政策是开明的，具有一定的国际意义。

对加拿大因纽特人社会前途的思考

李鹏飞[①]

因纽特人，旧称爱斯基摩人，人口总数不多（据我国学者阮西湖教授所著《加拿大民族志》，世界因纽特人总数约10万人），居住在广袤的极北地区。因纽特人属于蒙古人种北极型，使用因纽特语，信奉萨满教，相信万物有灵。对因纽特人的起源问题，虽众说纷纭，但多数学者认为，其祖先居住在亚洲中北部中，大约在四五千年之前从亚洲北部地区经白令海峡进入阿拉斯加，然后逐渐东移，达到今天的加拿大北部，直至格陵兰岛。本文所讨论的加拿大因纽特人，据我国1998年出版的《加拿大百科全书》，其总数为两万多人，分布在

---

① 本文作者系李鹏飞，北京理工大学教授，中国加拿大研究会理事会顾问。

加拿大马更些河三角洲、西北海岸地区、哈得孙湾和拉布拉多地区等。这些海岛和滨海地区拥有丰富的海洋资源和海洋生物，这些条件使因纽特人千万年来一直过着奇特的渔猎生活。他们住雪屋和帐篷，历来没有部落组织，只有几个家庭组成的狩猎小组。通过与加拿大其他民族尤其是欧洲移民的接触，他们的社会生活发生了重大的变化。自从1971年加拿大开始实行开明的多元文化政策以来，因纽特人备受政府关照，加上自己的努力，已初步从贫困的生活中逐渐解脱了出来，成了加拿大多民族大家庭中的一个积极成员。近年来更由于教育的发展、广播电视等现代传媒的普及，以及当地人参与国家的社会生活，纽特人尤其是青年因纽特人，惊奇地发现他们的生活方式与其他民族的巨大差距。笔者在详细地考察了由于现代文明的撞击因纽特人社会在物质生活和文化心理方面产生的诸多变化之后，从社会发展的规律、因纽特人与南方加拿大人的现实关系、他们所拥有的得天独厚的资源和传统文化优势等方面进行了具体分析，说明了这些变化所带来的影响，总的来说是积极的，但为了保护和发展自己的独特的民族文化，因纽特人也确实面临着一场严峻的挑战。笔者在本文提出了一系列设想，愿与学界同仁共同探讨如何利用现代文明提供的优势，因势利导发扬光大因纽特文化的新思路。

一、现代文明的曙光与刚刚走出孤独状态的因纽特人

在90%以上人口有宗教信仰的加拿大，以多元文化为其国策也许是受到耶稣基督精神的感召结果吧，尽管联邦当局与因纽特人之间不无利益的冲突，但确实对因纽特人摆脱贫困和孤独状态做了不少有益的事情。

早在1769年，摩拉维亚基督教兄弟联合会就在曼因(Nain)社区建立了第一座教堂。传教士们帮助当地因纽特人创造了一套以音节文字为基础、用罗马字母拼写的因纽特文字，教会他们如何读书写字、演唱歌曲和咏唱圣诗，教会他们如何从事易货贸易。

然而，由于拉布拉多因纽特人分布在东北海岸，他们与魁北克和西北地区的因纽特人几乎完全隔断，甚至似乎被完全遗忘掉了。这种情况直到1926年(由于第一次世界大战中鳕鱼和皮毛工业市场瘫痪，摩拉维亚人在因纽特人中的影响发生了重大变化)才有所改变。自那时以后，哈得孙海湾公司接受了拉布拉多因纽特人的产品，古斯贝(Goose Bay)空军基地建立，渔业、矿业兴起对拉布拉多因纽特人的生活产生了巨大影响，其结果是不少因纽特人成了依靠工资过活者，尽管其渔业和游牧业依然占据重要地位。

在现代文明的曙光照耀下,托嘎苏克(Torngasuk)文化学院在拉布拉多建立,其规模虽小,但作用重大,对保存和发扬因纽特语言文化和当地教育事业起着积极影响。该学院于1988年举办了第一届拉布拉多因纽特音乐节,建立了一支铜管乐队。1986年举办了第一届因纽特人首领会议,来自欢乐谷(Happy Valley)、古斯贝、里戈莱特(Rigolet)、波斯特维尔(Postville)、霍普代尔(Hopedale)和曼因的首领们参加了这次为期五天的会议,一致倡议托嘎苏克文化学院制定自己的发展规划,他们讨论了因纽特语在拉布拉多应当享有的地位,并指出拉布拉多各个学院应把因纽特语教学列为正式课程,还要把生活技能列入学校正式课程。近年来,托嘎苏克文化学院还开设了因纽特语英语翻译课及许多培训班,并在曼因渔业中心开设了因纽特语沉浸课程,看来确实雄心勃勃、有声有色。

为了维护自己的民族利益,拉布拉多因纽特人协会在拉布拉多建立,其主要任务之一就是起草一份与联邦政府进行谈判的土地所有权声明。1977年协会完成了一项为期两年的研究项目,证明拉布拉多因纽特人自古以来就使用着拉布拉多的土地、海洋和冰雪,这项研究以"我们的足迹遍布拉布拉多"的标题公布于世。这个声明于1978年才被联邦政府正式接受。其实,纽芬兰和拉布拉多政府之前拒不接受这一声明,但1980年之后改变态度,声言准备坐下来谈判,然而时至今日谈判仍未落地。

另一个对拉布拉多因纽特人影响重大的协议就是加拿大福利保健部门与纽芬兰省政府签订的土著人卫生保健协定。该协定是由格伦费尔(Grenfell)地区保健服务站主持制定的,规定给因纽特人提供加拿大其他所有土著人均能享有的免费医疗权,这个医疗基金提供协定本来是为维持北方沿海社区、古斯贝莫维尔(Mcrville)医院和纽芬兰岛上的圣安东柯梯斯纪念医院的行政开支而设立的。

为帮助因纽特人必要时进行法律诉讼,拉布拉多因纽特人咨询中心于1976年成立。该中心旨在协助土著人克服诉讼时发生的语言文化障碍。因为很多因纽特人不明白律师是干什么的,也不知道法庭受审时要请律师为自己辩护。该咨询中心在各地都设有自己的工作人员,他们为当地土著人提供咨询,帮助他们聘请律师,为他们出庭当翻译,为那些受审入狱的人解释法律制度,对本社区的犯罪案件进行案例分析,以减少犯罪活动。拉布拉多因纽特人协会的这些活动对土著居民参与现代文明的大潮流并逐步走上民族自治道路十分有益。

二、文化传播媒介对因纽特传统文化的冲击及因纽特人的担忧

因纽特人作为一个在全世界人口只有十万左右的民族,多少世纪以来一直住在气候严寒的极北地区,孕育出了自己独特的游猎文化。近两个世纪,尤其是20世纪后半叶以来,由于教会的影响、传教士的语言传播和现代交通通行手段的发展,因纽特人也在不断向现代文明的主流靠拢,他们的生活条件也有很大改进。20世纪二三十年代,他们才刚刚可以通过高频电波与南方发生联系,直到20世纪60年代,北方才有了为普通因纽特人所用的无线电广播,所以在这之前,大众媒体对因纽特人的文化冲击是相当缓慢的。1972年,由于发射了艾尼克A卫星,北方土著居民同样能够使用电话和收看加拿大广播公司的电视节目。现在北方90%的因纽特人家庭都有了自己的电视接收机。因纽特人平均每日收看3小时至4小时的电视节目。与中老年相比不同的是,15岁至24岁的因纽特人87%能够听懂电视里播放的英语节目。年轻人更爱看他们喜欢的流行音乐、扭摆舞、摇滚乐以及有吸引力的肥皂剧或系列片。电视节目的影响使因纽特年轻人分不清楚什么是加拿大南方的传统,什么是自己民族的传统。年轻人的行为表现可被视作南、北两种文化的混合物。10岁到20岁的年轻人崇拜的偶像是经常出现在电视节目中的形象。他们最时髦的打扮是牛仔裤、运动衫、黑色皮夹克、长筒靴,但他们也欣赏"真正的因纽特人形象",目光炯炯有神,狩猎枪法高超,在伙伴中说话算数。也有年轻人模仿电视节目中的人物行为举止,在做游戏时把自己装扮成电视里的人物,甚至模仿电视节目中的暴力行为。对电视的过分依赖,确实在某种程度上破坏了多少世纪以来形成的因纽特传统文化,同时又强化了南方白人文化观念的空间传播影响力。鉴于这种情况,因纽特广播公司(IBC)经理罗斯玛丽·库普达诺(Rosemarie Kuptana)在一次谈话中就颇感犹豫地说:当我们想到我们的儿童长到18岁时要看30 000小时的电视,"我们就为我们的前途担忧。因为因纽特人的社会是与众不同的。加拿大南部的居民也在为美国电视节目垄断电视节目担心,而人数很少的因纽特人所面临的挑战比起他们来说更加严峻了"。

这些挑战,对因纽特人来说又成了一种担忧,主要存在于五个方面:第一,对美国电视渲染暴力和色情不安;第二,对电视节目宣扬个人至上,鼓励人们为谋取暴利贪得无厌不安;第三,对南方社会轻视家庭及长辈的传统教育不安;第四,对英语节目过多以致因纽特儿童连说写自己民族语言的能力都将丧失感到不安;第五,对通过电视传媒加强中央集权权威的对北方的经济、文化控制感到不安。

面对这些忧虑,一些有远见卓识的因纽特人开始接触新技术,以便自己制作电视节目,传播自己的民族文化信息,以此来支持和加强传统文化的价值观念和生活方式。1978年,他们开始用艾尼克B卫星直播自己的电视试验节目。这一试验的成功使联邦政府相信继续支持因纽特广播电视事业是正确的。于是1980年因纽特广播公司成立,通过协议,加拿大广播公司同意每天中断一个小时对北部的电视节目的播放,以便为因纽特广播公司的节目让路。因纽特广播公司陆续推出文化、时事、卫生、保健以及因纽特语的娱乐和儿童节目,到目前为止,每周有85%的因纽特人收看该公司的节目。为了增加自己节目的吸引力和多样性,因纽特广播公司致力于传统文化与现代文化的融合,使其保持合理的平衡,如在音乐广播方面,既有传统的民族歌曲,也有满足年轻人需要的现代乐曲,而不是消极地为自己的传统制作一个保护罩。

三、因纽特人独特的语言文化传统如何保护和发扬下去?

作为一个在特定环境下生存的民族,因纽特人几千年来形成的文化传统自然应当珍惜,但是文化传统并非是某种一成不变的、与外界环境影响无关的东西。如何保护和发扬因纽特人独特的语言文化传统?这个问题需要深思。

按照社会学和哲学家的说法,文化是指一个社会所具有的独特的信仰、习惯、制度、目标和技术的总模式。简而言之,文化就是一个社会的整个生活方式、一个民族的全部活动方式。按照这个定义去观察因纽特人的文化,我们就会看到四个方面的特点和现象:第一,地理气候条件所决定的游猎文化;第二,成群结伙、相互帮助、共同合作、共同分享所猎获物的村落社和大家庭的文化;第三,习惯于相对封闭地在家人和朋友圈子内尊老爱幼,将自己的劳动经验代代相传的继承性思想文化;第四,偏爱平静的生活,具有较强的凝聚力而又对突如其来的社会变革和某种"异己的社会动因"惧怕或存有戒心的心态文化。这使得因纽特人在加拿大多民族大家庭中处于一种极为特殊的地位。这种地位理应受到联邦政府的特殊关照,事实上,这些年来加拿大政府一直从经济资助和文化教育设施建设等方面给予了极大的重视。但是大众传播媒介所带来的文化冲击,对于人口主体为英法及欧洲其他移民后裔的加拿大国家来说,与其居民文化传统差异太大,确实会对外界接触甚少的因纽特人造成影响。因此因纽特人的担忧和戒备心理是确有根据的。不过笔者认为因纽特人独特的传统文化主体内涵是不会因为文化冲击而丢失的。

笔者认为,一个民族所具有的传统文化,可以比作一个人的本性。性格或气质,其形成也久矣,其改变也难矣!倘若文化冲击能够改变一个民族文化传统的话,生活在纽约的华人和生活在洛杉矶的墨西哥人,乃至生活在全美的印第安人的民族文化传统岂不早就应该丧失殆尽了吗?可事实并非如此。在这一点上,正如 E. M. 罗杰斯所说,现代传媒的研究尚未证实早先的设想,即传播媒介将会导致文化的融合,因为就传播媒介的作用而言,"文化变化的速度相对来讲是缓慢进行的"。

一方面,这并不是说可以让充斥色情和暴力的电视节目任意在因纽特观众面前开放,而是应该适当限制自己的年轻人观看一些与因纽特文化传统冲突的节目或教育他们理性地看待南北方文化的差异现象。至于努力设置用因纽特语广播的节目更是理所当然之举。不过从另一方面讲,却也不可把传统文化看作一成不变、脱离时代的东西,人们常说:客观现实决定着人们的观念形态。既然现代文明有了越来越多值得享受的东西,从生产到生活都发生了那么大的变化,为什么新一代人从穿着到谈吐一定要和老一代人一样呢?那些真正有价值的独特的因纽特传统,如他们的民族团结精神、在自然力面前的大无畏精神、家庭中尊老爱幼精神以及精美的民族艺术品是不会失去甚至还会更加发扬光大的,因为这是大自然对他们的恩赐。当然文化传统的弘扬需要珍惜和爱护。在这方面一个令人鼓舞的消息不是已经传开了吗?加拿大联邦政府已经做出决定,将因纽特人聚居的近 200 万平方公里的地域划归给他们,建立努纳武特省,这对保护和弘扬因纽特传统文化来说无疑是一个有力的促进举措。

理论与实践:中加建交五十周年

钱 皓[①]

1970 年 10 月 13 日,中、加两国正式建交。在中加外交关系发展的五十

[①] 本文作者系钱皓,上海外国语大学国际关系与公共事务学院教授,博士生导师,加拿大研究中心主任,中国加拿大研究会第十三任会长。

年间,虽然自主诉求和美国因素长期左右加拿大对华政策,但远见、智慧和包容始终贯穿中加关系的发展。回溯历史,中加民间交流最早始于18世纪上叶,加拿大魁北克地区的西洋参通过宗主国法国船只运往广州港,以换取中国茶叶、丝绸和瓷器,中国华工则于19世纪中叶和下叶以淘金者和苦力身份在加拿大造船、淘金和建设太平洋铁路。然而,真正在中加外交关系发展史上有深刻影响的历史人物则是1888年后进入中国传教的加拿大传教士及其后代。传教士对中国历史、文化、风土人情以及政治、经济知识的掌握奠定了加拿大"中国学"的基础,而他们的后代则成为中华人民共和国成立后中加交往幕前和幕后的真正推手。本文将从五个方面追溯和讨论中加建交前后的历史、当下和未来。

一、走向正常化:冷战期间的中加关系

抗战胜利后,国民政府还都南京,加拿大驻华使馆也于1946年6月迁至南京。1947年5月21日,戴维斯(Clayton Davis)成为加拿大第一位直接委派的驻华大使,接替奥德伦(Victor W. Odlum)将军的大使一职。1949年1月,南京政府行政院通知各国使馆于21日随同国民政府南迁广州,其中三个社会主义阵营的国家——苏联、捷克和波兰的使馆和全体外交官也随即迁往广州。美、英、法大使继续留在南京,但部分公使、领事和参赞随同南迁。加拿大则召回戴维斯大使,留任驻华临时代办朗宁(Chester Ronning)负责使馆事务,全体外交官留驻南京使馆,等候渥太华的进一步通知。4月23日,中国人民解放军占领南京,但朗宁继续留在南京,直到1951年2月26日,加拿大关闭了南京使馆,朗宁才从深圳罗湖口岸离境。[①]

1949年11月16日,加拿大内阁通过了"原则上承认"中华人民共和国的决议,但1950年6月25日,朝鲜战争爆发,加拿大参与了由16个国家组成的联合国军,与中国人民志愿军在朝鲜战场迎头相撞。如此,加拿大承认中华人民共和国事宜在冷战初期因为意识形态的对立,特别是美国的反对而搁置。加拿大在20世纪五六十年代曾数次试图"接触"中国,特别是在1955年、

[①] 1949年10月3日,南京军管会把各国留在南京的原使馆官员召集到外侨处接见厅参加中华人民共和国成立新闻发布会,外事处处长黄华向各国正式宣布了中华人民共和国成立的消息,但因为各国外交官都不懂汉语,大厅里没有任何掌声。澳大利亚大使用英语向黄华建议,让朗宁将黄华的讲话译成英语,但黄华在澳大利亚大使又重复一遍后仍没有反应。此时,朗宁用汉语将此建议转达给黄华,黄华欣然同意。因此,朗宁成为把中华人民共和国成立的消息用英语传递给全世界的第一人。

1958年和1963年,加拿大三次拿出了承认中国和改善加中贸易关系的议案,但因此间的两次"台海危机"以及艾森豪威尔和肯尼迪/约翰逊政府的强烈反对而搁浅。当然,从国内政治来讲,此时遥远的东方中国对于加拿大来说也并非特别重要,加之魁北克持强烈的反共主张,这对加拿大政治家来说,失去选票比承认中国更为重要。冷战期间,虽然中、加两国处于敌对阵营,但在中国三年经济困难期间,加拿大小麦局和地方政府坚持向中国援助了大量小麦,帮助中国度过了困难时期。小麦贸易后成为中、加两国人民集体记忆中的美好回忆。

(一) 小麦贸易

1958年,中国进入"赶英超美"的"大跃进"时代,"一大二公""大炼钢铁"极大地挫伤了农民的生产积极性,加上遭遇自然灾害,造成农村大面积减产,甚至颗粒未收。自1959年起,不少城市面临存粮仅能供应一周的态势。上海也因存粮严重困难,不得不将孤儿院3000名孤儿送往内蒙古请牧民领养。为此,中央一方面采取了限量供应措施,精简城市人口,增加农村劳动力;另一方面,中央也决定进口粮食来解决燃眉之急。此间,恰遇加拿大贸易与商业部部长丘吉尔(Gordon M. Churchill)第二次派出小麦局官员来华促销小麦,中方随即对此促销行动予以积极响应。[①] 1960年12月中旬,中加双方达成协议,中国实际从加拿大购得3170万蒲式耳小麦、1270万蒲式耳大麦,并于1961年2月开始运往中国。中加小麦贸易一方面缓解了中国粮食极度匮乏的压力;另一方面也为加拿大农场主的粮食积压找到了出路,对来自农业大省萨斯喀彻温的进步保守党总理迪芬贝克(John Diefenbaker)来说,他对西部选民改善生活的大选承诺也得以兑现。

但在小麦贸易中,加拿大政府也是顶住了来自美国和国内的双重压力。美国屡次动用本国的《外国资产控制条例》(Foreign Assets Control Regulations)对加中小麦进行遏制。该控制条例规定,美国公民或任何属于美国公民所有的公司与中国的贸易属于违法。1960年12月,中国从加拿大小麦局购得4000多万蒲式耳小麦和大麦后,租用了挪威和英国船只在

[①] 加拿大贸易与商业部曾于1957年11月派出史密斯(C. M. Forsyth Smith)来华调研粮食市场,希望找到与中国进行粮食贸易的可能性,以解决加拿大小麦过剩的问题,但当时中国只有上海表示愿意购买1000—1500吨小麦作为试点。1958年中国从加拿大购买了共400万蒲式耳小麦,当时中国是为了向加拿大表示友谊。

温哥华港分批运输粮食至中国,但美国帝国石油公司按照此控制条例通知加拿大政府,该公司在温哥华的分部不能提供燃油给中国租用的运输船只。1961年2月20日,迪芬贝克总理在华盛顿与肯尼迪会面时就提出了燃油问题,认为美国的《外国资产控制条例》介入加中粮食贸易的任何措施将遭到加拿大的抗议,加拿大政府不会考虑需要征得美国法律的允许来出售小麦。[1]肯尼迪则提议,如果加拿大政府正式提出申请,美国政府可以批准,但迪芬贝克总理拒绝了这个提案。在加拿大政府的坚持下,美国最终选择了让步,允许帝国石油公司向中国租赁的小麦运输船提供燃油。在1961年的"真空泵事件"上,同样,美国又一次动用《外国资产控制条例》,命令美国伊利诺伊州的邓巴·凯皮尔公司生产商收回在中国租赁的小麦运输船上配备的真空泵。[2]1961年6月5日,中国租赁的挪威和英国船只在海上被拦截,被要求拆下真空泵运回美国。加拿大贸易与商业部得知消息后立刻通知了迪芬贝克总理。迪芬贝克随即告知肯尼迪总统,若美国不放行扣留的小麦运输船,并执意拆下真空泵,他将通过国家广播电台昭告加拿大人民美国意欲控制加拿大。[3]肯尼迪总统再三权衡后回复:"应加拿大政府请求,同意放行,但下不为例。"迪芬贝克和肯尼迪因这两次交锋而关系恶化,随后迪芬贝克总理要求加拿大制造商加快生产自己的真空泵,以摆脱美国的技术控制。[4]

加拿大是中国三年经济困难时期第一个向中国销售小麦的国家,但由于当时中国外币储备少,不足以满足大量购买小麦的需求。为此,在第一次用现金购买加拿大小麦后,中国政府希望用贷款的方式再从加拿大购买小麦。时任加拿大农业部部长汉密尔顿(Alvin Hamilton)在得知中国已经从澳大利亚开始购买小麦,且价格低于加拿大小麦时,他赞同加拿大贸易与商业部提出的"赠送小麦,带动中加小麦贸易"的建议,但此"以赠促销"的议案遭到内

---

[1] John G. Diefenbaker, *One Canada*: *Memoirs of the Right Honourable John G. Diefenbaker*: *The Years of Achievement 1956-1962*, Toronto: Macmillan of Canada, 1975, pp.179-180.
[2] 真空泵是小麦运输船上必须配备的一种粮食卸货设备,由美国伊利诺伊州著名的邓巴·凯皮尔公司提供。
[3] John G. Diefenbaker, *One Canada*: *Memoirs of the Right Honourable John G. Diefenbaker*: *The Years of Achievement 1956-1962*, p.181.
[4] 李瑞居:《迪芬贝克时期加拿大与中国小麦贸易探析(1957—1963)——基于对加拿大政府解密档案的解读》,《冷战国际史研究》2017年第2期,第173页。

阁否决，不过他也获得了内阁授权，即农业部和小麦局负责进一步向中国销售大宗谷物，并进行必要的谈判和磋商。汉密尔顿一方面指示已经在京访问的加拿大小麦局局长麦克拉马（W. C. McNamara）继续留在北京与中方谈判，另一方面他决定接受中方的贷款要求。但加拿大内阁部长们对中国的偿还能力以及诚信都表示怀疑，加之先前美国的"真空泵事件"和"燃油事件"的压力，一时间保守党内阁不同意给中国贷款。汉密尔顿深知这是加中贸易中最能体现双赢的一场贸易，既能缓解中国急需粮食的困境，又能帮助西部农业大省尽快摆脱粮食积压的困境。他一人成军，积极游说内阁部长，在迟迟不见起色时，还写信给迪芬贝克总理，陈述给中国贷款的必要性，并声称如果内阁不批准贷款，他将辞职并对外公布辞职原因。迪芬贝克总理当然不愿意失去这位行动派内阁部长，他对内阁成员说："这个人愿意放弃他的官位来坚持他认为对国家有利的立场，你们当中有谁愿意放弃自己的官位来坚持自己的意见？"在迪芬贝克总理的支持下，内阁最终同意了对中国的粮食贷款。到1963年5月，中、加两国总共签订了9个合同，中国向加拿大购买了1.457亿蒲式耳小麦和2 800万蒲式耳大麦，实际提前完成了双方协议中的购买量。加拿大在中国三年经济困难时期没有坐地起价，也没有因为冷战时期的意识形态而遏制中国，反而借钱卖给中国小麦，并同意中国纺织品进入加拿大，以换取外币，偿还贷款。

国之交在于民相亲，民相亲在于心相通。中加小麦贸易体现了加拿大的国际主义和人道主义价值观以及加拿大"务实外交"的特点，也使中国人民了解了加拿大的美好和善良。1973年10月，周恩来对来访的特鲁多总理说："中国非常感谢加拿大的慷慨，当别国不卖粮食给我们时，你们卖给了我们小麦。"[①]

（二）皮埃尔·特鲁多与中加建交

1968年春，自由党总理皮尔逊出于身体原因宣布退休，皮埃尔·特鲁多（Pierre Trudeau）于4月20日接任总理。老特鲁多总理是一位个性鲜明、有担当有想法的总理，在中加建交前，他曾两次来到中国游览。第一次是在1949年，他亲眼看到了共产党推翻国民党，建立了中华人民共和国。因此早

[①] B. Michael Frolic, "Canada and China at 40", *Asia Colloquia Papers*, Vol. 1, No. 1, September 2010, p. 13.

在50年代他就提出要接触中国。1960年他又和另外四位朋友前往中国访问了三星期,并在回到加拿大后与同行的赫伯特(Jacques Hebert)出版了法文版的《红色中国的两位天真汉》。[①] 担任总理后,在他的亲自推动下,加中在斯德哥尔摩就承认中华人民共和国和两国建交进行了长达20个月的沟通和谈判。其间,加拿大受到了来自美国的巨大压力,特别是要求加拿大考虑"两个中国"或类似的政策和方案,但加拿大不愿再次失去承认中国的机会。1969年2月,加拿大驻瑞典大使曾多次与中方联系,希望讨论建交事宜,但由于当时中国处于"文化大革命"期间,外交部处于"关门"状态,且中苏边界的珍宝岛冲突不断,加方的数次联系均未得到中方答复。在特鲁多的直接指示下,加拿大单方面宣布"加拿大正式建议与中国就建交问题进行谈判"。约两个星期后,中方在周恩来总理的亲自指示下做出答复,愿意与加拿大方面会晤。1969年5月20日,中加双边在斯德哥尔摩启动中加建交第一次正式谈判,后双方就中方建交进行了17次会谈,加拿大在与中国建交公报文本中的"一个中国"问题上创新性地提出了"注意到(take note of)"的用词,以避开与美国直接对冲。1970年10月7日,在中国驻瑞典大使馆的最后一次谈判中,中方接受了加拿大的文本措辞,中加建交公报文本得以确定。10月10日,加拿大驻瑞典大使玛格尔(Margaret Meagher)和中国驻瑞典大使王栋分别代表两国政府在加拿大大使馆签署了中加建交公报。10月13日,中加建交公报由双方同时向外界正式公布,中加正式建交。加方在建交公报文本中所使用的"注意到"措辞避开了来自美国的直接压力和国内反对党以及部分公众舆论的反对。此后这一创新性表述为后来的14个国家(比利时、秘鲁、黎巴嫩、冰岛、阿根廷、希腊等)与中国建交谈判时提供了"加拿大模式",加拿大也成为冷战期间第一个与中国建交的西方阵营中的中等发达国家。

为珍惜和重视这来之不易的双边外交关系,中、加两国均派出了重量级的外交官和大使。中国首任驻加大使为资深外交家黄华,加方驻华大使则是在华传教士后代"中国通"柯林斯(Ralph Collins),他曾全程指导了中加建交

[①] 1961年,《红色中国的两位天真汉》(*Deux Innocents en Chine Rouge*)一书由加拿大蒙特利尔人类出版社以法文出版,后由牛津大学出版社发行了英文版。在中国和加拿大建交35周年之际,此书的中文版由上海人民出版社隆重推出,它是继斯诺《西行漫记》之后西方人看红色中国的又一部力作。

谈判。① 1973年10月10日至16日,老特鲁多应中华人民共和国总理周恩来的邀请,作为加拿大历史上第一位总理正式对中国进行了国事访问,毛泽东主席会见了特鲁多总理。周恩来对特鲁多说:"加拿大是第一个在1970年承认中国的国家,它将推动西方国家采取相同的立场。加拿大在1971年对中国进入联合国的支持也必将带来系列的积极效果。"②10月13日,即中加建交三周年纪念日,中、加两国总理签署了《中加政府贸易协定》,互相给予对方最惠国待遇。两国还就贸易、移民、文化、科学、教育、体育等签署了一系列合作协议,其中"中加学生交换项目"(Canada China Students Exchange Program, CCSEP)为特鲁多和周恩来总理亲自同意和签署的项目,该项目于1989年更名为"中加学者交流项目"(Canada China Scholars Exchange Program, CCSEP),该项目所培育出的中国"加拿大学专家"以及加拿大的"中国学专家"是当下中加关系中最重要的基石之一。

(三) CCSEP 与中加关系

中加学生交换项目作为中、加两国总理签署的一揽子协议中的子项目,于1973年开始运作。这是中加政府间最高学术项目,中加双方互派学生/学者在对方国家访学,留学期间的所有费用由加拿大政府支付③,最初申请人的筛选工作由加拿大驻华大使馆负责,但1996年成立的国家留学基金管理委员会于1998年开始参与CCSEP申请者的筛选工作。2008年中加双边签订新的CCSEP备忘录,同意将中国申请者的筛选工作全部交由国家留学基金管理委员会。1973年度中方共有10名留学生前往加拿大学习或攻读研究生学位,留学时间为2—3年不等,从事社会科学和人文科学的研究和进修。④ 在第一届派出的学生中有后来担任中国驻加拿大大使的卢树民先生(2004—

---

① 1971—1980年间,加拿大驻华大使都是在中国出生的传教士后代,他们分别是柯林斯、约翰·司马(John Small)和明明德。另一位出生在湖北襄阳传教士之家的切斯特·朗宁则是中加建交的真正幕前和幕后推手,特鲁多总理曾说:"当我们都为加拿大和中国建交感到高兴时,最为高兴的加拿大人要数朗宁了。这位退休的外交官多年来一直在孜孜不倦地呼吁加拿大承认中国。"加拿大前任驻华大使碧说:"朗宁把一生都献给了中国人民的事业……他也从未放过任何一个机会来宣传中国。"

② B. Michael Frolic, "Canada and China at 40", *Asia Colloquia Papers*, Vol. 1, No. 1, September 2010, p. 14.

③ 从最初的1100加元/月到20世纪90年代的1300加元/月,再到2003年起,资助费用增加至2200加元/月。

④ 由于加拿大方派出的名单无法查阅,此处主要以中国派出的学生和学者名单为案例。

2008年),他于1973—1976年在多伦多大学攻读英国文学硕士学位。1974年派出的第二届留学生中也有后来担任中国驻加拿大大使的兰立俊先生(2008—2010年),他在女王大学学习了两年。加拿大方面,连续第一和第二届来华留学的学者中就有卜正民(Timothy Brook),他后来成为国际学术界著名的中国明史和中国当代史大家。[①] 加方 CCSEP 学者中还有唐兰(Sarah Taylor),她曾任加拿大驻华公使,2015年后接任加拿大外交部北亚局局长一职。在中国加拿大研究会历任会长、副会长和常务理事中,有近20位曾(多次)获得 CCSEP 项目资助。北京大学著名法学家张千帆教授也曾以 CCSEP 项目在维多利亚大学访学。从1973年始至2019年,中加双方派出的 CCSEP 学生和学者总数在1000左右,相对而言,加方派出的留学生和学者总人数较少。特别值得一提的是,在1989年政治风波背景下,美国冻结了富布赖特项目,但加拿大坚持 CCSEP 的正常申请、筛选和派出,这为1992年邓小平南方谈话后中加友好关系的重建保持了健康通道。

如今 CCSEP 项目已走过48个年头,当年双边派出的学生/学者在留学归国后都成为加拿大研究/中国研究的中坚力量。以中国加拿大研究为例,1984年中国加拿大研究会成立,经过37年的发展,全国现有加拿大研究中心41家[②],会员500多位。据中国加拿大研究会第一任会长蓝仁哲记载,20世纪50年代,有关加拿大的中文报刊文章仅有15篇,60年代为17篇,70年代中加建交后,报刊文章猛增至111篇。[③] 截至2019年8月,据不完全统计,加拿大经济与经贸类专业学术论文有58篇,政治、法律、外交和中加关系类学术论文有221篇,文学文化教育类论文有346篇,社会城市电影传媒类论文有139篇。[④] 另外,专著类42部、译著类12部和编著类36部,主题覆盖加拿大历史、文学、经贸、社会福利、法律、传媒、加美关系、中加关系等。中国加拿大研究会自1984年召开了第一届年会后,迄今为止已召开了18届中国加拿大研究年会(两年一次),有4所高等院校开设了加拿大国别研究的博士项目,成

[①] 卜正民所撰写的《秩序的沦陷:抗战初期的江南五城》(潘敏译,商务印书馆2015年版)开创了中国学界"敌我合作"研究之先河。
[②] 两家加拿大研究中心(北京外国语大学、广东外语外贸大学)被列为教育部国别和区域研究培育基地,三家加拿大研究中心被列为教育部国别和区域研究备案中心。
[③] 蓝仁哲:《中国加拿大研究20年》,载杨立文主编《加拿大研究》,民族出版社2004年版。
[④] "加拿大蓝皮书""加拿大研究""加拿大政治发展报告""加拿大年会论文集"等系列中的论文未能完全统计。

为加拿大国别研究高端人才的孵化场。加拿大文学(包括魁北克研究)、文化以及原住民等研究在 41 家加拿大研究中心蓬勃开展,加拿大方向的研究生毕业论文主题涵盖政治、经济、军事、历史、文化、教育、文学、安全、族裔关系、原住民、宗教、福利等,硕果累累。统合而言,CCSEP 学者以及他们培育的学生是过去、当下和未来中加友好的亲历者、架桥者、铺路者和建设者。

二、克雷蒂安与中加"黄金十年"

中加建交后,双边签署的各项贸易和交流协定按部就班进行着,中加高层互访密切。1984 年 1 月,中国总理赵紫阳访问了加拿大,这是中国总理第一次访问加拿大。1985 年 7 月,中国国家主席李先念访问加拿大,这是自建交后中国国家元首首次访问加拿大,李先念主席在访问中将加拿大称作"一个在经济和地缘政治上值得信赖的伙伴"[1]。虽然随着中美关系的解冻,中加关系在中美蜜月关系的势头下逐渐淡出各自国家对外关系的中心舞台,但加拿大仍在 1980 年中国恢复世界银行会员国进程中给予了很大的支持。在我国于 1986 年 7 月正式提出恢复关税及贸易总协定(GATT)缔约国地位时,加拿大在中国"复关"谈判中也鼎力相助。冷战结束前后,中加关系在 1989 年政治风波后曾一度处于低潮期,但在 1993—2003 年十年间,在自由党政府让·克雷蒂安(Jean Chretien)总理领导下,加拿大政府组织的庞大的贸易促进团(Team Canada,简称"加拿大队")访华并建构了中加"黄金十年",克雷蒂安本人至今仍被视作中国人民的老朋友。

(一)"加拿大队"

1993 年 10 月联邦大选,克雷蒂安和他领导的自由党在大选中打败执政党金·坎贝尔(Kim Campbell)领导的保守党,并以多数党执掌政府。克雷蒂安上台时,加拿大国内财政赤字高达 320 亿美元。受消除财政赤字和财政调整需求的推动,克雷蒂安上任甫始就将中加贸易作为政府的首要工作内容。1994 年 11 月,克雷蒂安总理亲自带队,由 400 多位加拿大商人、9 位省长和 2 名北方自治领首领组成的加拿大贸易促进团访问中国内地和中国香港。双边贸易谈判结束后,在人民大会堂,1 400 名加拿大人和中国人出席了中方举办的宏大招待会,庆祝中加双边签署了 85 亿加元的贸易合同和备忘录,包括

---

[1] Paul Evans, *Engaging China: Myth, Aspiration and Strategy in Canadian Policy from Trudeau to Harper*, Toronto: University of Toronto Press, 2014, p. 33.

加拿大向中国秦山核电站出售两个核反应堆,这是加拿大历史,也是中国对外贸易历史中最大的双边贸易。[①] 1997年11月,江泽民主席应邀访问加拿大,同克雷蒂安总理就建立"面向21世纪的全面合作伙伴关系"达成共识。1998年,朱镕基总理在加中贸易理事会会议上说:"加拿大是中国在世界上最好的朋友。"[②]

2001年2月,克雷蒂安总理再次率领"加拿大队"访华,8位省长、3位自治领首领和近600名加拿大企业家随团来华。朱镕基总理与克雷蒂安总理会谈后签署了两个备忘录和一个意向书,包括中加能源领域合作备忘录、中加学者交流项目谅解备忘录,以及中加环境与气候变化、司法改革、西部开发和中国加入世界贸易组织(WTO)后的中加发展合作项目意向书。[③] 双方还签署了总额为57亿加元的商业合同和意向书。同年10月,克雷蒂安总理在上海出席APEC峰会后,特别前往浙江参观中加合作建设的秦山三期核电站工程。回溯历史,1990年中加双边贸易总额是31亿加元,但到1995年年底,中加贸易总额则上升为80亿加元,5年后的2000年年底再度上升为150亿加元,2005年则高达370亿加元。[④] "加拿大队"自1994年秋初访中国,后每年一次,直至2001年终,它将中加双边贸易和投资推向历史新高。2003年12月,江泽民主席在克雷蒂安总理离任时深情地表达,"克雷蒂安总理是我的老朋友"[⑤]。

(二)中加人权对话论坛

自中国1989年政治风波后,中加高层交流处于短暂的"冷冻期",但中加文化交流却一直正常进行。然而,在加拿大政府、学界乃至民间,关注中国人权状况成为一种常态,这对希望与中国扩大贸易的克雷蒂安来说,他所采取的"接触中国"政策是寄希望于以"接触"促"改变"。因此,在克雷蒂安1994年政府四大支柱政策中,经济伙伴关系、可持续发展、和平与安全、人权与法制

[①] 到1997年年底,克雷蒂安政府平衡了财政收支,并在1998年恢复了财政盈余,2002年加拿大成为西方八国中唯一没有赤字并有结余的国家。
[②] 2019年11月11日,在第41届加中贸易理事会年度大会暨商务论坛上,加中贸易理事会主席德马雷(Olivier Desmarais)深情回忆了朱镕基总理的这段评价。
[③] 加拿大在中国加入世界贸易组织谈判中也给予了鼎力帮助。
[④] Paul Evans, *Engaging China: Myth, Aspiration and Strategy in Canadian Policy from Trudeau to Harper*, p.43.
[⑤] Paul Evans, *Engaging China: Myth, Aspiration and Strategy in Canadian Policy from Trudeau to Harper*, p.50.

占据了政府的对内和对外政策重心。在"加拿大队"创建的中加友好贸易伙伴关系推动下,1996年两国建立了年度高层"中加人权对话论坛",讨论两国关心的人权问题。在接下来的9年中,该论坛一直运作良好。

20世纪70年代,加拿大是中国的第四大贸易伙伴,但随着中国改革开放的力度加大,中国与其他(非)西方国家的贸易合作也发生了翻天覆地的变化,加拿大不再是中国前五的合作伙伴,但在克雷蒂安时期,中加贸易关系无疑是坚实和稳定的。克雷蒂安于2003年12月离职,由马丁(Paul Martin)接任。2005年9月17日,胡锦涛主席应马丁总理邀请访问了加拿大,双方在会谈中一致同意将两国关系提升为战略伙伴关系。但2006年哈珀(Stephen Harper)上台后,这位保守党政府总理出于其自身的冷战意识形态和国内政治因素,对循沿自由党或保守党与中国保持正常良好关系的传统不感兴趣,其刚愎自用的个性迅速导致中加关系在其第一任期内一落千丈。

三、从"政冷经温"到"政温经更热":哈珀时期的中加关系

2006年1月23日,斯蒂芬·哈珀领导的保守党以124席对保罗·马丁自由党的103席、魁人政团的51席以及新民主党的29席的微弱多数席位获得少数党执政地位。2月6日,这位来自保守党大本营阿尔伯塔省的46岁的年轻经济学家正式宣誓成为加拿大历史上的第22任总理。就任伊始,哈珀在其对美对华政策上采取了"扬美"和"抑中"的政策,引起中加学术界的辩论。此后,哈珀又经历了2008年联邦大选和2011年联邦大选。在第三次大选获得多数党执政后,中加关系开始从"政冷经温"逐步走向"政温经更热"。

(一)哈珀与"政冷经温"的中加关系

作为保守党总理,哈珀就任伊始,其对华强硬行为主要表现在对中国人权和知识产权的批评。2006年4月13日,加拿大加入欧美行列,指责中国在进口汽车部件方面违背国际贸易承诺,并要求WTO就此进行磋商。时任加拿大联邦国际贸易部部长的艾民信(David Emerson)在一份声明中称,"我们正在要求中国澄清其汽车零部件进口制度,我们确信这个制度违背了国际贸易承诺。联邦政府还强调,如果就汽车零部件进口问题与中国的磋商未果,加拿大可能要求世贸组织成立专门小组进行裁决"。[①] 2006年6月22日,加

---

① http://www.windsor8.com/canada/china-and-canada.html.

拿大议会通过批准授予达赖喇嘛所谓的加拿大荣誉公民称号。9月15日,加拿大移民暨公民部部长在温哥华亲自给到访的达赖喇嘛颁发所谓的荣誉公民证书。哈珀本人也于2007年10月29日在加拿大议会大厦总理办公室正式接见达赖喇嘛。中国外交部发言人对此表示抗议,并认为此行为"令人厌恶"。2006年11月15日,哈珀乘飞机前往越南首都河内参加APEC峰会。在飞机上,随行记者问他:"是不是保守党政府对中国采取的强硬政策,才导致哈珀本人遭到了中国政府的冷遇?"哈珀回应,尽管遭到中国的冷待,他的政府也不会放弃"重要的加拿大价值观"。[1] 随即,中国取消了胡锦涛-哈珀的双边会谈,但出于对加拿大的尊重和中加友谊的考量,中国未对哈珀的言行进行评判,也未对加中贸易施加任何制裁。包义文(Paul Evans)将哈珀执政最初两年的对华政策概括为"政冷经温",但再三强调,在"政冷"中加拿大官方始终坚持"一个中国"原则,继续坚持对华援助项目。[2]

(二)"政温经更热"

2008年9月7日,哈珀以"下院不能运作"为由,要求总督同意解散议会,提前举行大选。在哈珀的坚持下,原定于2009年10月19日举行的加拿大联邦大选提前至2008年10月14日进行,以便在自由党尚未准备好的情况下确保保守党政府执政地位。为全力争取连任,哈珀积极争取华裔选票,打出"期待访华"的竞选口号。当然,此时哈珀表达访华意愿或许只是政治家的一种"选举语言",但哈珀在大选前特意接受华文媒体采访,说明他希望得到华裔的选票。[3] 哈珀明智地认识到华裔支持是保守党竞选成功的一个重要砝码,而华裔希望加中关系良好。2008年大选后,保守党继续以少数党身份执政,但在2008年全球金融危机裹挟下,哈珀的连任为加中经济关系改善提供了契机。2009年6月21日,中国外长杨洁篪抵达渥太华,对加拿大进行了为期两天的正式访问,双方坦诚的沟通有效地弥合了中加关系裂缝。2009年12月2日至6日,哈珀总理对中国进行了首次国事访问。2010年6月,胡锦涛主席正式访问加拿大并出席在多伦多举行的G20峰会,两国政治关系"回暖"。哈珀在2011年联邦大选中赢得多数党政府后,分别于2012年2

---

[1] http://news.xinhuanet.com/newmedia/2006-11/21/content_5356512.html.
[2] Paul Evans, *Engaging China: Myth, Aspiration and Strategy in Canadian Policy from Trudeau to Harper*, pp. 63 - 64.
[3] 钱皓:《哈珀政府对华政策刍议》,《国际观察》2009年第1期,第72页。

月和2014年11月两次访问中国,就扩展经贸关系、促进民间交流和双方互派留学生、商讨叙利亚和伊朗形势等议题进行了对话。特别是哈珀在2012年的访华中强调的十万中加学生交流计划,对中国学生前往加拿大留学具有非常大的推动作用。目前在加国际留学生中,20年间(1999—2019年)有1/3学生来自中国,仅新斯科舍一省,中国留学生就占该省全部国际留学生的41%。[1]

在第二次访华中,哈珀在广州访问时说:"中国人通过自己的勤劳、节俭和勇气向全世界展示了如何脱贫致富。中国支持自由贸易,反对保护主义,并在去年二十国集团中发挥了建设性作用。中国人民将社会和政治进步与经济增长视作同等重要。对中国来说,融入世界是最佳选择。"[2]中国也在哈珀第二次访问后的次年3月赠送加拿大两只大熊猫"大毛"和"二顺",它们将在加拿大生活10年。众所周知,大熊猫是中国的国宝,中国曾在1973年10月特鲁多访问中国时应特鲁多的特别请求,向加拿大赠送了两只大熊猫,而加拿大也向中国赠送了他们的国宝——四只海狸。此次赠送大熊猫的外交行为深切地表达了中国人民对加拿大人民的友好情谊,以及中国政府对双边关系的重视。此后,中加关系逐步进入"政温经更热"阶段。[3]

四、自主诉求与美国因素:特鲁多时期的中加关系

2015年10月19日,由贾斯廷·特鲁多(Justin Trudeau)领导的自由党在联邦大选中一举击败哈珀领导的保守党,以184席绝对多数议席组成多数党政府,此时特鲁多领导的自由党只是议会中的第三党。担任总理的第一年,小特鲁多就推出了10项决策,其中第8条决策是"适应中国(Accommodating China)"[4]。很快,小特鲁多总理在其执政后的第一年就实现了其对华国事访问,并与中国达成了双边总理年度互访机制和外长高层互访机制,双边合作项目得到极大扩展。2017年12月,按照双边的互访机制,特鲁多再次访问了北京,但双方原计划启动的中加自由贸易协定谈判的

---

[1] 数据源于加拿大新斯科舍省省长斯蒂芬·麦克尼尔(Stephen McNeil)在第41届加中贸易理事会年度大会暨商务论坛上的演讲。
[2] Stephen Harper, Guangzhou dinner speech, February 2012.
[3] Paul Evans, Engaging China: Myth, Aspiration and Strategy in Canadian Policy from Trudeau to Harper, pp. 68-69.
[4] 在加拿大华文报刊中,"Accommodating China"也译为"与中国和好",以对照哈珀对华"不友好"政策。

议程却因各种内外因素而未提上日程。此后双边关系处于"冷淡"状态,但2018年中加旅游年依然为加拿大旅游经济带来了可观的收入,73万多名中国游客给加拿大带去了至少219亿元人民币(按照人均消费3万元人民币计算)。2018年12月1日,中加外交关系瞬间跌至冰点,进入双边关系史上从未出现的一种"僵局"。如何在特鲁多第二任少数党执政期实现破局、修复中加关系并推动中加关系健康发展,是中加双边目前面临的挑战和难题。

(一)特鲁多"适应中国"决策的落实

2016年8月30日至9月6日,应李克强总理的邀请,特鲁多对中国进行首次正式国事访问并参加G20杭州峰会。此次特鲁多总理访华重点关注的三项事务是:中加自贸协定谈判能否启动,加拿大是否宣布加入亚投行,加拿大对华出口菜籽油能否继续进行。从9月1日双方发表的《中华人民共和国和加拿大联合新闻稿》及后续达成的协议来看,此次国事访问已圆满完成预期目标。相对上任保守党总理哈珀在就任总理长达3年后才首次访问中国、在9年多的执政期内实现有限对华政策而言,自由党总理特鲁多的对华政策显示出加拿大"务实主义"理论指导下的自主诉求,以及维护加拿大中产阶级利益的特点。

在政治上,加拿大接受了中国早先提出的建立中、加两国总理年度对话机制的倡议,同意两国领导人通过多种形式保持密切对话与交往。这是中加最高层次的对话机制,为确保中加更紧密的全面安全合作提供了机制性保障。同时双方还决定建立中加高级别国家安全与法治对话机制,拓展包括法治在内的务实合作与交流,在平等和相互尊重的基础上就人权问题保持对话,深化司法执法合作,以建设性方式处理分歧和敏感问题,这将方便中国对外逃贪官的引渡。[①] 在这次访问中,中加双边政治关系得以重置和提升,打破了哈珀时期对华政策始终坚持不触及政治层面合作的唯经济外交模式。

在经济上,双方同意深化两国在能源、清洁技术、农业、基础设施、交通、金融服务以及创新、科技等领域的贸易投资关系,促进共同利益。特鲁多总理在此次访问中正式宣布申请加入中国主导的亚投行,其考量是发挥加拿大

---

① 《中华人民共和国和加拿大联合新闻稿》,http://www.chinanews.com/gn/2016/09-01/7991353.shtml。

资源丰富的优势,在短期内创造就业岗位,造福普通百姓,快速摆脱2015年来国际石油价格下跌给加拿大经济带来的沉重打击。作为西方重要发达国家,加拿大加入由中国主导成立的亚投行,将提升亚投行在世界经济秩序中的影响力。同时,双方总理同意启动中加自贸协定的研究和对话。2016年9月1日,中国公司和企业与加拿大贸易团签署了56项商业协议,总额超过12亿加元,约合60亿元人民币,突破了哈珀政府时期有限经济合作和设置高科技领域合作边界。

在文化上,双方认识到人文交往的重要性,同意扩大教育、文化、卫生、旅游和体育领域交往。双方欢迎两国相关机构开展法官培训合作,推动两国法律从业者和学术研究人员之间的交流,包括双边军事教育领域的对话与合作。双方签署了《中国政府和加拿大政府文化协定2017—2019年度合作计划》和《中国政府与加拿大政府关于合作拍摄电影的协议》。双方还宣布2018年为中加旅游年,同意就促进双向游客往来扩大合作。[①] 从加方来讲,自2015年3月双方同意互给10年多次往返签证以来,仅2016年的前6个月,去加拿大旅游的中国游客就增加了24%。[②] 加拿大通过旅游经济,一方面收获了客观的经济收入;另一方面也从中国吸引了更多留学生前往加拿大留学,为加拿大大学注入了一大笔可观的教育经费收入,目前在加留学的中国学生总数在15万左右。

在全球治理问题上,双方同意就支持联合国维和行动探讨加强双边合作的渠道,并加强人道主义救援减灾,以及提供支持全球抗击艾滋病、结核病和疟疾基金。在这些方面,无论在技术上还是在实际操作经验上,加拿大可以并愿意给中国提供更多的经验借鉴和技术学习机会。双方还对即将召开的G20杭州峰会交换了意见,同意共同努力推动本届峰会成为一届成果丰硕、里程碑式的峰会,并将在二十国集团框架内就杭州峰会成果的落实保持密切协

[①] 《中华人民共和国和加拿大联合新闻稿》,http://www.chinanews.com/gn/2016/09-01/7991353.shtml。

[②] 双方同意在中国增设7个签证申请中心,目前5个签证中心分别在北京、上海、香港、广州和重庆,新增签证中心设置在南京、成都、杭州、济南、昆明、沈阳和武汉,以便中国高级技术人员、留学生和游客前往加拿大工作、就读和旅游。2016年9月3日,特鲁多总理在杭州与马云共同见证了阿里巴巴集团执行董事与加拿大国际贸易部部长签署战略合作协议备忘录,以及加拿大航空公司与阿里旅行的签约仪式。加拿大航空公司将在阿里旅行平台开设官方旗舰店,为中、加两国人民的相互旅游建立便捷通道。

调与合作。

2016年9月6日,特鲁多总理在访问的最后一站香港特区宣布了另外10项合作协议。他在香港加拿大商会主办的午餐会致辞中说:"我相信我对中国的正式访问已将加中关系带入复兴、稳定的轨道,这将为两国人民带来经济发展和社会福祉,特别是中产阶级。"特鲁多的首次访华使其"适应中国"的决策落地。因此,在特鲁多执政一年后,韦尔奇(David Welch)教授从"优质的首付(a promising down payment)"变量视角对特鲁多的执政业绩打出了B$^+$到A$^-$这个分值,认为这是一个良好的开端。[1]

(二) 李克强总理回访加拿大

2016年9月21日至24日,应特鲁多总理邀请,李克强总理在参加第71届联大会议后对加拿大进行了正式国事访问,这是继温家宝总理2003年访问加拿大后中国总理再次访问加拿大。两国总理在不到一个月的时间内就实现了总理国事互访,标志着两国总理年度对话机制正式运作,展示了两国领导人重视提升中加关系的外交战略。

9月23日,两国正式发表了《中华人民共和国和加拿大联合声明》,重申双方在9月1日发表的《中华人民共和国和加拿大联合新闻稿》中的合作领域,并将合作领域细化为29项。[2] 此外,双方签署了《中国政府和加拿大政府关于分享和返还被追缴资产的协定》,并续签了《中国公安部与加拿大皇家骑警关于打击犯罪的合作谅解备忘录》,这是一个历史性进步。虽然引渡条约是此次中国总理访问加拿大的主要任务之一,并早在9月12日首次中加高级别国家安全与法制对话中确立了对话职能范围,设立了近期目标是启动中加引渡条约和被判刑人移管条约等相关事项的讨论,但由于加拿大前总理哈珀9年多执政的政治遗产,以及保守党仍是下院最大反对党和加拿大多元民主社会的特质,也由于曾积极推动中加关系的加拿大中国问题专家的"不要前行太快"的主张和特鲁多政府内的不同意见,还由于担心影响加美关系,双方未能在短时间内就引渡条约达成谅解备忘录。但正如李克强总理在22日渥太华记者招待会上的讲话:"中加历史文化背景、国情和发展阶段不同,在一

---

[1] 约翰·J.柯顿:《加拿大外交理论与实践》,陈金英、汤蓓、徐文姣译,钱皓校,上海人民出版社2019年版,第299页。
[2] 《中华人民共和国和加拿大联合声明》,https://www.fmprc.gov.cn/web/zyxw/t1400270.shtml,2016年9月24日。

些问题上存有分歧是正常的。"①

此次李克强总理的国事访问,中加双方最大关切不在贸易和经济,因为关于这些方面的双边谈判已经在特鲁多访华时基本确认、定调,因此李克强总理的回访更多具有政治意义。一是宣示中加总理年度会谈机制正式开启;二是进一步增进中加相互理解,扩大互利合作,推动中加战略伙伴关系持续向前发展;三是消弭加拿大国内对加中关系快速升温的疑虑和反对声音;四是增进中加民间友谊,巩固中加关系友好的新局面。此外,在渥太华访问期间,李克强总理还特别会晤了中加十年"黄金时代"的启动者——前总理克雷蒂安,对克雷蒂安所创建的中加"黄金时代"表示感谢,并表示中加将共同努力,打造中加关系新的"黄金十年"。

(三) 特鲁多第二次访华

2017年12月3日至7日,应中国总理李克强邀请,特鲁多总理对中国进行了第二次国事访问,并在北京与李克强总理进行了第二次中加总理年度对话。中加领导人就两国关系和共同关心的问题进行了广泛而深入的交流并达成一系列重要共识和成果。双方积极评价并充分肯定了两国一年前建立的总理年度对话机制、外长年度会晤机制、经济财经战略对话机制和高级别国家安全与法制对话机制在推动中加双边关系中的积极作用。在此次访问中,两国发表了《中加气候变化和清洁能源增长联合声明》,并建立了中加环境、清洁能源两个部长级对话新机制。中、加两国还签署了教育、食品安全、能源等领域的双边合作文件。外交部发言人耿爽在回答记者时说,特鲁多总理此访是在中加关系进入新的"黄金时代"背景下进行的一次成功访问。②

其实,在特鲁多总理启程前,中加自贸协定可行性研究已经基本完成,中国商务部也对外公布。③ 因此,双方约定将启动中加自由贸易协定谈判,作为第二次总理年度对话的重心和成果,双方甚至已经拟定备忘录的文书,但加方对将所谓的劳工权利作为附加条款的坚持,以及加方将美、墨、加三国自贸协议的谈判列为优先事项,中加留给双边自贸协定的"谈判和妥协"空间和时间均受到挤压,中方选择放弃,特鲁多总理"空手而归"。因此,马大维的"加

---

① 《李克强与加拿大总理特鲁多共同会见记者》,https://www.fmprc.gov.cn/ce/ceuk/chn/zgyw/t1399951.htm,2016年9月23日。
② 《外交部发言人:中方高度评价加拿大总理特鲁多访华》,人民网,2017年12月8日。
③ 《商务部:中加自贸协定可行性研究基本完成》,新华网,2017年12月7日。

拿大需要重新审视中国,重新评估和调整对华政策"①的建议最终得到学界、智库和决策圈的认同。在这一阶段,加拿大国内保守主义思潮上升。2018年1月,加拿大联合美国在温哥华主办了一场关于朝核问题的16国外长会议,参会者主要是朝鲜战争的参战方。虽然中俄均收到邀请,但两国都决定不参会。此后,中国外交部对此次外长会议的合法性和代表性表示质疑。

(四)"美墨加协定"出台

尽管第二次中加总理年度对话未达到预期的效果,但2018年中加关系仍在"波折"中前行。这一年,前往加拿大留学的中国学生大幅度上升,从2009年至2018年年底,10年间中国留学生从5万增长至14.3万,增长率达186%。2018年中国成为加拿大的第二大贸易伙伴,中国从加拿大进口280亿美元,向加拿大出口780亿美元,分别占据加拿大进口额和出口额的13%和5%。② 在中加高层关系方面,2018年两国关系处于"不畅"状态,但第三次中加总理年度对话在两国总理出席新加坡东亚合作领导人系列会议期间举行。11月14日上午,李克强总理和特鲁多总理就提升双边贸易投资规模,深化航空、气候变化、环境、农业、金融、人文等领域交流进行了坦诚对话。李克强表示愿同加方在相互尊重、灵活务实的基础上继续推进中加自贸协定的谈判,而特鲁多则表示加方愿同中方继续推进双边自贸协定谈判,加方不会受其他国家立场的影响。会后双方发表了《关于应对海洋垃圾和塑料的联合声明》。

然而,2018年加拿大政府将主要外交精力投入北美自由贸易协议(NAFTA)的修订谈判。8月27日,先于加拿大达成的美墨自贸协定给加拿大不小的压力。特朗普总统甚至表示,如果与加拿大达不成新的协议,美国将停止北美自由贸易协议,改为美墨双边自贸协定。面对来自美国的压力,特鲁多总理既要坚持本国利益优先的原则,又要维持与美国长期合作的惯例,毕竟美国是加拿大最大的进出口贸易伙伴,数年来始终占据加拿大进出口额的51%和75%上下。2018年9月30日,经过14个月的艰苦谈判,美加自贸协定落地,三国最终完成新版北美自由贸易协定"美墨加协定

---

① David Mulroney, *Middle Power, Middle Kingdom: What Canadians Need to Know about China in the 21st Century*, London: Allen Lane, 2015, pp. 289-302.
② Canada China Business Council, Canada China Business Forum, 2019-2020, p. 63.

(USMCA)"的谈判。在这场与美国的贸易"角斗"中,加拿大用农业上的让步(主要是奶制品)换来了美国汽车关税豁免,达成了16年期的"日落条款",保留了原NAFTA协议中的争议条款,[1]但令人担忧的是新版USMCA中的第32款:"任何一方与非市场经济国家签订自由贸易协议时,应允许其他各方在发出6个月的通知后终止本协议,并以它们之间的协议(即双边协议)来取而代之。"这一"毒丸条款"的排他性使中加自由贸易协定谈判的难度加大。

(五)特鲁多第二任期与中加关系的走向

2019年10月21日,贾斯廷·特鲁多在加拿大第43届联邦大选中以157席微弱优势赢得大选,组成少数党政府。相对于2015年10月的联邦大选,彼时的特鲁多一举获得184席,组成多数党政府,顺利执政4年。此时的特鲁多总理领导的是一个少数党政府,反对党的掣肘将使其第二任执政更加困难。由于没有达到多数党政府所需的170席,特鲁多总理将采取"逐案处理"的方式,以妥协方式联合其他小党,换取其在下院对执政党议案的支持,特别是年度预算。虽然对外政策制定主要是行政部门的权力,很少会需要下院的支持,但如果执政党坚持执行在反对党看来是"不合时宜"或"离经叛道"的对外政策,反对党也会采用在议会建立特别审查委员会的方式;或威胁对执政党投出"不信任案",推翻现任政府;或利用媒体,对执政党形成舆论压力,迫使执政党调整其对外政策或对外行动。

11月20日,特鲁多总理新内阁组成并宣誓就职,新任加拿大外长为商鹏飞(François-Philippe Champagne)。任职后仅3天,在出席日本名古屋二十国集团外长会议期间,商鹏飞与中国外长王毅举行了会晤。王毅外长回顾了中国人民的老朋友白求恩大夫的国际主义精神和老特鲁多毅然与中国建交的魄力,希望双方珍惜建交以来的50年中加关系,推动中加关系尽快重回正常发展轨道。商鹏飞表示,加方珍惜双方过去多年建立起来的友谊和信任,愿与中方共同做出努力,采取实际措施,重建互信,推动中加关系尽快重回正轨。[2] 然而,12月10日,加拿大的政党政治惯例和议会政治传统使官方反对党保守党提案"设立加中关系特别委员会"在下议院通过。该特别委员会的

---

[1] 特鲁多总理在与美国谈判时一直坚持保留NAFTA中的争议条款,并最终得到落实,同时汽车关税的豁免也给加拿大中产阶级和普通工人带来了可观的"利是",而16年期的"日落条款"打破了特朗普总统坚持的5年期的"日落条款",对加拿大和墨西哥来说,都是收益。

[2] 刘军国:《王毅会见加外长:两国关系遇严重困难,症结在这里》,京报网,2019年11月23日。

主要任务是：全面审查加中关系，涉及领事、经济、法律、安全和外交方面，特鲁多总理、外长和驻华大使有义务接受该委员会的听证要求。如此，特鲁多少数党政府期中加关系改善的制约因素增加，变数增大。

五、致知力行，继往开来

从1888年第一批15位加拿大传教士抵达上海，到1959年上海福音书店独立传教士海伦·威利斯（Helen Willis）离沪回国，有近千名加拿大传教士在豫北、华西和华南地区把毕生大部分的精力献给了中国的近代化、抗日战争和中国革命事业。"至'一战'结束，仅加拿大新教教会就在中国资助了2所大学、270所学校和30家医院。"[1]在第二次世界大战期间，加拿大互助管理委员会同意给予中国第一笔总额为5200万加元的援助贷款。[2] 加拿大生产的"伯连枪"[3]，其中至少1/3运往中国战场，加拿大成为战时支援中国抗战的"兵工厂"。加拿大也曾在1941年香港战役中派出了由1975名加拿大军人组成的加拿大兵团，参与英军对日的香港保卫战。今日香港第二次世界大战烈士公墓（赤柱、西湾）中还长眠着约600名年轻的加拿大军人。中国驻加拿大大使余湛（1983—1986年任职）曾在20世纪70年代中加建交初期对傅尧乐说："你们不是帝国主义国家，从未占领过中国，从未在中国强行建立通商口岸。你们为我们建造医院和学校，你们的白求恩医生将他的一生献给了中国的革命事业。"[4]

从大历史视角审视中加关系，300年来中加民间和官方关系非常友好，从未有过高强度贸易之争和政治冲突。[5]虽然两国在政治体制、意识形态和价值观方面存在差异，但两国没有历史积怨和历史问题，也没有领土、领海和领空纠纷，两国在双边合作发展深水区所发生的分歧和矛盾主要源自两国不同

---

[1] Paul Evans, *Engaging China: Myth, Aspiration and Strategy in Canadian Policy from Trudeau to Harper*, p.17.
[2] 潘迎春：《1931—1945年加拿大与中国的关系》，《民国档案》2009年第4期。
[3] 伯连枪即布轮式轻机枪，英文为"Bren Light Machine Gun"，是第二次世界大战中英联邦国家军队使用的主要武器之一。
[4] B. Michael Frolic, "Canada and China at 40", *Asia Colloquia Papers*, Vol.1, No.1, September 2010, p.5.
[5] 加拿大曾在1885年通过《华人移民法》，对华人实行"人头税"。1923年7月通过的《华人移民法》全面禁止华人自由出入境加拿大，但1947年5月，加拿大废除了1923年《华人移民法》。2006年6月22日，哈珀总理在议会大厦向100多名幸存的华人"人头税"缴纳人、遗孀和后代公开道歉，并向"人头税"幸存者、遗孀和子女提供国家赔偿，每人/户2万加元。

的政治体制、价值取向和意识形态,属于短期内难以消除的结构性矛盾。从加拿大方来看,冷战结束后,加拿大国内一些精英和民众不再满足于本国的"中等国家"身份地位,认为加拿大作为"七国集团"一员,已然成为当今权力分散的国际体系中的主要大国(Principal Power)。① 这种主要大国思想下的"复合新现实主义"思潮认为:"加拿大在世界秩序的塑造中应广泛参与并拥有合作伙伴和影响力,从而促进和宣扬加拿大的国家利益及其独特的国家价值观。"②因此,加拿大不再只满足在国际社会中担任"斡旋者和调停者"的中等国家传统角色,选取具有选择性的诸边主义路径,偏好在全球低政治领域和经济秩序中担任积极的倡导者和领跑者成为加拿大在国际事务中的重要诉求。

从中国方面来看,中国是一个迅速崛起的全球性经济大国,在全球事务中发出"中国声音",提出"中国方案",建设"人类命运共同体"是中国为全球治理提供公共产品的方式。在这一过程中,中国对"锐实力(Sharp Power)"的偏好和中国外交"渐趋强硬",从"战略防御"向"战略反攻"的转化体现了一种"硬锐实力"合体的新走向,这自然加剧了守成大国对崛起大国的天然"疑虑、不信任和担心",这种刺激-反应模式也体现在"复合新现实主义"影响下的加拿大对华认知中。2019年11月1日,加拿大亚太基金会在网上公布了最新"加拿大公众对中加关系的态度"的民意调查,其结果显示62%的加拿大人支持中加自贸协定谈判,43%的加拿大人支持华为5G在加拿大的研发,但民意调查结果也显示出加拿大人对与中国合作存有"担心、疑虑、徘徊"的复杂心理。③ 中加关系的摩擦也可归因于"守成大国与崛起大国必有一战"的宿命观。

如何消弭两国合作发展中的结构性矛盾和认知上的差异?如何管控两国间突发性事件或危机?如何重建两国之间的信任?面对这些现实问题,首先,中加双方需要重温中加关系的历史,学习老特鲁多、周恩来、克雷蒂安的"大视域观",将两国经济发展和人民的福祉置于优先地位。其次,在中、加双

---

① David B. Dewitt, John J. Kirton, *Canada as a principal power: a study in foreign policy and international relations*, John Wiley & Sons, 1983.
② 约翰·J.柯顿:《加拿大外交理论与实践》,"中文版序",第2页。
③ Asian Pacific Foundation of Canada, National Survey Result and Findings on Canadian Public Attitudes on China and Canada-China Relations, November 1, 2019.

方都发生巨大变化的今天,双方需要重新学习、适应彼此,尊重彼此的发展理念和差异,找出共性,实现合作。事实上,中加双方在价值观方面的共性大于差异。加拿大崇尚"人权、自由、平等、开放、法治"的国家价值观,同样,"自由、平等、公正、法治"也是中国社会主义核心价值观之重心。中加双边的"共情和共识"有着共建基础。再次,对于中加分歧,双边理应正视,但不宜过分放大或过度诠释。对于结构性矛盾和突发性危机,双边可以通过建设危机管控通道,以理性的态度,逐一解决合作中的技术类问题,搁置暂时难以达成共识的分歧。中国人民对加拿大人民的美好历史记忆是中加友好关系的民间基础,也是两国政治家在过去五十年外交关系中坚持选择以民生为大局的"务实外交"的民意基础,更是两国愿意管控两国间意识形态分歧的理由。[1] 最后,中、加两国应珍惜双边悠久的民间友谊和两国长期合作所取得的成就,用发展的眼光、智慧的外交手段、求同存异的立场去彼此包容、积极对话并实现合作与共存。

---

[1] 2020年1月31日,当西方诸国宣布对遭受疫情困扰的中国人实行边境限制入境时,加拿大卫生部部长帕蒂·哈吉杜(Patty Hajdu)则明确表示:"加拿大不会跟随美国限制中国人(或去过中国的外国人)入境。"2月1日,特鲁多总理赴多伦多华人社区,向华人和亚裔族群拜年,并表示加拿大社会不允许恐惧和错误信息导致的歧视存在。在2月3日的外交部记者会上,华春莹对加拿大卫生部部长的立场和态度表示肯定。

第四章
中国加拿大研究成果展列

一、论文集锦

(一) 经济贸易与中加经贸合作

孙秋碧:《从加拿大—美国购买力换算看 PPP 方法的应用》,《福州大学学报(哲学社会科学版)》1992 年第 2 期。

林玲:《北美三国城市化与经济发展之间相互作用的动力机制比较》,《经济评论》1993 年第 3 期。

林玲:《加拿大城市化与城市经济的特点》,《世界经济与政治》1993 年第 7 期。

孙秋碧:《中国—加拿大投入产出核算比较研究》,《福州大学学报(哲学社会科学版)》1994 年第 1 期。

吴必康:《加拿大各级政府的分权分税制度》,《经济学动态》1994 年第 2 期。

王学秀:《论美洲经济一体化》,《南开经济研究》1995 年第 5 期。

左连村:《加拿大对外贸易的基本特征》,《世界经济与政治》1995 年第 10 期。

孙秋碧:《加拿大的政府统计》,《中国统计》1997 年第 5 期。

韩经纶、王学秀:《NAFTA 中的加拿大:成绩与问题》,《世界经济与政治》1997 年第 8 期。

王学秀:《加拿大进出境动植物检疫法律及管理》,《国际农产品贸易》1997 年第 9 期。

王学秀、王永贵:《中加经贸与管理研讨会综述》,《国际经贸研究》1998年第1期。

韩经纶:《加拿大对外贸易政策浅析及其启示》,《国际经贸研究》1998年第2期。

王学秀:《加拿大对中国的直接投资状况分析》,《国际经济合作》1998年第3期。

林玲:《亚洲金融危机对加拿大经济的影响》,《计划与市场》1998年第6期。

左连村:《加拿大商业银行业的国际化竞争战略及其启示》,《国际金融研究》1998年第8期。

左连村:《加拿大对外贸易比较利益研究》,《国际纵横》1999年。

王学秀:《亚太经济合作背景下的中加贸易关系》,国际加拿大研讨会论文,2000年8月。

王学秀、杨国新、杨庆山:《NAFTA中的加拿大与墨西哥经济关系:历史、现状与前景》,《南开经济研究》2000年第6期。

解玉军:《加拿大与日本经济关系分析》,载宋家珩、李巍、徐乃力主编《加拿大与亚太地区关系》,济南出版社2000年版。

韩经纶、王永贵:《加拿大企业全球竞争战略探析》,《南开管理评论》2001年第2期。

孙秋碧:《中国—加拿大国民核算比较研究》,《福建省统计研究论文集》2002年第10期。

左连村:《加拿大服务贸易的发展特征及前景》,《当代亚太》2002年第11期。

尹丽:《魁北克与美国关系简要回顾》,载刘盛仪主编《魁北克研究论文集》,重庆出版社2002年版。

许国彬:《充分利用WTO教育服务贸易大力推进高等教育国际化》,《国际经贸探索》2003年第2期。

左连村:《中国—东盟自由贸易区与北美自由贸易区比较分析》,《学术研究》2003年第8期。

许国彬:《加拿大高校毕业生就业指导与服务》,《加拿大研究》2004年第10期。

林玲：《简析中加经贸关系的历史、现状与未来》，中国加拿大研究会第十一届年会暨成立二十周年纪念会论文，2004年。

周文贵：《北美自由贸易区：特点、运行机制与启示》，《国际经贸探索》2004年第1期。

何元贵：《去维多利亚看家族花园之最》，《国际商报》2004年10月。

何元贵：《中国与加拿大旅游服务贸易的比较分析》，《北京第二外国语学院学报》2005年第5期。

李未醉：《加拿大华人社会内部的合作与冲突（1923—1999）》，博士学位论文，暨南大学，2006年4月。

李未醉、高伟浓：《早期华侨对加拿大西部的开发及其意义》，《商场现代化》2006年第9期。

李未醉、高伟浓：《简论加拿大早期华商的活动》，《商业时代》2006年第13期。

李未醉：《加拿大华人参政之我见》，《八桂侨刊》2007年第1期。

李未醉、高伟浓：《加拿大处理民族关系的政策及其对我国的启示》，《世界民族》2007年第6期。

何元贵：《加拿大旅游服务贸易现状及中加旅游贸易发展》，《国际经贸探索》2007年第10期。

左连村、刘婧：《当今世界金融危机对加拿大的影响及启示》，《广东财经职业学院学报》2009年第2期。

李未醉：《加拿大的华文报刊论析》，《八桂侨刊》2009年第2期。

李志军、魏莉、刘艺工：《北极气候变化对加拿大和中国社会与经济的影响》，《内蒙古大学学报（哲学社会科学版）》2010年第1期。

李未醉：《国内加拿大研究近三十年回眸与前景展望》，《上饶师范学院学报》2010年第1期。

王莉：《对于加拿大地方主义文化特性的初探》，《长春理工大学学报（高教版）》2010年第4期。

李未醉：《加拿大华侨华人与粤菜传播》，《八桂侨刊》2011年第1期。

林珏：《中加能源安全与环保政策比较研究》，《内蒙古大学学报（哲学社会科学版）》2011年第4期。

黎全恩、李未醉：《唐人街——加拿大城中之城（引言）》，《八桂侨刊》2012

年第 1 期。

雷欢、何元贵:《加拿大金融服务贸易国际竞争力研究》,《价格月刊》2012年第 2 期。

王莉、李群:《中加高等农业教育合作初探》,《社科纵横》2012 年第 2 期。

左连村、刘婧:《加拿大银行监管制度的发展及启示》,《内蒙古大学学报(哲学社会科学版)》2012 年第 2 期。

左连村、刘融:《中国与加拿大证券业监管制度比较研究》,2012 年岭南经济论坛暨广东经济学会年会论文,2012 年 11 月。

王莉:《加拿大高等农业教育特点分析》,《世界农业》2012 年第 12 期。

左连村、温箐:《加拿大养老保险的管理经验及对中国的启示》,2012 年岭南经济论坛暨广东经济学会年会论文,2012 年 11 月。

左连村、赖亮生:《加拿大房地产业的发展及启示》,《广州城市职业学院学报》2013 年第 3 期。

左连村、刘婧:《中国与加拿大金融业监管比较研究》,《产经评论》2013 年第 5 期。

左连村:《加拿大医疗保险制度的发展及对中国的启示》,《战略决策研究》2013 年第 5 期。

何元贵、胡晓艳:《实际有效汇率与"口碑效应":加拿大旅游服务贸易逆差例证》,《贵州财经大学学报》2014 年第 3 期。

林珏:《2000—2012 年中加能源安全指标的测度及双边能源合作前景》,《国际经贸探索》2014 年第 5 期。

林珏:《2006—2015 年中加贸易互补性指标测度及两国能源合作》,《四川大学学报(哲学社会科学版)》2017 年第 2 期。

李光泗、谢菁菁、王莉:《中国农产品贸易条件恶化及应对策略分析》,《粮食科技与经济》2017 年第 3 期。

(二) 政治、法律、外交和中加关系

杨令侠:《美国与中国的早期交往》,《历史教学》1988 年第 8 期。

杨令侠:《美国南部的早期中国移民》,《历史教学》1989 年第 8 期。

杨令侠:《中国对美国农业的贡献》,《历史教学》1990 年第 10 期。

杨令侠:《美国远西部早期淘金华工活动状况》,《华侨华人历史研究》

1991 年第 4 期。

刘广太：《加拿大承认中国的历史背景》，《河北师范学院学报》1992 年 1 期。

杨令侠：《漫谈美国总统图书馆》，《津图学刊》1992 年第 3 期。

杨令侠：《由美、英、加三角关系进入美加双边关系的加拿大》，《南开学报》1992 年第 6 期。

杨令侠：《试论加拿大与美国的初期关系》，《加拿大掠影》1993 年第 1 期。

刘广太：《加拿大外交部的建立与独立外交的实现》，《河北师范学院学报》1993 年第 2 期。

刘艺工：《加拿大司法制度的历史、现状及基本特征》，《兰州大学学报》1993 年第 3 期。

杨令侠：《第一次世界大战与中国共产主义运动的兴起》，《党史资料与研究》1993 年第 3 期。

杨士虎：《加拿大的律师和律师制度》，《兰州大学学报》1993 年第 12 期。

刘广太：《历史的选择：加拿大承认中华人民共和国》，载内蒙古大学加拿大研究中心编《中国加拿大研究论丛》(一)，内蒙古大学出版社 1993 年版。

付成双：《加拿大自治领时期中央与地方关系的演变》，《加拿大掠影》1994 年第 1 期。

刘艺工：《美国、加拿大宪法制度差异比较》，《兰州大学学报》1994 年第 3 期。

杨令侠：《1814—1865 年间的加美关系》，《历史教学》1994 年第 6 期。

王助：《加拿大"沉浸式"法语教学》，《国外外语教学》1995 年第 1 期。

刘广太：《美国与五六十年代的加拿大对华关系》，《河北广播电视大学学报》1995 年第 1 期。

杨令侠：《19 世纪后期加拿大与美国的关系》，《南开学报》1995 年第 2 期。

杨令侠：《20 世纪初至第二次世界大战前夕的加美关系》，《历史教学》1995 年第 4 期。

王助：《魁北克的独立运动》，北京外国语大学加拿大研究中心加拿大社科论文，1995 年。

王助：《1995：魁北克会独立吗？》，《国际地平线》1995 年。

刘艺工:《试论魁北克法律制度的演变》,《法国研究》1996 年第 2 期。

刘艺工、杨士虎:《试论加拿大的法制传统》,《社科纵横》1996 年第 6 期。

杨令侠:《魁北克与法兰西》,《历史教学》1996 年第 12 期。

付成双:《加美特殊关系的形成与演变》,载姜芃主编《加拿大:社会与进步》,中国社会科学出版社 1996 年版。

王助:《魁北克的土著民族》,载《加拿大地平线》丛书编委会编《"生存"的生存》,中国社会科学出版社 1996 年版。

王助:《经济因素对魁北克全民公决的影响》,载《加拿大地平线》丛书编委会编《爵士乐、文学与民主》,中国社会科学出版社 1997 年版。

杨令侠:《加拿大史学史初探》,《史学理论研究》1997 年第 1 期。

杨令侠:《加拿大魁北克省分离运动的历史渊源》,《历史研究》1997 年第 2 期。

刘艺工:《试论〈魁北克民法典〉》,《法国研究》1997 年第 2 期。

李节传:《加拿大由不涉足远东到卷入朝鲜战争的转变》,《世界历史》1997 年第 2 期。

刘广太:《加拿大对外关系的转折点——特鲁多外交政策初探》,《河北师范学院学报》1997 年第 2 期。

刘广太:《加拿大国家档案馆见闻》,《山东档案》1997 年第 5 期。

李节传:《加美对联合国军跨过 38 线的分歧》,《南开学报》1997 年第 6 期。

刘广太:《新中国成立前后的加拿大对华关系》,《世界历史》1997 年第 6 期。

付成双:《加拿大太平洋铁路与西部的加拿大化》,《加拿大掠影》1998 年第 1 期。

杨令侠:《加拿大与泛美组织》,《南开学报》1998 年第 2 期。

杨令侠:《枫叶国旗话古今》,载《加拿大地平线》丛书编委会编《生活在双语社会》,社会科学文献出版社 1999 年版。

杨令侠:《OXFAM-CANADA 是何组织?》,载《加拿大地平线》丛书编委会编《生活在双语社会》,社会科学文献出版社 1999 年版。

杨士虎:《试论加拿大双语制的历史成因和现状》,《兰州大学学报》1999 年第 4 期。

刘艺工、杨士虎：《加拿大知识产权法概论》，《社科纵横》1999年第5期。

潘迎春：《〈海德公园宣言〉与二战期间加美关系》，《世界历史》1999年第5期。

杨令侠：《冷战期间加拿大与美国关系》，载秦明利、傅利编《加拿大与加拿大人》，哈尔滨工业大学出版社1998年版。

刘艺工：《加拿大的法学教育制度》，载张冠尧主编《加拿大掠影》(2)，民族出版社1999年版。

付成双：《加拿大武装部队今昔》，《加拿大掠影》1999年第2期。

杨令侠：《越南战争中的加拿大与美国》，《历史教学》1999年第8期。

刘广太、吴加平：《特鲁多政府的亚太政策》，载张冠尧主编《加拿大掠影》(2)，民族出版社1999年版。

杨令侠：《古巴导弹危机中的加拿大与美国》，载南开大学历史研究所编《南开大学历史研究所建所二十周年纪念文集》，南开大学出版社1999年版。

翟金秀：《加拿大唐人街的经济及其在现代化中的作用》，载张冠尧主编《加拿大掠影》(2)，民族出版社1999年版。

付成双：《加拿大太平洋铁路与开发时期的西部城市化》，《史学理论研究》1999年第4期。

杨令侠：《美国与加拿大史学界对两国关系的研究》，《史学理论研究》2000年第2期。

杨令侠：《试论加拿大与拉丁美洲关系的演变》，《拉丁美洲研究》2000年第4期。

杨令侠：《加美对古巴政策的分歧》，《史学月刊》2000年第5期。

翟金秀：《特鲁多执政时期的对华外交》，载宋家珩、李巍、徐乃力主编《加拿大与亚太地区关系》，济南出版社2000年版。

付成双：《加拿大西部分裂主义初探》，《国际论坛》2001年第3期。

刘艺工：《加拿大宪政制度的演变和宪法危机》，载何勤华主编《20世纪外国经济法的前沿》，法律出版社2002年版。

杨令侠：《加拿大、美国与日本关系初探》，载米庆余、王晓德编《近现代亚太地区国际关系研究》，天津人民出版社2001年版。

付成双：《试析加拿大地方主义经久不衰的机制性原因》，《国际论坛》2002年第1期。

刘艺工、王辉：《加拿大劳动法概论》，《科学·经济·社会》2002年第1期。

杨令侠：《加拿大新社会史学的崛起和成长（20世纪60年代中至80年代）》，《史学理论研究》2002年第2期。

杨令侠：《加拿大与美国关于酸雨的环境外交》，《南开学报》2002年第3期。

李节传：《阿尔文用小麦为中加关系铺路》，《百年潮》2002年第5期。

付成双：《加拿大西部离心主义：历史、现状与未来趋势》，《南开学报》2002年增刊。

李节传：《二战后的加澳关系的转变》，山东大学加拿大研究中心东亚研究论文，2002年。

李节传：《19世纪80—90年代的加澳关系》，山东大学加拿大研究中心东亚研究论文，2002年。

杨令侠：《加拿大新史学的兴起与发展》，《南开学报》2002年增刊。

潘迎春：《第二次世界大战期间加拿大与英国的关系初探》，载胡德坤《第二次世界大战与世界历史进程》，武汉大学出版社2002年版。

唐小松：《加、美在中国联合国代表权问题上的分歧（1964—1966）》，《世界历史》2003年第5期。

王助：《有关魁北克主权独立的全民公决程序》，《国际论坛》2003年第1期。

李世安、潘迎春：《近年来我国的加拿大史研究状况和发展前景》，《河南大学学报（社会科学版）》2003年第2期。

李节传：《美国对加拿大联邦议会制度的影响》，《天津师范大学学报（社会科学版）》2003年第2期。

李节传：《20世纪60年代的中加小麦贸易与美国的干预》，《中共党史研究》2003年第3期。

李节传：《二十世纪六十年代中国与加拿大粮食贸易及美国的干涉》，《中共党史研究》2003年第4期。

付成双：《加拿大西部诸省的省内建设与经济多样化》，《南开学报》2003年第3期。

付成双：《从中央集权走向地方分权的加拿大联邦》，《加拿大掠影》2003

年第 3 期。

王助：《加拿大土著人中的特殊群体——梅蒂斯人》，《世界民族》2003 年第 6 期。

刘艺工：《加拿大民商法律制度综述》，载何勤华主编《20 世纪外国民商法的变革》，法律出版社 2004 年版。

赵海英：《当代加拿大保守党分裂的原因及影响分析》，硕士学位论文，河北师范大学，2003 年 5 月。

付成双：《试论美国的兼并威胁对加拿大西部开发的影响》，《加拿大研究》2004 年第 1 期。

李节传：《论 20 世纪 60 年代中加小麦贸易的重要意义》，《世界历史》2004 年第 1 期。

付成双：《加拿大西部地方主义初探》，《世界历史》2004 年第 3 期。

潘迎春：《第二次世界大战与加拿大独立外交的形成》，博士学位论文，武汉大学，2004 年 6 月。

刘艺工：《试论 1982 年加拿大宪法》，载何勤华主编《20 世纪西方宪政的发展及其变革》，法律出版社 2005 年版。

杨令侠：《论加拿大多元文化教育》，载南开大学世界近现代史研究中心编《世界近现代史研究》第一辑，中国社会科学出版社 2004 年版。

李节传：《20 世纪 60 年代中加小麦贸易对中国的重要意义》，《当代中国史研究》2005 年第 2 期。

王助：《加拿大法语人口的语言状况》，《世界民族》2005 年第 2 期。

李节传：《1960 年代中加小麦贸易对加拿大的重要性》，《天津师范大学学报（社会科学版）》2005 年第 3 期。

李节传：《二十世纪六十年代中国重返国际市场的突破——中国和加拿大早期的纺织品贸易谈判》，《中共党史研究》2005 年第 5 期。

徐丹：《二战后加拿大新种族主义的态势剖析》，《世界民族》2005 年第 6 期。

刘艺工：《加拿大的刑事司法制度》，载何勤华主编《20 世纪外国刑事法律的理论与实践》，法律出版社 2006 年版。

王助：《加拿大国家主权之殇——魁北克独立运动的历史脉络》，《人民论坛·学术前沿》2015 年第 17 期。

李未醉、高伟浓:《华侨在加拿大的困境和清政府的护侨措施》,《八桂侨刊》2006年第1期。

付成双:《毛皮贸易对于北美印第安人的生态影响》,《世界历史》2006年第3期。

赵海英、张俊桥:《非传统安全威胁及国际实践比较分析》,《河北广播电视大学学报》2006年第3期。

李未醉、高伟浓:《简论早期加拿大华侨妇女》,《中华女子学院学报》2006年第3期。

薛伟娟:《试论后冷战时代加拿大的人类安全理念及其结构主义外交实践》,硕士学位论文,天津师范大学,2006年4月。

李未醉、付仙梅:《加拿大废除排华法的经济因素》,《集团经济研究》2006年第4期。

赵海英、刘艳房:《当代加拿大政党政治格局演变及其原因分析》,《山西广播电视大学学报》2007年第3期。

王助:《加拿大土著人身份法律确认的演变及现状》,《世界民族》2007年第5期。

钱皓:《中等强国参与国际事务的路径研究——以加拿大为例》,《世界经济与政治》2007年第6期。

徐丹:《论加拿大华人移民人口结构的变化》,《世界民族》2007年第6期。

钱皓:《加拿大学者的中国观》,《国际观察》2007年第6期。

杨令侠:《加拿大国民性刍议》,《历史教学(高校版)》2007年第10期。

付成双:《试论毛皮贸易在北美历史上的重要性》,载南开大学世界近现代史研究中心编《世界近现代史研究》第四辑,中国社会科学出版社2007年版。

刘艺工、刘利卫:《加拿大版权法合理使用制度探析》,《西部法学评论》2008年第1期。

徐丹:《论加拿大人力市场的结构障碍与个体障碍对移民的影响》,《鸡西大学学报》2008年第2期。

徐丹:《加拿大多元文化政策和华裔妇女的生存与成长》,《东莞理工学院学报》2008年第2期。

徐丹:《加拿大职场中的中国职业女性状况调查》,《重庆科技学院学报

（社会科学版）》2008 年第 3 期。

翟金秀：《中国崛起语境下的加拿大对华反应与外交》，《历史教学（高校版）》2008 年第 6 期。

贺建涛：《1978 年以来中国学术界关于美国和加拿大关系的研究》，《历史教学（高校版）》2008 年第 9 期。

赵海英、于淼：《20 世纪 90 年代加拿大政党政治格局演变及其影响》，《历史教学（高校版）》2008 年第 11 期。

钱皓：《哈珀政府对华政策刍议》，《国际观察》2009 年第 1 期。

王助：《新喀里多尼亚的"海外属国"地位与魁北克的"国中国"地位比较》，《法国研究》2009 年第 1 期。

钱皓：《加拿大"八国集团"史学研究》，《史学理论研究》2009 年第 1 期。

薛伟娟、李节传：《后冷战时期加拿大的"人类安全"外交理念与实践》，《内蒙古电大学刊》2009 年第 3 期。

贺建涛：《特鲁多时期加拿大官方发展援助（ODA）研究》，硕士学位论文，福建师范大学，2009 年 4 月。

潘迎春：《1931—1945 年加拿大与中国的关系》，《民国档案》2009 年第 4 期。

杨令侠：《改革开放以来的中国加拿大史研究》，《史学月刊》2009 年第 4 期。

潘迎春：《第二次世界大战与加拿大独立外交的形成》，《世界历史》2009 年第 5 期。

潘迎春：《"中等国家"理论的缘起》，《世界经济与政治论坛》2009 年第 5 期。

付成双：《加拿大工业化简论》，《历史教学》2009 年第 10 期。

付成双：《试论加拿大政府在经济现代化中的作用》，载中国科学院现代化研究中心编《世界现代化进程的关键点》，科学出版社 2010 年版。

杨令侠：《加拿大应对金融危机的几个特点》，《红旗文稿》2009 年第 22 期。

杨令侠：《加拿大多元文化主义》，《中国社会科学报》2010 年。

徐丹：《论加拿大新闻媒体中女性称谓语的运用》，《牡丹江大学学报》2010 年第 3 期。

徐丹：《从加拿大民族决策的角度透视新移民的融合问题》，《上饶师范学院学报》2010年第5期。

唐小松、吴秀雨：《加拿大新公共外交评析》，《国际论坛》2010年第6期。

付成双：《加拿大政府在经济现代化中的作用》，载北京大学世界现代化进程研究中心主编《现代化研究》第五辑，商务印书馆2010年版。

杨令侠：《加拿大参与联合国维和行动探析》，载南开大学世界近现代史研究中心编《世界近现代史研究》第七辑，中国社会科学出版社2010年版。

翟金秀：《加拿大老年人社会工作的优势思考与本土化反思》，《学习与实践》2011年第1期。

徐丹：《试论当代加拿大土著人的教育改革及其意义》，《历史教学》2011年第2期。

徐丹：《从加拿大主流社会观念的变迁剖析多元文化政策的现实意义》，《渤海大学学报（哲学社会科学版）》2011年第3期。

付成双：《现代环境主义视野下的"生态的印第安人"》，《历史研究》2011年第4期。

付成双：《试论美国政府的西部资源政策及其环境影响》，《鄱阳湖学刊》2011年第2期。

徐丹：《中国职业妇女移民加拿大融合问题分析——基于跨文化背景》，《重庆科技学院学报（社会科学版）》2011年第5期。

唐小松：《加拿大公共外交及其启示》，《公共外交季刊》2011年第2期。

钱皓：《加拿大2011年联邦大选管窥》，《国际观察》2011年第5期。

赵海英、于淼：《论NAFTA对加拿大的影响》，《内蒙古大学学报（哲学社会科学版）》2012年第2期。

潘迎春：《加拿大争取独立外交的早期努力》，《武汉大学学报（人文科学版）》2012年第3期。

张华：《北美自由贸易区建设的先声——评1911年加、美互惠协定的缔结》，《武陵学刊》2012年第3期。

钱皓：《加拿大选举局在选举政治中的作用》，《国际观察》2012年第5期。

付成双：《北美印第安人的生态智慧评析：从西雅图酋长的演说谈起》，《郑州大学学报（哲学社会科学版）》2012年第5期。

付成双、张聚国、陈志坚、丁见民：《北美现代化模式简论》，载中国科学院现代化研究中心编《21世纪现代化的特征与前途》,科学出版社2012年版。

徐丹、梁璐璐:《管窥文化资本维度下的新移民融合问题——以加拿大华人为个案》,《东北大学学报(社会科学版)》2013年第2期。

王助:《"魁北克"一词的含义》,《法语学习》2013年第2期。

张华:《"二战"初期加拿大与"英国舰队"问题的解决》,《武陵学刊》2013年第2期。

钱皓:《从二元到多元:加拿大文化政策的嬗变与公平社会的建构》,《国际观察》2013年第3期。

徐丹:《刍议华裔妇女的文化身份重构问题——以加拿大文化政策的变迁为视阈》,《长春师范学院学报》2013年第3期。

李瑞艳、翟金秀:《加拿大社区养老服务体系特点及启示》,《南京工程学院学报(社会科学版)》2013年第3期。

贺建涛:《中等强国在联合国维和行动中地位边缘化的根源——以加拿大为例》,《外交评论(外交学院学报)》2013年第4期。

徐丹:《19世纪末加拿大联邦诗人的新民族主义运动》,《郑州大学学报(哲学社会科学版)》2013年第5期。

唐小松、赵波:《加拿大对欧盟公共外交评析》,《国际观察》2013年第6期。

张翠珍:《人道主义援助塑造大国形象》,《国际商报》2013年7月15日。

付成双:《瘟疫:来自旧世界的殖民帮凶》,《中国社会科学报》2013年9月25日。

付成双:《一个现代环境主义的神话:"生态的印第安人"假说辨析》,载李世安等主编《世界现代史新论》(第四编),人民出版社2013年版。

钱皓:《以柔克刚谋平衡》,《中国海洋报》2014年5月6日。

徐丹:《论加拿大联邦诗人查尔斯·罗伯茨的民族主义情结》,《大连海事大学学报(社会科学版)》2014年第1期。

付成双:《美国革命对北美毛皮贸易的影响》,《贵州社会科学》2014年第1期。

唐小松:《加拿大网络安全战略评析》,《国际问题研究》2014年第3期。

钱皓:《加拿大对外援助与国家海外形象建构》,《国际观察》2014年第6期。

钱皓:"China should value'the third choice'",《中国日报》(海外版)2015年3月26日。

付成双等:《论题:美国西部现代化中的环境问题探究》,《历史教学问题》2015年第1期。

付成双:《历史视野中的加拿大"王冠"公司》,《中国社会科学报》2015年1月14日。

钱皓:《约翰·霍姆斯与加拿大中等国家外交思想和实践》,《世界历史》2015年第2期。

付成双:《哈德逊湾体系与圣劳伦斯体系争夺北美毛皮资源的斗争》,《史学月刊》2015年第2期。

付成双:《毛皮贸易与北美殖民地的发展》,《南开学报》2015年第2期。

付成双:《俄勒冈争端与落基山以西毛皮贸易的兴衰》,《历史研究》2015年第3期。

徐丹:《托马斯·麦吉的加拿大国家主义思想研究》,《东北大学学报(社会科学版)》2015年第4期。

唐小松:《加拿大反恐战略评析》,《现代国际关系》2015年第4期。

徐丹:《论联邦初期加拿大国家主义的萌起与构建——以"加拿大第一运动"为考察对象》,《郑州大学学报(哲学社会科学版)》2015年第5期。

张华:《二战时期的加美安全关系》,《史学月刊》2015年第5期。

徐丹:《19世纪加拿大西北天定命运理论的本质与内涵》,《辽宁师范大学学报(社会科学版)》2015年第6期。

钱皓:《加拿大外交部与国家海外利益保护》,《国际观察》2015年第6期。

钱皓:《"特鲁多热"缘何再现加政坛》,《文汇报》2015年10月21日。

张华:《走向冷战同盟:转型时期的加美安全关系研究》,《武陵学刊》2015年第12期。

付成双:《美国矿业发展中的环境问题探析》,《贵州社会科学》2016年第2期。

钱皓:《加拿大智库与加对华政策研究》,《国际观察》2016年第6期。

钱皓:"Canadian Studies in China Get Diversified",《中国日报》(海外版)2015年6月12日。

钱皓:《中加关系新突破》,《澎湃新闻》2016月9月8日。

钱皓：《让欧洲头疼的难民，为何在加拿大不惹事还积极融入当地社会？》，《澎湃新闻》2016年9月22日。

钱皓：《李克强访加拿大之后，已急速升温的中加关系如何更上层楼？》，《澎湃新闻》2016年9月27日。

徐丹：《效忠派与加拿大国家主义的发轫研究》，《辽宁大学学报（哲学社会科学版）》2016年第4期。

贺建涛：《监护制下加拿大印第安人的臣民地位与英国认同（1867—1945）》，《史学月刊》2016年第10期。

李瑞居：《加拿大承认新中国问题探析（1949—1950）》，《历史教学》2016年第11期。

钱皓：《加拿大的南海立场与中加南海合作前景》，《史学月刊》2016年第12期。

付成双：《太平洋铁路与加拿大西部的开发》，《历史教学》2017年第4期。

许文静、张翠珍：《加拿大高等教育教学法的研究及启示——基于阿尔伯塔大学教学法研修项目》，《才智》2016年第34期。

张翠珍：《提升中国企业海外形象的几点建议》，《中外企业文化》2017年第2期。

唐小松、尹铮：《加拿大北极外交政策及对中国的启示》，《广东外语外贸大学学报》2017年第4期。

刘丹：《加拿大国防政策新变化及其前景分析》，《现代国际关系》2017年第10期。

钱皓：《加拿大议会在对外政策中的作用》，《国际观察》2018年第2期。

钱皓：《加拿大中国事务专家与中加关系》，载唐小松主编《加拿大蓝皮书：加拿大发展报告（2018）》，社会科学文献出版社2018年版。

钱皓：《加拿大与中等强国联合体MIKTA》，载刘意青主编、陈燕萍执行主编《全球化背景下的加拿大研究》，北京大学出版社2019年版。

钱皓：《北极最新战略态势分析：兼论中国如何应对挑战》，载刘琛主编《2017加拿大政策发展报告》，外语教学与研究出版社2018年版。

黄忠：《加拿大亚太整体参与外交评析》，《现代国际关系》2018年第4期。

唐小松、孙玲：《北美自贸协定重谈及其影响》，《广东外语外贸大学学报》2019年第2期。

王栋:《中加农业合作回顾与展望:以我国与萨斯喀彻温省农业合作为例》,《公共政策研究季刊》2020年第1期。

陈裕函、唐小松:《论加拿大政府的能源出口多元化政策》,《战略决策研究》2020年第2期。

唐小松、万飞:《特鲁多政府的全球气候治理政策探析——在中等国家理论框架下》,《国别和区域研究》2020年第3期。

唐小松、徐娟:《中加FTA谈判:分歧、阻因与前景》,《西部学刊》2020年第11期。

Geoffrey McCormack, Canadian Banking Stability through the Global Financial Crisis of 2007–2008, *Historical Materialism*, Vol. 28, No. 1, 2019.

(三) 文化教育

赵德缤、蓝仁哲、宋家珩:《加拿大研究在中国》,《文史哲》1988年第4期。

郭继德:《当代加拿大英语戏剧发展趋势》,《戏剧文学》1990年第2期。

邢昭:《加拿大高校多元教育谈》,《高教研究》1992年第4期。

邢昭:《加拿大高校教学法评析》,《高教研究》1993年第5期。

张维鼎:《加拿大早期小说类型结构分析》,载陶洁、翁德修、傅利等《心灵的轨迹——加拿大文学论文集》,中国文联出版公司1994年版。

姜芃:《加拿大各级政府之间的分权分税制度》,载姜芃编《加拿大:民主与政制》,社会科学文献出版社1993年版。

邢昭:《加拿大高等教育之我见》,《高教研究》1994年第1期。

傅利:《心灵的轨迹 从〈金发男子与"宝宝熊"〉看萨拉·墨菲的心理描写特色》,载陶洁、翁德修、傅利等《心灵的轨迹——加拿大文学论文集》,中国文联出版公司1994年版。

林必果:《我和我家的反讽主题》,《加拿大透视》1995年第2期。

王晓英:《玛格丽特·阿特伍德:当代加拿大文坛的代言人》,《社科信息》1996年第4期。

赵庆庆:《加拿大华人真正的关切之声——采访加拿大最高文学奖总督奖得主余兆昌》,《常州工学院学报(社科版)》2016年第6期。

邢昭:《加拿大人才培养与社会需求协调发展》,《高教研究》1996年第

2 期。

穆雷:《十九世纪加拿大的法、英文学翻译管见》,《法国研究》1997 年第 1 期。

吴言苏:《合作教育——一种有效的加拿大教育模式》,《重庆大学学报(社会科学版)》1997 年第 1 期。

王晓英:《生存回归真我——论〈浮现〉的多元化主题》,《外国文学研究》1997 年第 2 期。

赵伐:《论文本的独创与互文》,《外语与外语教学》1998 年第 3 期。

穆雷:《加拿大的翻译职业组织》,《中国翻译》1997 年第 4 期。

胡慧峰:《孤儿身份与〈绿山墙的安妮〉》,《社科纵横》1997 年第 6 期。

Fu Li, A Review of *The Tumble of Reason*, *A Review of International English Literature*, 1997.

刘意青:《荒漠里的赫加:评介玛格丽特·劳伦斯的小说〈石头天使〉》,《加拿大掠影》1998 年第 1 期。

穆雷:《加拿大的术语学研究》,《翻译学报》1998 年第 2 期。

郭继德:《加拿大工人戏剧运动》,《戏剧艺术》1998 年第 2 期。

刘丽达、傅利:《加拿大多元文化的主流文化倾向》,《世界民族》1998 年第 4 期。

王庭荣:《魁北克法语的若干特点》,载张冠尧主编《加拿大掠影》,民族出版社 1998 年版。

齐文同:《加拿大的生物礁发育与造礁生物兴衰灭绝研究》,载张冠尧主编《加拿大掠影》,民族出版社 1998 年版。

杨立文:《华裔移民对加拿大社会与文化的贡献》,载张冠尧主编《加拿大掠影》,民族出版社 1998 年版。

王逢鑫:《加拿大印第安人的图腾柱》,载张冠尧主编《加拿大掠影》,民族出版社 1998 年版。

丛莉:《休伦人的村落》,载张冠尧主编《加拿大掠影》,民族出版社 1998 年版。

孙宗鲁:《蒙特利尔风情》,载张冠尧主编《加拿大掠影》,民族出版社 1998 年版。

张冠尧:《桤接蓝天航远洋——加拿大现代法语诗的开拓者内里刚和他

的诗》,载张冠尧主编《加拿大掠影》,民族出版社1998年版。

孙宗鲁:《魁北克的医疗体系和医疗制度》,载张冠尧主编《加拿大掠影》(2),民族出版社1999年版。

傅利:《寻找图标——Aritha van Herk访谈记录》,载秦明利、傅利编《加拿大与加拿大人》,哈尔滨工业大学出版社1998年版。

傅利、何淼波:《另一个世界——艾丽丝·门罗小说中的意义断裂》,载秦明利、傅利编《加拿大与加拿大人》,哈尔滨工业大学出版社1998年版。

刘丽达、傅利:《加拿大多元文化的主流文化倾向》,载铁木尔主编《民族政策研究文丛(第一辑)》,民族出版社2002年版。

滕巧云、穆雷:《热爱你的邻居,了解你的敌人——加拿大文学翻译的一大政治特征》,载秦明利、傅利编《加拿大与加拿大人》,哈尔滨工业大学出版社1998年版。

滕巧云、穆雷:《19世纪的加拿大文学翻译》,载秦明利、傅利编《加拿大与加拿大人》,哈尔滨工业大学出版社1998年版。

穆雷:《中国内地移民谈中华文化》,载莫旭强、朱建成主编《中国心 枫叶情:访加学者纵谈加拿大华侨华人》,广东高等教育出版社1998年版。

朱刚、刘雪岚:《琳达·哈钦访谈录》,《外国文学评论》1999年第1期。

刘雪岚、朱刚:《诺思洛普·弗莱的文化遗产——访加拿大"弗莱研究中心"》,《外国文学动态》1999年第2期。

牟俊贞:《加拿大民俗文化及其研究》,《世界民族》1999年第4期。

吴言荪、刘誓玲:《纽布朗斯威克的远程教育和培训网络计划及其启示》,《中国电化教育》1999年第4期。

林必果:《横岭侧峰辨,文名扶摇升——评一本加拿大小说的遭遇》,载《外语教学与研究论文集(第二辑)》,四川人民出版社1999年版。

穆雷:《加拿大的翻译教学对我们的启示》,《当代英语百论》1999年。

陈燕萍:《不如归去——评伊夫·戴里奥的小说〈阿高克〉》,载张冠尧主编《加拿大掠影》(2),民族出版社1999年版。

商德文:《国际资本在东亚地区的流动与加拿大的对外投资战略》,载张冠尧主编《加拿大掠影》(2),民族出版社1999年版。

许学工:《加拿大的自然保护区》,载张冠尧主编《加拿大掠影》(2),民族出版社1999年版。

杨立文：《最近十年来中国加拿大研究概况》，载张冠尧主编《加拿大掠影》(2)，民族出版社1999年版。

张冠尧：《魁北克文学的起源和今天人民最喜爱的歌手吉尔·维尼奥》，载张冠尧主编《加拿大掠影》(2)，民族出版社1999年版。

王红艳：《加拿大政府与印第安土著民族关系探析》，《辽宁师范大学学报》2000年第2期。

李鹏飞：《现代文明撞击下的加拿大因纽特人》，《北京理工大学学报(社会科学版)》2000年第2期。

陈晓莹：《高等院校合校的思考》，载蓝仁哲主编《庆祝四川外语学院建校50周年学术论文集》，西南师范大学出版社2000年版。

魏莉：《论加拿大和澳大利亚英语诗歌渊源及其在19世纪的发展》，《内蒙古大学学报(哲学社会科学版)》2011年第1期。

傅俊：《宽宥、包容、妥协与多元文化政策——加拿大"努纳武特地区"诞生的启示》，《镇江高专学报》2001年第1期。

刘克东、傅利：《哈金对中国的选择性呈现》，《世界文学评论》2011年第2期。

杨少琳：《多元文化下加拿大魁北克高等教育的特性与启示》，《中国高等教育》2011年第13期。

张冠尧：《努纳武特的成立与启示》，载张冠尧主编《加拿大掠影》(3)，民族出版社2001年版。

林必果：《加拿大英语与加拿大文化》，载张冠尧主编《加拿大掠影》(3)，民族出版社2001年版。

陈燕萍：《还我们一片自由的土地——加拿大境内土著人争取土地和自由的斗争》，载张冠尧主编《加拿大掠影》(3)，民族出版社2001年版。

商德文：《加拿大经济发展的特点及其对亚太的经济政策》，载张冠尧主编《加拿大掠影》(3)，民族出版社2001年版。

许学工、张茵：《加拿大自然保护区管理中法规的作用》，载张冠尧主编《加拿大掠影》(3)，民族出版社2001年版。

刘秀杰、何森波：《艾丽丝·蒙罗小说中的叙事结构》，《求是学刊》2001年第4期。

傅俊、梅江海：《真实与虚构——阿特伍德近作〈别名格雷斯〉分析》，《江苏教育学院学报(社会科学版)》2001年第4期。

刘亚儒:《语言的"重新性化"——谈女权主义的翻译观》,《海南大学学报(人文社会科学版)》2001年第4期。

丁林棚:《阿特伍德小说中"潜入地下"主题的反复再现》,《国外文学》2002年第1期。

刘意青:《存活斗争的胜利者——加拿大女小说家和作品评介》,《外国文学研究》2002年第1期。

刘亚儒:《翻译与女性——读加拿大著名女权主义翻译者苏姗妮所著的〈双语人〉》,《西安外国语学院学报》2002年第1期。

王红艳:《二十世纪加拿大的移民状况回顾与展望》,《世界民族》2002年第2期。

李晖:《多元文化——加拿大的明智之举》,《外国语言与文化论丛》2002年第2期。

郭继德:《加拿大文学与美国文学的差异》,《山东外语教学》2002年第2期。

俞理明:"On the Implications of Pribram's Holographic View of Brian to Second/Foreign Language Acquisition",《中国英语教学》2002年第3期。

商德文:《"9·11"事件对加拿大经济的影响》,载北京大学加拿大研究中心主编《加拿大掠影》(4),民族出版社2002年版。

邓辉:《游尼亚加拉瀑布》,载北京大学加拿大研究中心主编《加拿大掠影》(4),民族出版社2002年版。

陈燕萍:《在和谐中共生——魁北克作家伊夫·戴里奥小说中的人与自然》,载北京大学加拿大研究中心主编《加拿大掠影》(4),民族出版社2002年版。

王红艳:《加拿大主要移民群体的民族语言迁移与保留》,《辽宁师范大学学报(社会科学版)》2002年第5期。

王红艳:《加拿大印第安人教育述论》,《世界民族》2002年第5期。

俞理明、韦爱诗:《加拿大中小学戏剧课程及其启示》,《外国中小学教育》2002年第5期。

赵伐:《在历史语境中虚构"真实"——论鲁迪·威伯的长篇小说〈大熊的诱惑〉》,《宁波大学学报(人文科学版)》2002年第4期。

赵伐:《历史—文本—虚构:论历史文本在〈发现陌生人〉中的隐喻功能》,《外语与外语教学》2002 年第 6 期。

蓝仁哲:《加拿大文学在中国的接受》,《四川外语学院学报》2002 年第 6 期。

吴言荪、刘誓玲:《加拿大远程教育一瞥》,《中国远程教育》2002 年第 8 期。

李晖:《身份的探寻——〈可食的女人〉和〈方舟〉的主题比较研究》,《西南民族学院学报》2002 年第 23 期。

汪凯:《论后殖民主义因素在迈克尔·翁达杰小说中的体现》,硕士学位论文,南京师范大学,2002 年 6 月。

杨少琳:《儿童·家庭·社会——魁北克儿童保护与家庭政策》,载刘盛仪主编《魁北克研究论文集》,重庆出版社 2002 年版。

吴言荪:《加拿大远程教育研究》,《重庆大学学报》2003 年第 1 期。

郭继德:《当代加拿大文学的一位缔造者——罗伯逊·戴维斯》,《当代外国文学》2003 年第 2 期。

刘秀杰、秦明利:《〈大熊的诱惑〉中仪式的解析》,《哈尔滨工业大学学报(社会科学版)》2003 年第 3 期。

王鹏飞:《沉默的双重象征:种族主义与女性主义——析华裔美国作家汤婷婷之〈中国佬〉》,《四川外语学院学报》2003 年第 4 期。

俞理明、韩建侠:《渥太华依托式课程教学及其启示》,《外语教学与研究》2003 年第 6 期。

傅俊:《"他是地球上的最后一个人"——读阿特伍德的最新小说〈羚羊与秧鸡〉》,《外国文学动态》2003 年第 6 期。

严志军:《〈诺斯洛普·弗莱论加拿大〉——原型批评理论大师的文化批评实践》,《外国文学动态》2003 年第 6 期。

林必果:《船、小镇与草原》,载石坚主编《外国语言文学与文化论丛(第 6 卷)》,四川人民出版社 2003 年版。

仇雨临:《加拿大社会保障制度对中国的启示》,《中国人民大学学报》2004 年第 1 期。

陈燕萍:《失乐园——伊夫·戴里奥的印第安人作品系列中的神话色彩》,载杨立文主编《加拿大研究》,民族出版社 2004 年版。

陈秋华：《阿特伍德小说的生态主义解读：表现、原因和出路》，《外国文学研究》2004年第2期。

朱建成：《加拿大高校与企业的合作及对我们的启示》，《长春工业大学学报（高教研究版）》2004年第2期。

赵庆庆：《语言·隐秘·重构——加拿大华裔作家崔维新的〈纸影：唐人街的童年〉评析》，《当代外国文学》2004年第3期。

李晖：《是什么威胁加拿大的民族主义》，《外国语言与文化论丛》2004年第4期。

傅俊、薛冰莲：《互文与颠覆——阿特伍德性小说〈预言夫人〉的女性主义解读》，《当代外国文学》2004年第4期。

傅俊、尤蕾：《时间·存在·意识之流："为消逝的童年建一个文学家园"——读阿特伍德的〈猫眼〉》，《四川外语学院学报》2004年第6期。

俞理明：《加拿大素质教育结合科学研究的尝试》，《外国中小学教育》2004年第6期。

吴言荪：《加拿大高等教育国际化的思考》，《学位与研究生教育》2004年第6期。

杨春艳、李雪：《对阿特伍德和品特〈使女的故事〉的对比分析》，《学术交流》2004年第7期。

赵伐：《悲剧的瓦解：诠释〈晚安，苔丝狄梦娜〉》，《外语与外语教学》2004年第1期。

赵庆庆：《加华作协成立十五周年》，《中华读书报》2004年9月。

赵庆庆：《加拿大的"恶之花"——记获总督奖提名的最年轻作家刘绮芬》，《中国图书商报》2004年9月。

赵庆庆：《阿特伍德歌剧亮相多伦多》，《中华读书报》2004年9月。

袁笃平、俞理明：《高校双语教学的理念和策略研究》，《中国外语》2005年第1期。

李未醉：《加拿大华侨与华文文学》，《八桂侨刊》2005年第1期。

刘克东、许丽莹：《哈金〈活着〉评析》，《黑龙江教育学院学报》2005年第1期。

韦清琦：《假如昔日可以重来——〈羚羊与秧鸡〉译后随笔》，《译林》2005年第2期。

赵伐：《关于加拿大作家鲁迪·威伯作品"阐述性阅读"的对谈》，《宁波大学学报（人文科学版）》2005年第2期。

刘亚儒：《加拿大女性主义翻译理论的起源、发展和现状》，《天津外国语学院学报》2005年第2期。

韦清琦：《深度追问——评阿特伍德新作〈羚羊与秧鸡〉》，《外国文学动态》2005年第2期。

杨莉馨：《"反乌托邦"小说的一部杰作——试论玛格丽特·阿特伍德的新作〈羚羊与秧鸡〉》，《南京师范大学文学院学报》2005年第2期。

李未醉、苏前忠：《加拿大华侨与音乐文化交流》，《星海音乐学院学报》2005年第4期。

戴维·司泰因斯、丁林棚：《隐身洞穴：加拿大文学的后殖民自恋》，《国外文学》2005年第4期。

张维鼎：《加拿大早期文学传统中的民族文化马赛克拼合精神》，《西南民族大学学报（人文社会科学版）》2005年第6期。

袁平华、俞理明：《加拿大双语教育与中国双语教学的可比性》，《中国大学教学》2005年第11期。

陈晓莹：《加拿大努纳武特地区的多元文化教育》，《比较教育研究》2005年第12期。

赵庆庆：《当代加拿大诗歌选译》，《当代外国文学》2005年第2期。

赵庆庆：《一枝独秀的加拿大当代儿童文学》，《文艺报》2005年5月。

韦清琦：《阿特伍德的〈珀涅罗珀记〉——一部女书》，《世界文学》2006年第1期。

隋刚：《加拿大高校英语文学创作教学的几种特性》，《世界文学评论》2006年第1期。

魏莉：《加拿大化运动及其对加拿大高等教育体制的影响》，《高等教育研究》2006年第2期。

魏莉：《加拿大英语诗歌：从"启门时代"到"联邦诗人"》，《内蒙古大学学报（人文社会科学版）》2006年第3期。

傅俊、韩媛媛：《论女性话语权的丧失与复得——解析阿特伍德的短篇小说〈葛特露的反驳〉》，《当代外国文学》2006年第3期。

赵庆庆：《加拿大华人文学概貌及其在中国的接受》，《世界华文文学论坛》2006 年第 4 期。

胡慧峰:《加拿大儿童文学印象》,《外国文学动态》2006 年第 3 期。

赵庆庆:《困惑和愤怒——评加拿大总督奖作家 Fred Wah 和少数族裔作家的连接号策略》,《华文文学》2006 年第 4 期。

韩家炳:《加拿大和美国学者关于多元文化主义的评论》,《国外社会科学》2006 年第 4 期。

隋刚:《加拿大高校的英语文学创作教学》,《北京第二外国语学院学报》2006 年第 4 期。

陈泽桓、赵庆庆:《少数族裔剧作家的窘境》,《华文文学》2006 年第 4 期。

赵庆庆:《写戏·演戏·导戏·说戏——加拿大华裔剧作家陈泽桓采访实录》,《华文文学》2006 年第 4 期。

李未醉:《简论加拿大华人与体育活动》,《八桂侨刊》2006 年第 4 期。

杨莉馨:《女性主义烛照下的经典重述——评玛格丽特·阿特伍德的小说〈珀涅罗珀记〉》,《当代外国文学》2006 年第 4 期。

李晖:《理解自我之路——玛格丽特·劳伦斯〈石头天使〉评析》,《外国语言与文化论丛》2006 年第 6 期。

韩家炳:《加拿大民族文化政策的演变与多元文化主义的缘起》,《淮北煤炭师范学院学报(哲学社会科学版)》2006 年第 6 期。

袁平华、俞理明:《加拿大沉浸式双语教育与美国淹没式双语教育》,《比较教育研究》2006 年第 8 期。

丁林棚:《肯·米切尔访谈录》,载北京大学加拿大研究中心编《加拿大研究》(2),民族出版社 2006 年版。

陈燕萍:《光明与黑暗的使者——伊夫·戴里奥小说中太阳的神话意象》,载北京大学加拿大研究中心编《加拿大研究》(2),民族出版社 2006 年版。

杨立文:《加拿大印第安人走上民族自强之路——论创建加拿大第一民族大学的意义》,载北京大学加拿大研究中心编《加拿大研究》(2),民族出版社 2006 年版。

陈燕萍:《圣地》,载罗芃、任光宣主编《欧美文学论丛(5)圣经、神话传说与文学》,人民文学出版社 2007 年版。

俞理明:《加拿大双语教育和中国双语教学的可比性》,载北京大学加拿大研究中心编《加拿大研究》(2),民族出版社 2006 年版。

Fa Zhao, "Dynamic Equivalence in Translation", *Canadian Literature: A Quarterly of Criticism and Review*, Summer 2007.

吴言荪、王鹏飞:《加拿大创新战略研究》,《重庆大学学报(社会科学版)》2007年第1期。

吴言荪:《滑特卢大学创新实践初探》,《高等工程教育研究》2007年第3期。

韩家炳:《加拿大多元文化主义的缘起——以魁北克独特性的变迁和民族主义高涨为中心的考察》,《苏州科技学院学报(社会科学版)》2007年第3期。

袁霞:《评玛格丽特·阿特伍德新作〈帐篷〉》,《外国文学动态》2007年第3期。

丁林棚:《加拿大文学中的地域和地域主义》,《国外文学》2008年第2期。

韩家炳:《加拿大与美国多元文化主义异同略论》,《中国社会科学院研究生院学报》2007年第4期。

陈泽桓、赵庆庆:《在加拿大华裔作家协会上的主题发言》,《华文文学》2007年第4期。

袁霞:《植根故土,情牵世界——玛格丽特·阿特伍德四十五年创作生涯回顾》,《译林》2007年第5期。

韩家炳:《加拿大多元文化主义的缘起——以少数民族贡献和遭遇为中心的考察》,《兰州学刊》2007年第12期。

陈燕萍:"La nostalgie du temps sacré",载李洪峰、傅荣生编《从中国看魁北克:北京2006年魁北克文化研讨会论文集》,外语教学与研究出版社2007年版。

梁晓:《加拿大浸入式教学法的形成及影响》,《中国市场》2008年第35期。

朱建成:《加拿大社区学院的发展及其启示》,《重庆三峡学院学报》2008年第1期。

赵庆庆:《加拿大戏剧的莎士比亚情结和戏仿解密》,《戏剧(中央戏剧学院学报)》2008年第2期。

韩家炳:《魁北克问题与加拿大多元文化主义的缘起》,《历史教学(高校版)》2008年第3期。

朱刚：《经典的重现与"理论"的沉浮——从〈批评的剖析〉英文版在国内出版说起》，《外国文学评论》2008年第3期。

陈燕萍：《"风"狂的威胁——伊夫·戴里奥作品中风的意象》，载杨立文主编《加拿大研究》(3)，民族出版社2008年版。

丁林棚：《加拿大地域主义文学的嬗变与特征》，载杨立文主编《加拿大研究》(3)，民族出版社2008年版。

赵庆庆：《海外华文文学和华人非华文文学研究的比较整合新论》，《世界华文文学论坛》2008年第4期。

赵庆庆：《北美华裔女性文学：镜像设置和视觉批判——以刘绮芬、陈迎和林玉玲的作品为例》，《外国文学评论》2008年第4期。

袁霞：《回忆过去是为了面对现在——评爱丽思·蒙罗的〈洛克堡的风景〉》，《外国文学动态》2008年第4期。

赵庆庆：《北美华裔女性文学：镜像设置和视觉批判——以刘绮芬、陈迎和林玉玲的作品为例》，《外国文学评论》2008年第4期。

韩家炳：《加拿大多元文化主义的缘起——以少数民族贡献和遭遇为中心的考察》，《历史教学(高校版)》2008年第5期。

张冬梅、傅俊：《阿特伍德小说〈使女的故事〉的生态女性主义解读》，《外国文学研究》2008年第5期。

王红艳：《加拿大妇女运动与其社会政治上的进步》，《中华女子学院学报》2008年第5期。

傅俊：《论阿特伍德文学作品中的历史再现——从〈苏珊娜·莫迪的日记〉到〈别名格雷斯〉》，《外国文学》2008年第6期。

赵庆庆：《加拿大候补戏剧运动经典的化历史》，《历史教学(高校版)》2008年第7期。

王鹏飞、李桃：《加拿大职业教育的管理机制及与政府间关系》，《成人教育》2008年第11期。

吴言荪、穆念红：《加拿大大学对国家创新战略的回应及其启示》，《中国科技论坛》2008年第12期。

李晖：《浅议加拿大华裔文学产生的历史背景》，《历史教学》2008年第12期。

袁霞：《古希腊戏剧艺术与现代电影技巧的融合——评话剧〈珀涅罗珀

记〉》,《电影文学》2008年第20期。

陈晓莹:《论加拿大多元文化教育内涵的独特性》,载郭继德、李巍主编《中加两国在21世纪的战略合作:中国加拿大研究会第12届年会论文集》,山东大学出版社2008年版。

俞理明:《枫叶之旅:交大—McMaster大学学生交流活动》,载郭继德、李巍主编《中加两国在21世纪的战略合作:中国加拿大研究会第12届年会论文集》,山东大学出版社2008年版。

朱建成:《加拿大研究生教育及其对我国的启示》,《长春工业大学学报(高教研究版)》2009年第1期。

廖七一:《〈东方翻译〉——跨越东西方文化的桥梁》,《东方翻译》2009年第1期。

廖七一:《翻译规范与研究途径》,《外语教学》2009年第1期。

陈喜荣:《一葩独秀——论女性主义文学翻译的加拿大特色》,《四川外语学院学报》2009年第1期。

陈晓莹:《重构与整合——加拿大多元文化教育中的教材教法新探》,《广西师范大学学报(哲学社会科学版)》2009年第2期。

丁林棚:《论阿特伍德的〈可以吃的女人〉中的摄影主题和视觉政治》,《世界文学评论》2009年第2期。

刘克东:《印第安传统文化与当代印第安文学》,《英美文学研究论丛》2009年第2期。

徐斌:《国内玛格丽特·阿特伍德长篇小说研究综述》,《南京师范大学文学院学报》2009年第2期。

袁霞:《玛格丽特·阿特伍德与"百衲被"》,《当代外国文学》2009年第3期。

袁霞:《为恣意放纵的欲望买单——评阿特伍德新作〈偿还:债务与财富的阴暗面〉》,《译林》2009年第4期。

王红艳:《简释北美印第安人节日和生态文化的内涵及启示》,《世界民族》2009年第5期。

韩家炳:《中国学者多元文化主义研究的回顾与思考——以加拿大和美国为中心》,《安徽史学》2009年第6期。

严又萍、傅俊:《〈洪疫之年〉——又一部生态预警小说》,《外国文学动态》

2009年第5期。

马广利、傅俊：《后殖民批评视角下的加拿大〈印第安人法〉》，《上饶师范学院学报》2010年第1期。

魏莉：《中国加拿大文学研究概述》，《内蒙古大学学报（哲学社会科学版）》2010年第1期。

王红艳、董学升：《"9·11"事件发生以来的加美关系》，《红河学院学报》2010年第1期。

赵庆庆：《探索那探索不及的晨星——访加拿大女作家葛逸凡》，《常州工学院学报（社科版）》2010年第1期。

赵庆庆：《风起于〈红浮萍〉——访加拿大双语作家、滑铁卢大学孔子学院院长李彦》，《世界华文文学论坛》2010年第1期。

赵庆庆：《绽放在加拿大英语文坛的〈玉牡丹〉——论崔维新获奖小说〈玉牡丹〉、加拿大华裔文本和杂糅》，《上饶师范学院学报》2010年第2期。

傅俊、严又萍：《略论社会观念、族群意识与文学创作之间的互动性进步——加拿大原住民文学的后殖民主义解读》，《江苏外语教学研究》2010年第2期。

袁霞：《艾丽思·门罗的新作〈太多快乐〉》，《外国文学动态》2010年第2期。

赵庆庆：《文学副刊"加华文学"与〈大汉公报〉结缘前后——专访"加华作协"创会会长、加华作家卢因》，《世界华文文学论坛》2010年第2期。

赵庆庆：《整合两岸，兼容雅俗——论曹惠民的学术理念》，《华文文学》2010年第3期。

袁霞：《生态危机下的四重唱——介绍当代加拿大四位生态诗人》，《外国文学动态》2010年第4期。

丁林棚：《视觉、摄影和叙事：阿特伍德小说中的照相机意象》，《外国文学》2010年第4期。

陈燕萍：《永无休止的战争　天使与魔鬼的较量——安娜·埃贝尔的小说〈卡穆拉斯卡庄园〉中人物的双重性》，载陈燕萍主编《加拿大研究》(4)，北京理工大学出版社2010年版。

杨立文：《论加拿大土著教育经验的国际意义——在加拿大第四届亚/太土著教育国际会议上的发言》，载陈燕萍主编《加拿大研究》(4)，北京理工大学出版社 2010 年版。

袁霞：《解读〈一个拓荒者的渐趋疯狂〉中的生态思想》，《上饶师范学院学报》2010 年第 5 期。

梁晓：《加拿大高校人才队伍建设及对我国的启示》，《湖南农业大学学报》2011 年。

梁晓：《中国—加拿大高等教育合作状况综论》，载原一川主编《中国—加拿大民族与文化多元性比较研究》，上海交通大学出版社 2012 年版。

吴言荪、刘誓玲：《加拿大大学教学质量保障机制浅析》，《高等工程教育研究》2011 年第 1 期。

刘天玮、杨艳萍：《从〈庶出子女〉看加拿大华裔女性对男权主义的解构》，《内蒙古工业大学学报（社会科学版）》2011 年第 1 期。

袁霞：《试论〈洪疫之年〉中的生态思想》，《外国文学》2011 年第 2 期。

赵庆庆：《加拿大华人文学概貌及其在中国的接受》，《世界华文文学论坛》2011 年第 2 期。

王红艳：《试论当代加拿大土著人的教育改革及其意义》，《历史教学》2011 年第 2 期。

王红艳：《从加拿大主流社会观念的变迁剖析多元文化政策的现实意义》，《渤海大学学报（哲学社会科学版）》2011 年第 3 期。

严又萍、傅俊：《从历史深处驶来的〈鬼魂列车〉》，《外国文学》2011 年第 3 期。

刘意青、李洪辉：《超越性别壁垒的女性叙事：读芒罗的〈弗莱茨路〉》，《外国文学》2011 年第 4 期。

傅俊、严又萍：《后殖民主义批评视域中的加拿大原住民文学的解读》，《外国文学研究》2011 年第 5 期。

刘克东：《论〈一个兼职印第安人绝对真实的日记〉中的后印第安武士形象》，《外国文学研究》2011 年第 6 期。

杨少琳：《多元文化下加拿大魁北克高等教育的特性与启示》，《中国高等教育》2011 年第 7 期。

王红艳：《大规模教育评估的兴起、问题与发展——加拿大教育评估的启示》，《外国中小学教育》2011 年第 8 期。

陈晓莹：《从加拿大第 12 次全国大都市会议看后经济危机背景下的加拿

大多元文化主义》,《楚雄师范学院学报》2011 年第 11 期。

Xiao Liang, "On Higher Education in China and Canada from the Perspective of Humanity-orientation", *Journal of Interchange*, 2012.

陈喜荣:《罗比涅荷-哈伍德的翻译伦理观探析》,《外国语文》2012 年第 1 期。

王红艳:《加拿大原住民劳动力就业政策：回顾、意义与启示》,《楚雄师范学院学报》2012 年第 1 期。

陈晓莹:《加拿大的浸入式教学法及其在我国外语教学改革中应有的影响和作用》,《英语研究》2012 年第 1 期。

赵庆庆:《斯坦福大学华裔女孩震撼百老汇——曹禅和她的音乐剧〈时光当铺〉》,《外国文学动态》2012 年第 2 期。

赵庆庆:《海外伤痕回忆录：祛魅的身份和历史重建》,《华文文学》2012 年第 2 期。

赵庆庆:《加拿大华裔才女曹禅的恩典音乐剧刍论》,《世界华文文学论坛》2012 年第 2 期。

赵伐:《论加拿大新历史小说》,《外国文学评论》2012 年第 3 期。

严又萍、傅俊:《论〈妈,爸,我和白人女孩同居了〉中的生存困惑》,《当代外国文学》2012 年第 4 期。

汪凯:《论〈安妮尔的幽灵〉中的暗色调主义》,《外国语文》2012 年第 5 期。

许丽莹、刘克东:《过程评价对创新能力和学术规范的保障——以加拿大西三一大学课程大纲为例》,《考试与评价(大学英语教研版)》2012 年第 5 期。

丁林棚:《论〈可以吃的女人〉中的主体异化焦虑》,《外国文学》2013 年第 1 期。

赵庆庆:《法裔文化中的魁北克华人文学》,《世界华文文学论坛》2013 年第 2 期。

黄芙蓉:《艾丽丝·门罗小说中的婚姻暴力与女性成长意识》,《当代外国文学》2013 年第 4 期。

袁霞:《后殖民语境下的加拿大当代女作家》,载刘意青主编《加拿大研究》,北京大学出版社 2013 年版。

陈燕萍:《生命之源,万物之归宿——泰里奥小说中的水》,载刘意青主编《加拿大研究》,北京大学出版社 2013 年版。

王红艳、尤好：《加拿大土著远程教育及其对我国的启示》，《红河学院学报》2013年第6期。

丁林棚：《艾丽丝·门罗：现实即故事》，《文艺报》2013年11月15日。

袁霞：《阿特伍德"后启示录三部曲"之大结局：〈风颠亚当〉》，《外国文学动态》2014年第1期。

赵庆庆：《论郑南川在魁北克的草根写作》，《华文文学》2014年第1期。

赵庆庆：《献给爱丽丝的玫瑰——阿特伍德评门罗》，《当代作家评论》2014年第2期。

袁霞：《试论〈苏库扬〉中的加勒比流散》，《外国文学评论》2014年第2期。

丁林棚：《时空的交织：门罗短篇小说中的加拿大民族性构建》，《外语教学研究》2014年第2期。

丁林棚：《他者的叙事——从精神分析学视角解读〈可以吃的女人〉》，《淮阴师范学院学报（哲学社会科学版）》2014年第2期。

刘天玮：《加拿大女性彰显的民族性格——评析阿特伍德〈强盗新娘〉》，《内蒙古工业大学学报（社会科学版）》2014年第2期。

袁霞：《论安妮·麦珂尔斯〈冬日墓穴〉中的家园意识》，《天津外国语大学学报》2014年第3期。

赵庆庆：《对加拿大"猪仔屋"和先侨壁诗的历史解读》，《世界华文文学论坛》2014年第3期。

蒲雅竹：《从单色到斑斓——〈红浮萍〉与〈海底〉主题呈现的文化冲突与修复功能》，《世界华文文学论坛》2014年第3期。

李晖：《笔尖在枫叶国舞蹈——华裔加拿大文学的起源及发展》，《华文文学》2014年第3期。

刘克东：《以退为进——论韦尔奇〈印第安律师〉中主人公的主观能动性》，《当代外国文学》2014年第4期。

刘莉：《加拿大顶尖大学博士生综合考试及其启示——以教育学领域为例》，《学位与研究生教育》2014年第4期。

赵庆庆：《论加拿大双语作家李彦的自我译写》，《华文文学》2014年第5期。

刘意青：《写在艾丽丝·门罗获诺贝尔文学奖之际》，《外国文学》2014年第5期。

王红艳、姜雪梅:《土著文化融合教育的经验与借鉴——以加拿大四省为例》,《延边大学学报(社会科学版)》2014年第5期。

赵庆庆:《高楼风雨感斯文——论叶嘉莹先生之登高诗词》,《湘潭大学学报(哲学社会科学版)》2014年第6期。

穆雷:《专业协会在语言服务业专业化进程中的角色——中国和加拿大相关协会职能的对比研究》,《中国翻译》2014年第6期。

袁霞:《别了,荒野的灵魂——悼念加拿大生态文学家法利·莫厄特》,《外国文学动态》2014年第6期。

王红艳:《北美印第安文化的缩影——烟斗仪式的历史与现实意义探究》,《楚雄师范学院学报》2014年第10期。

陈燕萍:《我记得——"大征服"之后的魁北克爱国主义文学》,载仲伟合主编、唐小松副主编《加拿大内政与外交研究》,世界图书出版广东有限公司2014年版。

丁林棚:《〈使女的故事〉中的话语政治》,《外国文学研究》2015年第1期。

赵谦、袁霞:《加拿大文学中的动物伦理学思想及其当代价值》,《南京医科大学学报(社会科学版)》2015年第1期。

丁林棚:《弗洛伊德人格论及〈可以吃的女人〉的主题纷争》,《淮阴师范学院学报(哲学社会科学版)》2015年第2期。

李晖:《穿越族裔的屏障——加拿大华裔文学发展趋势研究》,《当代文坛》2015年第2期。

柏檀、陈丽萍、王水娟:《加拿大阿尔伯塔省基础教育财政投入体制探析》,《外国中小学教育》2015年第3期。

王红艳:《试析北美原住民的平等观思想及其意义》,《楚雄师范学院学报》2015年第4期。

丁林棚:《2014年英美文学综述》,《北京社会科学年鉴》2015年第5期。

易晓明:《我眼中的北美学校道德教育》,《中小学德育》2015年第5期。

李毅、刘莉:《加拿大渥太华大学研究生质量保障体系解析及启示》,《研究生教育研究》2015年第5期。

刘莉:《加拿大首席研究员计划遴选制度的创新》,《复旦教育论坛》2015年第5期。

袁霞:《一部"协商"之作——评玛格丽特·阿特伍德新作〈石床垫〉》,《外国文学动态研究》2015 年第 6 期。

刘天玮、魏莉：《〈庶出子女〉中加拿大华裔女性身份的动态建构》,《内蒙古师范大学学报(哲学社会科学版)》2015 年第 6 期。

汪凯：《艾丽丝·门罗作品中的乡土情结》,《科教文汇》2015 年第 12 期。

傅利、郝晓威：《爱丽丝·门罗〈空间〉中女性的自我发觉》,《外语教育研究》2016 年第 1 期。

于宏博、王红艳：《关于英语专业基础阶段内容依托教学的实践与研究——以加拿大文化和多元文化主义教学为例》,《考试与评价(大学英语教研版)》2016 年第 1 期。

丁林棚、朱红梅：《加拿大英语的独特性：拼写和用词》,《语文学刊》2006 年第 8 期。

李欧美、卢婧洁：《论〈别名格雷斯〉的意象空间及其功能》,《社会科学论坛》2016 年第 1 期。

阎婷婷：《加拿大全民阅读推广项目考察分析》,《图书馆建设》2016 年第 2 期。

袁霞：《艾丽丝·门罗的阶级意识》,《外语教学》2016 年第 3 期。

袁霞：《艾丽丝·门罗〈荒野小站〉中的民族国家叙事》,《东北大学学报(社会科学版)》2016 年第 3 期。

袁霞：《论〈最后死亡的是心脏〉中的监狱意象》,《湖南科技大学学报(社会科学版)》2016 年第 3 期。

袁霞：《〈最后死亡的是心脏〉中的两性伦理困境》,《外国文学动态研究》2016 年第 3 期。

丁林棚：《加拿大地域主义文学批评的历史、形式与视角》,《东华大学学报(社会科学版)》2010 年第 3 期。

刘克东、邹文君：《生存的抉择——北美印第安人的民族意识与印第安文学》,《外语教育研究》2015 年第 3 期。

赵庆庆：《生活和历史远比小说精彩——专访加拿大华人作家、渥太华华人史学者笑言》,《世界华文文学论坛》2016 年第 4 期。

丁林棚：《阿特伍德〈使女的故事〉中的日常生活空间与权力政治》,《福建师范大学学报(哲学社会科学版)》2016 第 4 期。

丁林棚：《门罗的"丑陋"现实主义和加拿大想象》,《世界文学评论》2016

年第2期。

刘莉、李毅、刘勤：《加拿大安大略省高等教育质量保障框架及其思考》，《清华大学教育研究》2016年第4期。

丁林棚：《病态的主体：对〈可以吃的女人〉的精神分析》，《医学争鸣》2016年第5期。

黄曦彦：《论托马斯·金〈龟背〉中的回归主题》，《外国文学动态研究》2016年第5期。

季子楹、刘莉、王智慧：《加拿大安大略省麦克马斯特大学内部教育质量保障体系研究及启示》，《化工高等教育》2016年第5期。

丁林棚：《〈浮现〉中的民族性和本土性构建》，载刘意青主编、陈燕萍执行主编《加拿大研究》，北京大学出版社2016年版。

丁林棚：《阿特伍德的〈强盗新娘〉中的民族身份叙事》，《山东外语教学》2016年第6期。

丁林棚：《〈浮现〉中的民族性和本土性构建》，《山东女子学院学报》2016年第6期。

丁林棚：《论〈羚羊与秧鸡〉中人性与动物性的共生思想》，《当代外国文学》2014年第2期。

陈燕萍：《魁北克文学中的国家诗的民族主义特点》，载刘意青主编、陈燕萍执行主编《加拿大研究》，北京大学出版社2016年版。

肖婉、张舒予：《加拿大反网络欺凌媒介素养课程个案研究与启示——基于"网络欺凌：鼓励道德的在线行为"课程的分析》，《外国中小学教育》2016年第9期。

李晖：《历史重建——加拿大第一代土生华裔作家的唐人街叙事》，《外国语言文学与文化论丛》2016年第12期。

丁林棚：《少年派的奇幻漂流：生态成长小说解读》，载韩加明主编《欧美文学论丛(10)成长小说研究》，人民文学出版社2016年版。

丁林棚：《技术、消费与超现实：〈羚羊与秧鸡〉中的人文批判》，《解放军外国语学院学报》2017年第2期。

丁林棚：《门罗小说中的日常生活和加拿大民族性》，《北京航空航天大学学报(社会科学版)》2017年第5期。

丁林棚：《阿特伍德〈使女的故事〉中的身体政治》，《外国文学》2017年第

1期。

丁林棚：《2015年英美文学综述》，《北京社会科学年鉴》2017年第1期。

赵庆庆：《〈大汉公报〉：加拿大华人早期文学之溯源》，《世界华文文学论坛》2017年第2期。

赵庆庆：《论魁北克华人文学及其地域特征》，《华文文学》2017年第2期。

黄韧、刘璟：《加拿大西部唐人街：承载华人族群经济史的文化遗产》，《文化遗产》2017年第4期。

龚雁：《渥太华：宜居之都的"北方硅谷"》，《前线》2017年第6期。

龚雁：《从学术史角度看加拿大中国研究的发展》，载龚雁主编《加拿大国情报告》，社会科学文献出版社2017年版。

丁林棚：《各领"风骚"——〈艾米莉·蒙泰古的往事〉中的文化对话性》，载韩加明主编《欧美文学论丛(12)18世纪文学研究》，人民文学出版社2018年版。

赵庆庆：《文本环境-互文模式——论李群英英文小说〈残月楼〉里的抵抗话语》，硕士学位论文，加拿大阿尔伯塔大学。

栾海峰：《加拿大高校针对公管领域从业人员的继续教育机制及其借鉴》，载杨立文主编《加拿大研究》，民族出版社2004年版。

栾海峰：《加拿大解决高等教育经费问题的有效策略及对我国的启示》，载李鹏飞主编《加拿大与加拿大人(四)》，民族出版社2002年版。

姚宏晖：《历经磨难，终有大成——中国移民在加拿大开创手工洗衣业的艰苦历程》，载李鹏飞主编《加拿大与加拿大人(五)》，北京理工大学出版社2005年版。

(四) 军事社会

李巍：《文幼章与中国》，载阮西湖、王丽芝主编《加拿大与加拿大人(二)》，中国工人出版社1991年版。

李巍：《试论加拿大1867年宪法法案的特征——兼与美国1787年宪法比较》，《山东社会科学》1991年第4期。

李剑鸣：《两个世界文明汇合与北美印第安人的历史命运》，《历史教学》1992年第1期。

李剑鸣：《加拿大与美国独立战争》，《历史教学》1992年第4期。

吴金光：《加拿大的因纽特人（上）：古代的因纽特人》，《民族译丛》1993年第2期。

翟冰：《加拿大的因纽特人（下）》，《民族译丛》1993年第3期。

吴金光：《北极的萨阿米人》，《中国民族》1993年第7期。

张友伦：《加拿大史学初论》，《南开学报》1994年第1期。

张友伦：《美加自由贸易关系的形成及其历史启迪》，《世界历史》1996年第4期。

李巍：《略论近年来香港对加拿大的移民及其影响》，《文史哲》1996年第5期。

常士訚：《试析加拿大政治文化的特征》，《铁道师院学报》1996年第5期。

李巍：《美加自由贸易探源：1854—1989年》，载姜芃主编《加拿大：社会与进步》，中国社会科学出版社1996年版。

王昺：《加拿大的民族政策和多元文化教育》，《辽宁师范大学学报》1996年。

李巍：《加拿大城市史研究概述》，《史学理论研究》1997年第1期。

李巍：《近年来香港移民与加拿大白人社会的矛盾浅析》，《华侨华人历史研究》1997年第3期。

刘盛仪：《魁北克法语特征评析》，《法国研究》1998年第2期。

张冠尧：《西班牙内战中的加拿大志愿军》，载张冠尧主编《加拿大掠影》，民族出版社1998年版。

李巍：《加拿大工人运动与福利制度的起源》，《山东大学学报（哲学社会科学版）》1999年第4期。

高鉴国：《加拿大多元文化政策评析》，《世界民族》1999年第4期。

许学工：《加拿大的自然保护区》，载张冠尧主编《加拿大掠影》（2），民族出版社1999年版。

李巍：《加拿大工人运动的分期及其特征》，载张冠尧主编《加拿大掠影》（2），民族出版社1999年版。

李巍：《二战后加拿大工人运动的新动向》，《当代世界社会主义问题》2000年第1期。

刘军：《20世纪20至70年代初加拿大社会主义女性主义运动概述》，《史学理论研究》2000年第1期。

周长城:《加拿大劳资关系研究框架》,《国外社会科学》2000年第2期。

周长城:《中外合资中劳资关系探寻》,《经济评论》2000年第4期。

许学工:《加拿大的保护区系统》,《生态学杂志》2000年第6期。

从丛:《培育观众:走出戏剧困境的必由之路——加拿大午间剧场的启示》,《文艺研究》2000年第6期。

高鉴国:《加拿大城市化的历史进程与特点》,《文史哲》2000年第6期。

许学工:《加拿大自然保护区的两种建立模式》,《环境保护》2000年第11期。

李爱慧:《战后美国和加拿大移民政策的比较研究》,硕士学位论文,南开大学,2001年。

白爽、魏莉:《加拿大多元文化教育与中国少数民族教育政策之比较及反思》,《内蒙古农业大学学报(社会科学版)》2010年第1期。

王禺、谷野平:《加拿大少数民族在政治斗争中的作用》,《辽宁师范大学学报》2001年第2期。

许学工:《加拿大自然保护区规划的启迪》,《生物多样性》2001年第3期。

王俊芳:《加拿大多元文化主义政策深入实施的保障》,《世界民族》2011年第3期。

常士闾:《20世纪60年代加拿大两种经济民族主义评析》,《世界民族》2002年第4期。

李巍:《略论加拿大劳资关系的演变》,《山东大学学报(哲学社会科学版)》2002年第5期。

许学工:《生命共有的绿色家园——加拿大自然保护区的成功之路》,《世界环境》2003年第1期。

李巍:《季理斐在广学会活动述评》,《世界宗教研究》2003年第2期。

王禺、梁晓:《温哥华华人新移民的社会融合》,《世界民族》2003年第4期。

常士闾:《当代西方多元主义发展基本趋向分析》,《教学与研究》2003年第8期。

许学工、杜巧玲:《自然保护区的协作管理》,载郑玉歆、郑易生主编《自然文化遗产管理——中外理论与实践》,社会科学文献出版社2003年版。

王英、陈澜燕、张红漫等:《HIV/AIDS流行控制中的社会性别分析》,《中国艾滋病性病》2004年第3期。

周长城、陈群：《集体谈判：建立合作型劳资关系的有效战略》，《社会科学研究》2004年第4期。

李爱慧：《浅析中国大陆移民专业人士在加拿大就业难的原因》，中国加拿大移民圆桌会议论文，广州，2005年。

常士訚：《中国传统政治文化与当代中国民主——从中西方民主政治比较的角度研究》，《中共福建省委党校学报》2005年第4期。

常士訚：《西方多元文化主义争论、内在逻辑及其局限》，《政治学研究》2006年第1期。

韩家炳：《加拿大和美国学者关于多元文化主义的评论》，《国外社会科学》2006年第4期。

李胜生、杜发春：《加拿大的移民研究》，《世界民族》2006年第5期。

韩家炳：《多元文化、文化多元主义、多元文化主义辨析——以美国为例》，《史林》2006年第5期。

王昺：《加拿大的哈特人公社：自愿隔离对多元文化政策的挑战》，《世界民族》2006年第6期。

韦斯利·赫伯：《加拿大土著人的教育与交流》，彭雪芳译，载李鹏飞主编《加拿大与加拿大人（六）》，北京理工大学出版社2007年版。

彭雪芳：《一个引人注目的第一民族保留地的考察》，载李鹏飞主编《加拿大与加拿大人（六）》，北京理工大学出版社2007年版。

李巍：《加拿大走向独立之路》，《历史教学》2007年第1期。

王俊芳：《多元文化主义政策对整合的意义——以加拿大多元文化主义政策为例》，《潍坊学院学报》2007年第1期。

彭雪芳：《探访北美印第安人》，《中国民族》2007年第2期。

常士訚：《民族和谐与融合：实现民族团结与政治一体的关键——兼析多元文化主义理论》，《天津社会科学》2007年第2期。

王俊芳：《加拿大双语和二元文化讨论探析》，《史学月刊》2007年第6期。

王俊芳：《加拿大土著政治社会地位的变化——兼论加拿大民族文化政策的变迁》，《辽宁行政学院学报》2007年第8期。

王俊芳：《加拿大华裔职业结构的变化》，《职业时空》2007年第8期。

刘莉：《加拿大温室气体减排策略及启示》，《环境保护》2007年第24期。

刘莉：《加拿大城市生活垃圾的减量化管理》，《环境保护》2007年第20期。

杜发春：《中外学者研讨"中国和亚太地区的移民"问题》，《中国社会科学院院报》2007年2月15日。

李巍：《加拿大的第一次城市改革及其评价》，《史学理论研究》2008年第1期。

陈·巴特尔：《加拿大土著民族文化的人类学反思》，《广西民族研究》2008年第1期。

李巍：《略论加拿大城市的起源》，《史林》2008年第2期。

王俊芳：《在"缝隙"中成长——加拿大建国过程中的英美因素》，《苏州科技学院学报（社会科学版）》2008年第2期。

常士䜱：《超越多元文化主义——对加拿大多元文化主义政治思想的反思》，《世界民族》2008年第4期。

彭雪芳：《加拿大土著民族的汗屋仪式》，《民族研究》2009年第3期。

彭雪芳：《加拿大西部城市土著教育状况的分析研究》，《广西民族大学学报（哲学社会科学版）》2009年第1期。

王俊芳：《加拿大多元文化主义政策须处理的几大关系》，《潍坊学院学报》2009年第3期。

马德普、常士䜱：《多元文化存在的不可避免性与人类文化的繁荣》，《云南行政学院学报》2009年第5期。

王俊芳：《不同文化政策背景下的加拿大华裔》，《潍坊学院学报》2009年第5期。

王晁：《民族教育政策比较——以加拿大印第安民族和中国蒙古族为例》，《民族教育研究》2009年第6期。

韩家炳：《中国学者多元文化主义研究的回顾与思考——以加拿大和美国为中心》，《安徽史学》2009年第6期。

王晁、范晓波：《从哈特人的自愿隔离做法论加拿大多元文化政策的限度》，《上饶师范学院学报》2010年第2期。

陈·巴特尔、赵苏东：《中国加拿大原住民研究综述——兼论ACSC加拿大原住民研究分中心建设构想》，《上饶师范学院学报》2010年第2期。

李洪峰：《试析加拿大魁北克省国际行动权限》，《国际论坛》2010年第

3 期。

Paul S. Maxim、陈·巴特尔、赵秉坤：《共同的挑战：中国—加拿大原住民及少数民族教育政策》，《学园》2010 年第 5 期。

彭雪芳：《加拿大土著妇女教育与就业状况》，《中国社会科学报》2010 年 3 月 4 日。

彭雪芳：《加拿大第一民族》，《中国民族报》2010 年 2 月 12 日。

彭雪芳：《温哥华冬奥会：土著民族的盛典》，《中国民族报》2010 年 2 月 12 日。

王晟：《加拿大国内民族问题研究的理论模式》，《楚雄师范学院学报》2010 年第 8 期。

陈·巴特尔：《从多元文化视角看加拿大的高等教育》，《楚雄师范学院学报》2010 年第 8 期。

李巍：《"加拿大权利与自由宪章"的影响》，《历史教学》2010 年第 9 期。

陈·巴特尔：《加拿大多伦多大学的办学特色及启示》，《国家教育行政学院学报》2010 年第 10 期。

彭雪芳：《走进加拿大第一民族的家园》，《中国社会科学报》2011 年 3 月 14 日。

陈·巴特尔：《试论加拿大原住民寄宿制学校制度的生与亡》，《民族教育研究》2011 年第 1 期。

肖琼、丁克毅：《"中加少数民族/原住民经济社会发展学术研讨会"综述》，《民族学刊》2011 年第 6 期。

李巍：《从加拿大收回宪法看联邦制的效能》，《文史哲》2012 年第 1 期。

彭雪芳：《加拿大土著同化教育的兴衰——以布鲁奎尔斯印第安寄宿制学校为例》，《民族学刊》2012 年第 1 期。

陈淑梅、陈澜燕、王向梅：《社会性别统计在提高政府服务职能中的应用》，《妇女研究论丛》2012 年第 4 期。

李洪峰：《加拿大魁北克省的对外文化推广战略》，载刘意青主编《加拿大研究》，北京大学出版社 2013 年版。

陈·巴特尔、孙伦轩：《论北美印第安人的传统教育》，《民族教育研究》2013 年第 1 期。

陈·巴特尔：《试论"孔子学院"的文化传播定位》，《徐州工程学院学报

（社会科学版）》2013年第3期。

孙伦轩、陈·巴特尔：《加拿大大学治理：传统与变革》，《高教探索》2013年第4期。

彭雪芳：《北美印第安人非物质文化遗产：帕瓦仪式》，《世界民族》2013年第6期。

李洪峰：《魁北克省未来联盟党的成立与魁北克政党格局走向》，载仲伟合主编、唐小松副主编《加拿大内政与外交研究》，世界图书出版广东有限公司2014年版。

李巍：《加拿大联邦政府社会住房政策的历史演变》，《世界历史》2014年第4期。

杜发春：《国外生态移民研究述评》，《民族研究》2014年第2期。

陈黎阳、王俊芳：《〈大师与马格丽特〉中的"狂欢化"》，《潍坊学院学报》2009年第5期。

肖琼：《论城市公共空间的构建：基于加拿大城市原住民中心的功能研究》，《西南民族大学学报（人文社会科学版）》2014年第4期。

王俊芳：《班夫公园："适度利用"与环境保护的实现》，《环境保护》2014年第10期。

肖琼、Georges E. Sioui：《城市公共空间的功能意义研究——基于加拿大原住民人口城市迁移视角》，《楚雄师范学院学报》2014年第10期。

李巍：《加拿大内城区域的绅士化及其社会影响》，《史学理论研究》2015年第1期。

周蔡小珊、李丽、赵学瑶等：《悲剧遗案：加拿大原住民寄宿制学校（1879—1998）》，《民族教育研究》2015年第1期。

刘琛：《加拿大企业国际化的启示》，《中国报道》2015年第8期。

刘琛：《加拿大国家形象的国际传播策略研究》，《现代传播（中国传媒大学学报）》2015年第12期。

李洪峰：《"北方计划"下的加拿大魁北克土著民族发展》，《民族学刊》2016年第1期。

刘琛：《如何提升国家形象的国际传播效果——以加拿大为例》，《对外传播》2016年第4期。

陈澜燕、刘霓：《重视性别统计以提升公平治理和政府职能转变》，《国外社会科学》2016年第4期。

高鉴国：《艾伦·阿蒂比斯与加拿大的城市学研究》，载秦明利、傅利编《加拿大与加拿大人》，哈尔滨工业大学出版社1998年版。

高鉴国：《加美社会差异与两国关系漫谈》，载《加拿大地平线》丛书编委会编《生活在双语社会》，社会科学文献出版社1999年版。

高鉴国：《加拿大的社会保障与社会福利》，载姜芃主编《加拿大文明》，中国社会科学出版社2001年版。

高鉴国：《加拿大社区发展的成就》，载陈启能、姜芃主编《中国和加拿大的社区发展》，民族出版社2002年版。

（五）新闻传播

徐琴媛：《传播媒介的垄断与公众利益的矛盾——加拿大传媒结构剖析》，《现代传播》1997年第4期。

王纬：《哈罗德·英尼斯传播理论与美加的文化战》，《现代传播》1999年第2期。

张艳秋：《加拿大媒介教育探析》，《现代传播》2003年第2期。

石丹：《加拿大媒体中的女性形象》，《加拿大媒介与社会》2004年。

张艳秋：《加拿大媒介素养教育透析》，《现代传播》2004年第3期。

付京香：《加拿大女性杂志探析》，《现代传播》2008年第1期。

付京香：《加拿大电影史漫谈——访加拿大电影史专家George Melnyk》，《黑龙江史志》2009年第20期。

付京香：《性别传播：身份的建构与强化——访问加拿大性别与传播研究者基纳哈》，《国际新闻界》2009年第6期。

付京香：《加拿大女性杂志的女性观——以〈城堡女主人〉杂志(Chatelaine)为例》，《安徽文学》2010年第9期。

付京香：《北美印第安人的骄傲 再现土著人的形象——记加拿大土著人女导演阿兰尼斯·奥勃萨维（Alanis Obomsawin）及其电影》，《电影评介》2010年第10期。

石丹：《加拿大中文媒体的生存现状与发展策略》，《中国记者》2012年第4期。

付京香：《孔子学院的文化传播及其文化外交作用》，《现代传播》2013年第 9 期。

付京香、叶翠英：《来华留学生跨文化适应分析——以在京高校的渥太华大学留学生为例》，《现代传播》2014 年第 12 期。

二、著作荟萃

（一）经济贸易与中加经贸合作

林玲：《城市化与经济发展——北美三国（美、加、墨）城市化比较研究》，湖北人民出版社 1995 年版。

汪连兴、吴必康：《美国　加拿大》，北京语言文化大学出版社 1998 年版。

沈伯明主编：《世界主要国家经济与贸易》，中山大学出版社 1999 年版。

韩经纶主编：《枫叶国度的强国之路——加拿大的对外贸易与投资战略》，贵州人民出版社 2000 年版。

（二）政治、法律、外交和中加关系

刘广太：《加拿大与东亚关系史略》，吉林教育出版社 1993 年版。

包义文、傅尧乐编：《新开端：加拿大与中华人民共和国（1949—1970）》，天津师大加研中心译，李节传校，河南人民出版社 1995 年版。

杨令侠：《加拿大与美国关系史纲》，天津社会科学院出版社 1995 年版。

杨士虎：《加拿大的法官和法官制度》，中国社会科学出版社 1996 年版。

席来旺等：《大洋季风——两个世界大国的博弈规则》，中国社会出版社 1996 年版。

杰拉尔德·高尔：《加拿大法律制度》，刘艺工、杨士虎译，兰州大学出版社 1997 年版。

约翰·英格里斯、诺曼·赫尔摩主编：《当代加拿大外交对世界格局影响大吗》，李节传等译，中国社会科学出版社 2002 年版。

韩大元主编：《外国宪法》，中国人民大学出版社 2000 年版。

李节传：《抑制美国：朝鲜战争中的加拿大》，中国社会科学出版社 1998 年版。

刘广太：《朗宁传》，河北教育出版社 1999 年版。

付成双：《加拿大西部地方主义研究》，民族出版社 2001 年版。

杨令侠：《战后加拿大与美国关系研究》，世界知识出版社2001年版。

姜芃主编：《加拿大文明》，中国社会科学出版社2001年版。

何勤华、李秀清主编：《外国法制史》，复旦大学出版社2002年版。

约翰·A.伊格尔：《加拿大太平洋铁路与西部的开发1896—1914》，付成双、綦建红、李建国译，吉林人民出版社2003年版。

刘艺工主编、杨士虎副主编：《加拿大民商法》，民族出版社2003年版。

李节传：《让中国重返西方市场：阿尔文·汉密尔顿与中国和北美贸易的发展》，中国社会科学出版社2005年版。

付成双主编：《聚焦枫叶国度：加拿大研究优秀学位论文选辑》，天津古籍出版社2006年版。

宾尼玛：《共存与竞争：北美西北平原人类与环境的历史》，付成双等译，天津教育出版社2006年版。

丁见民、付成双、张聚国等：《世界现代化历程：北美卷》，江苏人民出版社2015年版。

杨士虎编译：《加拿大版权法概要》，甘肃人民出版社2011年版。

付成双：《自然的边疆：北美西部开发中人与环境关系的变迁》，社会科学文献出版社2012年版。

仲伟合主编、唐小松副主编：《加拿大蓝皮书：加拿大发展报告（2014）》，社会科学文献出版社2014年版。

仲伟合主编、唐小松副主编：《加拿大内政与外交研究》，世界图书出版广东有限公司2014年版。

仲伟合主编、唐小松副主编：《加拿大蓝皮书：加拿大发展报告（2015）》，社会科学文献出版社2015年版。

刘意青主编、陈燕萍执行主编：《加拿大研究》，北京大学出版社2016年版。

仲伟合主编、唐小松副主编：《加拿大蓝皮书：加拿大发展报告（2016）》，社会科学文献出版社2016年版。

唐小松主编：《加拿大蓝皮书：加拿大发展报告（2017）》，社会科学文献出版社2017年版。

唐小松主编：《变化中的加拿大：广东外语外贸大学加拿大研究国际会议论文集：2016》，社会科学文献出版社2017年版。

格温·戴尔:《大国博弈中的加拿大:1914—2014》,王小海等译,外语教学与研究出版社 2017 年版。

张笑一:《中等强国外交行为理论视野下的加拿大北极政策研究》,时事出版社 2018 年版。

金·理查德·诺萨尔、斯特凡·鲁塞尔、斯特凡·帕奎因:《加拿大对外政策政治》,唐小松译,外语教学与研究出版社 2018 年版。

唐小松主编:《加拿大蓝皮书:加拿大发展报告(2018)》,社会科学文献出版社 2018 年版。

约翰·J.柯顿:《加拿大外交理论与实践》,陈金英、汤蓓、徐文姣译,钱皓校,上海人民出版社 2019 年版。

唐小松主编:《加拿大蓝皮书:加拿大发展报告(2019)》,社会科学文献出版社 2019 年版。

钱皓:《国际政治中的中等国家:加拿大》,上海人民出版社 2020 年版。

徐文姣:《全球卫生治理中的中等国家:加拿大》,上海人民出版社 2020 年版。

唐小松主编:《加拿大蓝皮书:加拿大发展报告(2020)》,社会科学文献出版社 2020 年版。

林珏:《中加能源安全与环保政策比较研究》,上海财经大学出版社 2021 年版。

(三) 文化教育

蓝仁哲编选:《里柯克幽默随笔选》,重庆出版社 1984 年版。

《寻找加拿大丛书》编辑组编:《加拿大:成功的启迪》,吉林教育出版社 1991 年版。

《寻找加拿大丛书》编辑组编:《加拿大:文化的碰撞》,吉林教育出版社 1992 年版。

郭继德:《加拿大文学简史》,河南人民出版社 1992 年版。

郭继德:《加拿大英语戏剧史》,河南人民出版社 1999 年版。

邢志春、秦明利主编:《加拿大文学丛书》,中国文联出版公司 1991—1994 年版。

陶洁、翁德修、傅利等:《心灵的轨迹——加拿大文学论文集》,中国文联出版公司 1994 年版。

姜芃编:《加拿大:民主与政制》,社会科学文献出版社 1993 年版。

Charles Burton and Jiang Peng, eds., *Political Systems in Canada and Other Western Democracies: Canadian and Chinese Perspectives*, Beijing: Foreign Language Press, 1995.

王彤福主编:《加拿大文学词典(作家专册)》,上海外语教育出版社 1995 年版。

姜芃主编:《加拿大:社会与进步》,中国社会科学出版社 1996 年版。

《加拿大地平线》丛书编委会编:《"生存"的生存》,中国社会科学出版社 1996 年版。

《加拿大地平线》丛书编委会编:《爵士乐、文学与民主》,中国社会科学出版社 1997 年版。

傅利副主编:《跨文化交际研究》,哈尔滨工业大学出版社 1997 年版。

陈晓莹:《英语国家概况》(加拿大部分),重庆大学出版社 1997 年版。

刘盛仪、冯光荣:《魁北克》,西南师范大学出版社 1997 年版。

秦明利、傅利编:《加拿大与加拿大人》,哈尔滨工业大学出版社 1998 年版。

莫旭强、朱建成主编:《中国心 枫叶情:访加学者纵谈加拿大华侨华人》,广东高等教育出版社 1998 年版。

吴言荪:《谈谈加拿大的合作教育》,中国社会科学出版社 1997 年版。

蓝仁哲、廖七一、冯光荣、刘文哲主编:《加拿大百科全书》,四川辞书出版社 1998 年版。

朱永涛主编,Morton Schagrin、Ann Rogers、John Hill、Helen Young、胡伏根、何敏智、滕纪萌、龚雁编写:《英语国家社会与文化入门》(下册),高等教育出版社 1998 年版。

《加拿大地平线》丛书编委会编:《生活在双语社会》,社会科学文献出版社 1999 年版。

张冠尧主编:《加拿大掠影》(2),民族出版社 1999 年版。

吴言荪:《新布伦瑞克的远程教育》,中国社会科学出版社 1999 年版。

Liming Yu, *It consists in bilingual texts of English and Chinese*, Shanghai: Orient Publishing Center, 2000.

廖七一：《当代西方翻译理论探索》，译林出版社 2000 年版。

尼诺·里奇：《圣徒传》，周国强、俞理明译，上海译文出版社 2001 年版。

陈启能、姜芃主编：《中国和加拿大的社区发展》，民族出版社 2002 年版。

陈启能、姜芃、李明德主编：《加拿大的人文社会科学》，民族出版社 2003 年版。

王昺：《文化马赛克：加拿大移民史》，民族出版社 2003 年版。

韦爱诗：《开发性戏剧与全方位使用大脑》，杨顺德、俞理明译，华东师范大学出版社 2003 年版。

仇雨临：《加拿大社会保障制度的选择及其对中国的启示》，经济管理出版社 2003 年版。

中华人民共和国国务院新闻办公室编：《中国—加拿大》，五洲传播出版社 2004 年版。

内利冈：《内利冈诗歌全集》，冯光荣译，重庆出版社 2004 年版。

隋刚：《英语散文和戏剧写作指南》，人民出版社 2005 年版。

王彤福：《新编加拿大风情录》，上海外语教育出版社 2006 年版。

姜芃、王昺：《美丽的加拿大》，上海文艺出版社 2006 年版。

俞理明、张雷、顾今：《多伦多——安大略湖畔的翡翠》，上海交通大学出版社 2006 年版。

刘小松、俞理明、童馥卉：《温哥华——加拿大太平洋海岸上的一颗璀璨明珠》，上海交通大学出版社 2006 年版。

崔良沂、俞理明：《希望马拉松——泰瑞·福克斯之梦》，上海交通大学出版社 2008 年版。

俞理明总主编：《加拿大名城风情丛书》，上海交通大学出版社 2008 年版。

陈晓莹：《融合·发展——加拿大多元文化教育解读》，民族出版社 2008 年版。

俞理明主编：《全球视角下的中国双语教学——加拿大浸入式教育与中国高校双语教学论文集》，外语教学与研究出版社 2009 年版。

俞理明、尤门、韩建侠：《双语教育论——加拿大浸入式教育对我国高校双语教育的启示》，外语教学与研究出版社 2009 年版。

梁晓、文禹舜：《中国大陆学生在加拿大研究生项目中的学术适应》，湖南师范大学出版社 2013 年版。

傅利、杨金才主编：《写尽女性的爱与哀愁：艾丽丝·门罗研究论集》，译林出版社 2015 年版。

龚雁主编：《加拿大国情报告》，社会科学文献出版社 2017 年版。

阮西湖主编：《加拿大与加拿大人（三）》，中国工人出版社 1994 年版。

李鹏飞主编：《加拿大与加拿大人（四）》，民族出版社 2002 年版。

李鹏飞主编：《加拿大与加拿大人（五）》，北京理工大学出版社 2005 年版。

赛维尔：《加拿大——走向今日之路》，李鹏飞等译，北京理工大学出版社 2006 年版。

袁霞：《玛格丽特·阿特伍德：加拿大文学女王》，华中科技大学出版社 2020 年版。

周怡：《艾丽丝·门罗：其人·其作·其思》，花城出版社 2014 年版。

（四）军事社会

张友伦主编：《加拿大通史简编》，南开大学出版社 1994 年版。

王乃新：《汉尼拔战争》，大连海事大学出版社 1994 年版。

宋家珩主编：《加拿大传教士在中国》，东方出版社 1995 年版。

高鉴国：《加拿大多元文化与现代化》，辽海出版社 2000 年版。

宋家珩、李巍、徐乃力主编：《加拿大与亚太地区关系》，济南出版社 2000 年版。

许学工、Paul F. J. Eagles、张茵：《加拿大的自然保护区管理》，北京大学出版社 2000 年版。

王昺、姜芃主编：《加拿大文明》，福建教育出版社 2008 年版。

刘盛仪主编：《魁北克研究论文集》，重庆出版社 2002 年版。

李巍：《加拿大传教士眼中的中国》，香港社会科学出版社 2003 年版。

Robert Wesley Heber, Xuefang Peng, *Indigenous Education and International Academic Exchange*, Aboriginal Issues Press, University of Manitoba, 2004.

李剑鸣、杨令侠主编：《20 世纪美国和加拿大社会发展研究》，人民出版社 2005 年版。

拉瑞·汉纳特：《一位富有激情的政治活动家——国际主义战士白求恩作品集》，李巍等译，齐鲁书社2005年版。

加尔诺：《印第安人：加拿大第一民族的历史、现状与自治之路》，李鹏飞、杜发春编译，民族出版社2008年版。

刘军：《列国志》丛书《加拿大》，社会科学文献出版社2010年版。

苏德华：《加拿大差会在四川的传教活动（1892—1952）研究》，宗教文化出版社2021年版。

（五）新闻传播

蔡帼芬：《加拿大的广播电视》，中国城市出版社1996年版。

蔡帼芬：《加拿大媒介与文化》，中国传媒大学出版社2004年版。

文森特·莫斯可：《传播政治经济学》，胡正荣、张磊、段鹏、付春怡、洪丽、宋菁译，华夏出版社2000年版。

附 录

中国加拿大研究会简介

中国加拿大研究会(Association for Canadian Studies in China)成立于1984年,是全国性的专门从事加拿大研究的民间学术组织,是总部设在渥太华的国际加拿大研究理事会(ICCS)的正式成员。近四十年来,中国加拿大研究会在增进中加学术交流、中加人民相互了解方面发挥了积极作用。目前全国共有四十余个研究中心,分布在国内各高等院校和科研机构,会员五百余人。中国加拿大研究会每两年召开一次学术年会。

中国加拿大研究会章程

(2017年9月30日代表大会通过,2020年6月30日修改第四条)

第一章 会名与宗旨

第一条 本会的中文名称为"中国世界民族学会加拿大研究分会",英文名称为 Association for Canadian Studies in China (ACSC),法文名称为 L'Association Chinoise d'Études Canadiennes。

第二条 本会旨在团结国内从事加拿大研究的学者,开展人文与社会科学诸学科或跨学科的研究和教学活动,以实际的成果为我国的现代化建设服务,为增进中、加两国间的深入了解、文化交流、友好往来和传统友谊做出应有的贡献。

第二章 性质与归属

第三条 本会是全国范围内从事加拿大研究的民间学术团体。

第四条　本会为"中国世界民族学会"的下属团体,主管单位是中国社会科学院民族学与人类学研究所。参加"国际加拿大研究理事会"(The International Council for Canadian Studies, ICCS),为该会理事成员。

第三章　组织结构

第五条　本会的最高权力机构是会员代表大会。如无特殊情况,代表大会一般在年会期间举行。在代表大会上,会长应做工作报告,秘书长应做财务报告。大会期间由理事会行使职权;闭会期间,由常务理事会负责。

第六条　本会常设机构为秘书处,秘书处不一定与会长在同一个地区或地域,负责本会日常工作,并代表本会与国内外有关学术团体进行联系。

第七条　加入本会的各加拿大研究中心(所),作为一个研究实体,同时是其所属院校或单位的独立机构。

第八条　现任秘书处有责任向下届秘书处移交全部档案材料和账目。

第四章　会员、理事和会长

第九条　热心从事加拿大研究,具有中级以上职称或相应学术水平,以及在加拿大研究方面有一定成果或贡献的同志,承认本会章程,经本人申请,理事会(大会期间)通过或秘书处(闭会期间)审查合格,均可成为本会会员。

第十条　本会会员分集体会员和个人会员。研究所、研究中心、研究小组以及一个单位有三至五名以上会员者,原则上以集体会员名义加入本会,但集体会员内的个人会员均享受会员的一切权利。

第十一条　会员享有选举权和被选举权,可以免费获得本会编印的会刊和类似的国内外有关交流资料,可以优先被邀请参加本会和各中心组织的学术活动。

第十二条　会员应认真遵守本会会章和规定,按期交纳会费,积极开展加拿大研究与教学工作,并有积极支持本会工作的义务。

第十三条　加入本会的每个研究中心(所)可推荐一至两名理事候选人,由常务理事会审核后提出建议名单,提交会员代表大会表决通过。理事每届任期两年,可连选连任。理事人选应是从事加拿大研究并已获得一定成果,且热心于加拿大研究工作的会员,但若连续两次不参加年会,视为自动退出。

第十四条　常务理事会由理事会选举产生,要适当照顾到全国各大区的代表性。常务理事人选应当是在加拿大研究领域做出较大贡献,并是主要研究中心的成员。

第十五条　秘书长由会长提名,理事会同意产生,并根据情况设副秘书长若干人;任期两年,可以连任。秘书长不一定是常务理事。

第十六条　每届理事会选举会长一名,副会长若干名,任期两年。会长任期一届,可连任一届即任期年限不超过四年;副会长任期届满后可以连选连任。若会长因故(如出国)不能履行会长职责半年以上,会长与几位副会长协商在副会长中确定一人代行会长职责。

第十七条　正、副会长候选人由现任常务理事会推荐,经新一届常务理事会协商提名后,由理事会选举产生。正、副会长人选应是在加拿大研究领域里的知名学者,为人正派,办事公道,德高望重,并具有一定的组织能力和经验。

第十八条　卸任会长由常务理事会聘为顾问,在加拿大研究方面做出突出贡献的知名学者,可由常务理事会聘为顾问。顾问可以参加常务理事会会议,对研究会的工作提出建议,但无表决权。

第五章　学术活动

第十九条　本会鼓励、支持和协调各地中心、所、组和会员,密切结合我国现代化建设的实际,开展加拿大研究诸学科的教学、研究、出版和学术交流活动,努力反映我国加拿大研究的特色。

第二十条　翻译和介绍加拿大研究诸领域的代表著作,搜集和整理有关加拿大的图书资料,为增进国内对加拿大的了解和研究创造有利的条件。

第二十一条　结合国内各学科专业的建设,努力在更多大专院校的有关专业增加加拿大部分的教学内容或开设有关课程;在有条件的专业,增加加拿大研究的相关方向。

第二十二条　在研究的基础上撰写有关加拿大的各类著述和文章,并以不同渠道和形式发表。

第二十三条　每两年召开一次全国性的学术年会,会议期间着重举行加拿大研究的专题或分专题或分学科的学术报告会,会议参加者应提交论文。

第二十四条　有计划地组织和开展国内各研究中心之间的学术和资料交流活动,不定期地举办专题研讨会或分学科的学术报告会,研讨会既可由各研究中心协同召开,也可单独举行。

第二十五条　积极参与国际加拿大研究理事会和各国加拿大研究会组织的学术活动。

第二十六条　秘书处定期通过研究会的网络渠道发布相关信息,通报本会工作和国内外加拿大研究的学术信息,与各地会员单位、会员保持经常性的联系。

第六章　会费交纳与使用

第二十七条　本会会员(集体会员按其实际吸收会员数计),每年向秘书处交纳会费四十元,学生减半。经催促连续四年不交纳会费者,按自动退会处理。

第二十八条　会费由秘书处保管,用于支付研究会的相关活动经费,需定期向常务理事会做相关财务报告。

第七章　本章程的修订与解释

第二十九条　本会章程须经理事会审定、会员代表大会通过后方能生效。若做修改,须事先提交书面修订案并经同样程序审定通过。

第三十条　本章程由常务理事会负责解释。

后　记

中国的加拿大研究经过改革开放四十余年来的发展，取得的成就与进步自不待言。我于1989年至2013年在中国社会科学院民族学与人类学研究所工作，得到阮西湖先生、陈启能先生等老一辈学者的指引，在周庆生教授、姜芃教授等中国社会科学院前辈的帮助下，于2004年开始接触中国加拿大研究会，并于2005年作为"加拿大研究专项奖"获得者首次出访加拿大，之后又五次到加拿大参加国际会议。回首过去十五年的往事，颇为感慨。加拿大作为一个中等发达的英联邦国家，历来不像美国、欧盟、日本、韩国等国家和国际行为体那样，在国际舞台上拥有"高出镜率"，在研究领域往往没有那么多"热点"可蹭。即便如此，我国仍有一大批学者，在中国加拿大研究领域多少年如一日地努力耕耘。

我于2006年起当选为中国加拿大研究会副秘书长，进入研究会领导班子后，从宏观层面上切身感受到中国学界在加拿大研究领域的变化。研究成果的数量从少到多，质量连年提升，还有不少成就令人骄傲，如目前已有北京外国语大学加拿大研究中心和广东外语外贸大学加拿大研究中心两个会员单位正式成为教育部国别和区域研究培育基地，另有上海外国语大学加拿大研究中心、南开大学加拿大研究中心、四川外国语大学加拿大研究中心等多家会员单位入选教育部国别和区域研究中心备案名单。

自2016年9月我担任加拿大研究会会长以来，承蒙各位同事、各会员单位的支持和帮助，中国加拿大研究会第十七届年会得以于2017年9月在云南农业大学成功举办。事实上，我们在会前就提前对本书的撰写工作做了准备，会议期间曾与多位会员单位的主任、负责人和代表进行沟通，并得到他们的鼎力支持，遂于会后便开始了紧锣密鼓的撰写工作。

完成前期的商议与准备后，我们有幸邀请到中国加拿大研究会的元老李鹏飞教授,中国加拿大研究会副会长、教育部国别和区域研究培育基地广东外语外贸大学加拿大研究中心主任唐小松教授,湖南工商大学梁晓副教授(2003年获加拿大卡尔加里大学教育学博士学位)和上海电力大学马克思主义学院教师、上海外国语大学加拿大研究中心兼职研究员王栋一同参与本书撰写。本书的撰写提议由加拿大研究会德高望重的老前辈李鹏飞教授最先发起,其后由我与唐小松教授通力合作,统筹指导。在各位撰写者的密切合作下,本书历时四年终于完成。特别是李鹏飞教授,已逾八十高龄仍笔耕不辍,并时常督促本书撰写进展。老先生老骥伏枥的学术研究精神着实令我等晚辈敬佩。

本书是对中国加拿大研究会自成立以来近四十年全面系统的历史性回顾总结,为有志于从事加拿大研究的高校师生和对加拿大感兴趣的广大读者贡献教材或参考。

本书的编撰和出版得到云南农业大学新农村发展研究院和教育部国别和区域研究培育基地广东外语外贸大学加拿大研究中心提供的资金支持。感谢参与本书撰写的所有成员,他们以渊博的学识、坚定的毅力,在部分资料丢失的情况下仍然坚持不懈地去寻找、去探索,正是这种锲而不舍、刻苦钻研的学术精神,使本书得以顺利完成。尤其是中国加拿大研究会各中心主任、负责人在百忙之中配合我们,提供了珍贵的历史资料,在此一并致谢!此外,还要特别感谢钱皓会长在本书修订和出版过程中提供的支持及帮助。

本书由杜发春、李鹏飞、唐小松任主编,王栋和梁晓任副主编,具体分工为:

杜发春:负责统筹全书,并撰写前言、后记;

李鹏飞:负责撰写前言和第一章的第二、三、四节;

唐小松:负责全书审稿和定稿;

王栋:负责撰写第一章的第一节和第二、四章,并整理汇编了第三章的全部内容;

梁晓:负责全书审稿。

刊印之际,衷心感谢上海社会科学院出版社的帮助,感谢文化·文学编辑室陈如江主任的耐心督促,感谢包纯睿编辑细致入微的工作。他们严谨的工作作风和崇高的敬业精神以及出色的职业素养使得本书增色生辉。

杜发春

2021年10月于昆明

图书在版编目(CIP)数据

中国加拿大研究四十年 / 杜发春,李鹏飞,唐小松主编;王栋,梁晓副主编 .— 上海 ：上海社会科学院出版社，2022
ISBN 978 - 7 - 5520 - 3932 - 0

Ⅰ. ①中… Ⅱ. ①杜…②李…③唐…④王…⑤梁… Ⅲ. ①加拿大—研究 Ⅳ. ①D771.1

中国版本图书馆 CIP 数据核字(2022)第 139252 号

中国加拿大研究四十年

主　　编：	杜发春　李鹏飞　唐小松
副 主 编：	王　栋　梁　晓
出 品 人：	佘　凌
责任编辑：	包纯睿
封面设计：	周清华
出版发行：	上海社会科学院出版社
	上海顺昌路 622 号　邮编 200025
	电话总机 021 - 63315947　销售热线 021 - 53063735
	http：//www.sassp.cn　E-mail：sassp@sassp.cn
照　　排：	南京前锦排版服务有限公司
印　　刷：	上海龙腾印务有限公司
开　　本：	710 毫米×1010 毫米　1/16
印　　张：	13.5
插　　页：	1
字　　数：	224 千
版　　次：	2022 年 10 月第 1 版　2022 年 10 月第 1 次印刷

ISBN 978 - 7 - 5520 - 3932 - 0/D·658　　　　定价：78.00 元

版权所有　翻印必究